令和5年版

介護白書

―老健施設の立場から―

公益社団法人 全国老人保健施設協会／編集　　中央法規

はじめに

　老健施設が誕生し、35 年が経ちました。病気や障害などで要介護状態となった方に 1 日でも早く元気になって在宅復帰を果たしていただきたい。在宅で療養生活を送る方には、利用を繰り返しながら地域での暮らしを続けていただきたい。そういう当初からの目標は、一貫して揺らぐことはありません。

　令和 5 年の日本は、全国的な猛暑、台風などに襲われました。食料品やガソリンの価格高騰をはじめとする物価高は国民の生活の大きな負担になっています。新型コロナウイルス感染症が感染症法上の分類で「5 類」に移行したとはいえ、終息したと言えるような状況ではありません。

　こうした中で、老健施設が果たす役割は増していると考えています。老健施設の最大の特長は、多職種の連携と協働にあります。医師、看護職、介護職、リハビリ専門職、支援相談員、介護支援専門員、管理栄養士、薬剤師、歯科衛生士等が一丸となり、利用される方の生活を充実させるために力を尽くしています。

　一方、産業の多くの分野で ICT（情報通信技術）の活用が進んでいます。私たち老健施設でも、ICT 導入の取り組みを強化する必要があります。ICT の導入が大切な情報の共有化につながり、職員の負担を軽減する働き方改革等にもつながるからです。そして、人材の確保がますます困難になると予想される将来において、この取り組みは重要になっていくでしょう。

　令和 6 年 4 月には、診療報酬、介護報酬、障害福祉サービス等報酬が同時に改定されるいわゆる「トリプル改定」が行われます。同改定に向けて、老健施設の意義を社会に積極的にアピールしているところです。

　少子高齢化の時代にふさわしい介護を提供できるのが老健施設です。本書では老健施設の歴史や役割とともに、直面する課題への対応策や 2040 年問題に向けて私たちが目指す方向性などを示しました。ぜひ、本書をご活用いただき、共により暮らしやすい地域共生社会の実現を目指すことを願っています。

令和 5 年 12 月

公益社団法人 全国老人保健施設協会

会長　東　憲太郎

目 次

令和 5 年版

介護白書 ―老健施設の立場から―

はじめに……i

目次……ii

図表索引……vii

本書の使用に当たって……x

介護老人保健施設の理念と役割……xi

巻頭言 **全老健 東憲太郎会長：インタビュー** ……………………………………1
2040 年問題を見据えた老健施設のあり方

第 I 部 これからの老健施設の姿 ― 2040 年問題を念頭に ―

序 章 老健施設の理念と役割 ～ 2040 年に向けた「今」の立ち位置～ …………10

- 中間施設としての胎動……10
- 老健施設の稼働……11
- 全老健の設立……11
- 介護保険のスタート……12
- 在宅支援・在宅復帰のための地域拠点として……12
- 老健施設を 5 類型に分類……12
- 『令和 5 年版 介護白書』第 I 部について……14

第 1 章 持続 ………………………………………………………………………15

第 1 節 **ポストコロナと感染症対策** ………………………………………………15
- 老健施設における感染症対策の変化……15
- 新型コロナウイルス感染症への対応を検証する……16

第 2 節 **自然災害への備え** ………………………………………………………20
- 自然災害対策の現状……20
- 課題に向けた取り組み……21

第3節 **サイバーセキュリティ** 22

・サイバーセキュリティの現状……22

・課題に向けた取り組み……24

第4節 **リスクに備える** 26

・老健施設を取り巻くリスクと備え……27

・老健施設のリスクマネジャー……30

・BCP の取り組み状況……32

・全老健災害相互支援プロジェクト DMSP……33

第5節 **介護報酬改定** 35

・令和 3 年度介護報酬改定の影響……35

・令和 6 年度介護報酬改定の動きと予想される影響……38

・認知症基本法をふまえた実践……41

・LIFE、科学的介護の「今」……42

第2章 人材 44

第1節 **人材不足の現状** 44

・老健施設が直面している人材不足の現状……44

・さまざまな職種における人手不足の解決策……46

第2節 **人材確保への営み** 46

・老健施設における人材確保の打開策……46

・働く環境として、老健施設の特徴……48

・2040 年問題に向けて取り組むべきテーマ……50

・老健施設イメージアップキャンペーン……51

第3節 **さまざまな人材の育成** 52

・外国人介護人材の受入れの現状……52

・外国人介護人材に期待すること……54

・人材の多様性……54

目 次

第4節 **人材の文脈で考える介護DX** ……………………………………………… 56
- 「生産性の向上」がキーワード……56
- 日本の介護を世界へ……58

第3章 **共生** ……………………………………………………………………… 59

第1節 **地域包括ケアシステムと介護・医療連携** …………………………… 59
- 「地域共生社会」の実現に向けた老健施設の取り組み……59
- 急性期・在宅から老健施設へ……61
- 老健施設における介護・医療連携の深化……64

インタビュー 東憲太郎会長に聞く、地域における老健施設の役割……66

コラム 全老健版ケアマネジメント方式「R4システム」
── R4システムによる多職種協働……70

第2節 **メンタルヘルスサポート** ……………………………………………… 72

第3節 **SDGsと老健施設** ……………………………………………………… 73
- SDGsとは……73
- 老健施設におけるSDGsの取り組み……74

コラム 「地域に根ざした施設」に向けてのSDGs……76

第Ⅱ部 **全老健の活動**

第1章 **介護老人保健施設の整備状況** ………………………………………… 82

第2章 **全老健の活動** …………………………………………………………… 83

第1節 **令和4年度事業実績報告**(令和4年4月1日〜令和5年3月31日) ……… 83
第2節 **全老健の研修・全国大会** ……………………………………………… 85
第3節 **全老健 正・準会員加入状況** ………………………………………… 90
第4節 **令和5年度事業計画**(令和5年4月1日〜令和6年3月31日) …………… 91

第5節　**全老健の研究事業** ………………………………………………………………… 93

第6節　**要望書** ……………………………………………………………………………… 96

第Ⅲ部　**図で見る介護保険等の状況**

第1章　高齢者の状況 ……………………………………………………………… 116

1. 日本の人口動態……116
2. 労働力人口の推移……119
3. 高齢者の生活環境と現状……121

第2章　介護保険制度の実施状況 ………………………………………………… 123

1. 第1号被保険者 (65歳以上) の要介護度別認定者数の推移……123
2. 介護サービス受給者の年次推移……124
3. 介護サービス受給者数サービス種類……125
4. 保険料水準別構成割合の推移……126

第3章　介護保険施設の実施状況 ………………………………………………… 127

1. 1施設当たりの定員、在所者数、利用率……127
2. 職種別に見た従事者数 (詳細票) ……128

目 次　

第Ⅳ部　参考資料

第 1 章　**関係用語集** ………………………………………………………………… 130

第 2 章　**介護報酬改定の主な視点と改定率**………………………………… 146

　1. 改定時期・改定に当たっての主な視点・改定率……146
　2. 令和 4 年度改定の老健施設への影響等……147

第 3 章　**介護老人保健施設の療養費（給付費）の変遷（主要項目）**…………… 148

第 4 章　**介護保険制度関係年表** ………………………………………………… 156

第Ⅰ部　これからの老健施設の姿 ― 2040年問題を念頭に ―

序　章　老健施設の理念と役割 〜 2040年に向けた「今」の立ち位置〜

表1 ● 全国老人保健施設大会のテーマ（第1〜10回） ……………………… 11
表2 ● 3類型から5類型の老健施設区分へ ……………………………… 13
表3 ● 在宅復帰・在宅療養支援等指標 ……………………………… 13

第1章　持　続

第1節　ポストコロナと感染症対策
図1-1-1 ● 新型コロナウイルス感染症の取扱い 2023年10月1日以降について ………… 18

第3節　サイバーセキュリティ
図1-1-2 ● IT の利用形態 …………………………………………… 23
図1-1-3 ● サイバー攻撃への脅威 …………………………………… 23
図1-1-4 ● バックアップ対策 ………………………………………… 24
図1-1-5 ● 年間のセキュリティ予算 ………………………………… 24
図1-1-6 ● 医療情報システムの安全管理に関するガイドライン 第6.0版の
　　　　　主な改定ポイント（概要） …………………………………… 25
図1-1-7 ● 「医療機関における医療機器のサイバーセキュリティ確保のための
　　　　　手引書」と「医療情報システムの安全管理に関するガイドライン」の
　　　　　位置づけ（イメージ） ……………………………………… 26

第4節　リスクに備える
図1-1-8 ● 老健施設を取り巻くリスク ……………………………… 27
表1-1-1 ● 介護施設内での転倒に関する4つのステートメント ……… 28
図1-1-9 ● 老年症候群 ……………………………………………… 29
図1-1-10 ● 九州ブロックで発生した災害を想定した DMSP ………… 34
図1-1-11 ● 全老健災害相互支援プロジェクト（DMSP）のしくみ ……… 35

第5節　介護報酬改定
図1-1-12 ● 老健施設の施設類型の推移 ……………………………… 36
図1-1-13 ● 老健施設におけるターミナルケア加算の算定人数の推移 …… 37
図1-1-14 ● 所定疾患施設療養費の算定状況の推移 ………………… 37
表1-1-2 ● 令和6年度介護報酬改定に向けた基本的な視点（案）概要 …… 39
図1-1-15 ● LIFE の活用等が要件として含まれる加算一覧（施設・サービス別） …… 42
図1-1-16 ● LIFE 関連加算を算定している施設・事業所の割合 ……… 43

第2章　人　材

第1節　人材不足の現状
図1-2-1 ● 2040年までの人口等に関する短期・中期・長期の見通し …… 45

第2節　人材確保への営み

図1-2-2 ●介護現場における多様な働き方導入モデル事業 ……………………………… 47

図1-2-3 ●介護人材対策における全老健の取り組み ……………………………………… 49

表1-2-1 ●介護助手事業の目的 ……………………………………………………………… 51

第3節　さまざまな人材の育成

図1-2-4 ●外国人介護人材受入れのしくみ ………………………………………………… 53

表1-2-2 ●介護分野の外国人在留者数 ……………………………………………………… 53

第3章　共生

第1節　地域包括ケアシステムと介護・医療連携

図1-3-1 ●「地域共生社会」の実現に向けて (当面の改革工程)【概要】 …………… 59

図1-3-2 ●地域包括ケアシステムの構築について ………………………………………… 60

図1-3-3 ●地域生活はこうやって支える：地域包括ケアシステム植木鉢 …………… 61

図1-3-4 ●介護保険3施設における入所者・退所者の状況 …………………………… 62

図1-3-5 ●急性期一般入院料算定回数の年齢構成比 …………………………………… 63

図1-3-6 ●入院患者に占める要介護者等の割合 ………………………………………… 63

図1-3-7 ●入院患者における認知症高齢者の日常生活自立度 ………………………… 64

図1-3-8 ●入所時の該当する傷病名の割合 ………………………………………………… 65

図1-3-9 ●入院／入所時の疾患数 …………………………………………………………… 65

図1-3-10 ●老健施設内で提供可能な医療の割合 (複数回答可) ……………………… 65

図1-3-11 ●複数の診療所のかかりつけ医と、
　　　　　　入院／入所に際して密接な連携をとっているか ……………………………… 68

図1-3-12 ●入院／入所者について、紹介元の医師 (かかりつけ医、または前医) に、
　　　　　　入院／入所されたことを情報提供しているか ……………………………………… 69

図1-3-13 ● ICFステージングの評価指標 …………………………………………………… 70

図1-3-14 ● ICFステージングのレーダーチャート例 …………………………………… 71

第3節　SDGsと老健施設

図1-3-15 ● SDGsの17のゴール …………………………………………………………… 73

第Ⅱ部　全老健の活動

第1章　介護老人保健施設の整備状況

図2-1-1 ●施設整備状況と会員施設数 ……………………………………………………… 82

第2章　全老健の活動

第2節　全老健の研修・全国大会

図2-2-1 ● 2023年度の研修会 ………………………………………………………………… 85

図2-2-2 ●認知症短期集中リハビリテーション研修 (医師対象) 受講者数の推移 ……… 86

図 2-2-3 ● 全老健リスクマネジャー合格者（累計）・資格保有者の推移 ……………………… 87

図 2-2-4 ● 老人保健施設管理医師総合診療研修会 受講者数 ……………………………… 88

第Ⅲ部　図で見る介護保険等の状況

第 1 章　高齢者の状況

図 3-1-1 ● 高齢化の推移と将来推計 …………………………………………………… 116

図 3-1-2 ● 死亡数および死亡率の推移（昭和 22 年〜令和 4 年）………………………… 117

図 3-1-3 ● 出生数および合計特殊出生率の年次推移（昭和 22 年〜令和 4 年）………… 118

図 3-1-4 ● 労働力人口の推移（昭和 55 年〜令和 4 年）…………………………………… 119

図 3-1-5 ● 在留資格別外国人労働者数の推移
（旧：我が国における外国人労働者数の推移）………………………………… 120

図 3-1-6 ● 65 歳以上の者のいる世帯数および構成割合（世帯構造別）と
全世帯に占める 65 歳以上の者がいる世帯の割合 ………………………… 121

図 3-1-7 ● 65 歳以上の一人暮らしの者の動向 ……………………………………… 122

第 2 章　介護保険制度の実施状況

図 3-2-1 ● 第 1 号被保険者（65 歳以上）の要介護度別認定者数の推移 ……………… 123

図 3-2-2 ● 介護サービス受給者数の年次推移（1 か月平均）…………………………… 124

図 3-2-3 ● 介護サービス受給者数サービス種類別（総数）……………………………… 125

図 3-2-4 ● 保険料水準別構成割合の推移 ………………………………………………… 126

第 3 章　介護保険施設の実施状況

図 3-3-1 ● 1 施設当たり定員、在所者数、利用率（詳細票）…………………………… 127

図 3-3-2 ● 職種別に見た従事者数（詳細票）……………………………………………… 128

本書の使用に当たって

1 本書は、「第Ⅰ部 これからの老健施設の姿」、「第Ⅱ部 全老健の活動」、「第Ⅲ部 図で見る介護保険等の状況」、「第Ⅳ部 参考資料」の構成となっています。

2 本書では、介護福祉士を含む介護職を総称する場合、原則「介護職」と表記しています。

3 本書では、理学療法士、作業療法士、言語聴覚士を総称する場合、「リハビリ専門職」と表記しています。

4 以下の用語は本文中の表記を統一しています。ただし、固有名詞、第Ⅲ部、第Ⅳ部は除きます。

（正式名称）	（本書本文中の表記）
・公益社団法人全国老人保健施設協会	・全老健
・介護老人保健施設	・老健施設
・介護老人福祉施設	・特別養護老人ホーム
・通所リハビリテーション	・通所リハビリ
・訪問リハビリテーション	・訪問リハビリ
・リハビリテーション	・リハビリ
・短期入所療養介護	・ショートステイ／短期入所

5 主な専門用語は、「第Ⅳ部 参考資料」の「第1章 関係用語集」をご活用ください。

6 厚生労働省ほか出典資料については、原則原典のまま表記していますが、一部経年推移の比較を必要とする図と表については追記などを行っているものもあります。改変した場合は、その旨を表記しています。

7 図の数値については、平均値の場合または小数点以下を四捨五入している場合があり、合計値と合わない場合があります。

8 年号表記については、本文の場合は原則、西暦表記としています。ただし、時代変遷を解説するための記述や参考資料、引用については、西暦・元号併記の場合があります。介護報酬、診療報酬改定の表記は元号表記としています。

介護老人保健施設の理念と役割

　介護老人保健施設は、利用者の尊厳を守り、安全に配慮しながら、生活機能の維持・向上をめざし総合的に援助します。また、家族や地域の人びと・機関と協力し、安心して自立した在宅生活が続けられるよう支援します。

1. 包括的ケアサービス施設

　利用者の意思を尊重し、望ましい在宅または施設生活が過ごせるようチームで支援します。そのため、利用者に応じた目標と支援計画を立て、必要な医療、看護や介護、リハビリテーションを提供します。

2. リハビリテーション施設

　体力や基本動作能力の獲得、活動や参加の促進、家庭環境の調整など生活機能向上を目的に、集中的な維持期リハビリテーションを行います。

3. 在宅復帰施設

　脳卒中、廃用症候群、認知症等による個々の状態像に応じて、多職種からなるチームケアを行い、早期の在宅復帰に努めます。

4. 在宅生活支援施設

　自立した在宅生活が継続できるよう、介護予防に努め、入所や通所・訪問リハビリテーションなどのサービスを提供するとともに、他サービス機関と連携して総合的に支援し、家族の介護負担の軽減に努めます。

5. 地域に根ざした施設

　家族や地域住民と交流し情報提供を行い、さまざまなケアの相談に対応します。市町村自治体や各種事業者、保健・医療・福祉機関などと連携し、地域と一体となったケアを積極的に担います。また、評価・情報公開を積極的に行い、サービスの向上に努めます。

全老健 東 憲太郎 会長：インタビュー

2040年問題を
見据えた老健施設のあり方

東 憲太郎
ひがし けんたろう

全老健 会長

再確認された
「在宅支援施設」としての役割

　今後の老健施設のあり方を考えるにあたり、少し歴史を振り返ります。

　老健施設は1988年に、医療施設、福祉施設、家庭との間に存在する課題を解決する中間的機能を持ち、在宅復帰を主眼に置いた「中間施設」として本格的なスタートを切りました。こうした中間施設の類型は世界的にも例がなく、日本が初めてです。

　ただ、誕生当時の国の関係者は、20年後、30年後に老健施設が地域共生社会の中で担うべき中間施設としてのビジョン（将来のあるべき姿）を明確に描けていなかったのかもしれません。実際、誕生から15年ほどは、「まるで第2の特養ではないか」と言われていたこともあります。

　しかし、その後、2012年頃から「施設から在宅へ」という社会の大きな流れが不動のものとなりました。加えて、老健施設の運営やケアを担う方々の努力もあり、施設と在宅の中間に位置する「在宅支援施設」として、その存在意義が社会的に認知されるようになりました。

　そうしたなか、2018年4月に施行された改正介護保険法では、「なぜ老健施設はできたのか」という原点が再確認され、第8条（定義）に「在宅支援施設」であることが明記されました。同改正は、いわゆる2025年問題を見据えた「地域包括ケアシステムの強化のための改正」です。

　それを通過点にして、2040年問題に向けて、「地域共生社会」の拠点施設として、今後のあるべき姿を改めて追求する段階へと差しかかっています。

回転率が高い施設だから
果たせること

　30、40年前でしょうか。「社会的入院」という言葉がありました。老老介護の夫婦で、夫は認知症を患い、妻が夫の面倒を見て

いたとします。妻が急に病気になったら、誰が夫の世話をするのでしょうか。誰もいません。そこで、入院治療の必要がない夫を入院させることになります。家族介護ができなければ、退院ができません。それが、「社会的入院」です。

当然のことながら、病院はあくまでも治療施設です。積極的な治療の必要性が少ないのに入院を余儀なくされた患者さんの ADL は低下するでしょうし、QOL も低水準となるでしょう。

その点、老健施設では、医療・介護の提供ができるばかりか、介護職をはじめとする多職種により、利用者の心身機能の維持・改善、生活機能の低下予防を行いながら、在宅復帰を目指すことができます。

まさに、在宅で暮らす要介護高齢者や介護者にとっての「最後の拠り所」。これが私たち老健施設の目指す「在宅支援施設」としての姿の一つです。

それを可能にするのが、ベッド回転率の高さです。要介護高齢者の急な利用ニーズに対応するためには、常に一定数のベッドが空いていなければなりません。老健施設は在宅復帰施設のため、他の介護保険施設に比べて、入退所が頻繁に行われています。多くの老健施設では、この空きベッドを有効活用し、「地域に開かれた施設」としての使命を果たそうと努力しており、この点は、もっと評価されるべきです。

かかりつけ医との連携で在宅支援

例えば、猛暑による熱中症で急性期病院に緊急搬送されて入院することになると、生活機能がガクッと落ち、認知機能も低下すると

いわれています。これは、急性期病院の病棟に介護職員が少ないことも一因と思われます。

もちろん、熱中症だけではなく、病気になったらまずは急性期病院へという流れには、まだまだ根強いものがあります。ところが、超高齢社会になって久しい現代日本において、実は、急性期病院の患者の約 7 割は介護を必要とする高齢者なのです。

糖尿病を持つ人の血糖コントロールや軽度の気管支炎などであれば、老健施設のショートステイ（以下、医療ショート※という）で対応が可能です。すべて救急車で病院に搬送するのではなく、ケースによっては老健施設の利用が可能です。

そこで、「病気になったら急性期病院へ」という流れを考え直し、例えば、急性期病院、地域包括ケア病棟、老健施設の 3 施設で地域の医療ニーズへの対応の棲み分けをしてはどうでしょうか。

そのカギを握るのは、かかりつけ医だと考えます。かかりつけ医がいわゆる「トリアージ」を行い、患者の状態に応じて、急性期病院、地域包括ケア病棟、老健施設のそれぞれに患者を振り分けるのです。

診療報酬上で医療ショートの位置づけを

ここで強調したいのは、現在、老健施設が持つ医療機能は、老健施設創設当初よりはるかに強化され、前述の血糖コントロールや軽度の気管支炎に加え、脱水や軽度の心不全など対応できる疾患が増えていることです。つまり、老健施設の医療ショートで対応できる

（※）医療ショートとは老健施設における在宅支援機能の一つで、要件を満たした場合に「総合医学管理加算」が 7 日間を限度に算定できます。

患者さんがたくさんいるのです。

　今後は、比較的軽度の医療ニーズがある要介護高齢者を医療ショートで受け入れる流れを診療報酬上で位置づけることが望まれます。これは、前述の空きベッドの有効活用のインセンティブとなり、医療費の抑制にも貢献できます。

障害のある人を受け入れる

　老健施設が「地域共生社会」で果たす役割も大きいと考えています。地域には、障害がある人もいます。前述のように老健施設に空きベッドがあるため、障害がある方にも介護サービスを提供できます。

　実際、都道府県の指定を受ければ、障害がある人を老健施設のショートステイで受け入れることができますが、行政への手続きをもっと簡単にするなどの要件の緩和が必要です。現在、障害のある人に老健施設が提供できるサービスの見直しについて厚生労働省と協議を進めています。障害がある人のリハビリを老健施設で提供しやすくなるかどうかは、令和6年度のいわゆる「トリプル改定」（診療報酬、介護報酬、障害福祉サービス等報酬の同時改定）の際の一つのテーマです。

「介護予防サロン」への期待

　2040年に向けて、入所、ショートステイ、通所・訪問リハビリに加えて「予防」という点でも、老健施設が重要な役割を果たす時代になるでしょう。要介護に至る前の段階として、「フレイル（虚弱）」という状態があります。フレイルにどう関わるかは極めて大事ですが、医療面からだけでは難しいのではないでしょうか。

　そこで、老健施設が医療機関と連携してフレイルの高齢者に介入し、その機能改善を図ることが期待されています。医療と介護が連携し、フレイルから要介護へと移行するのを防ぎます。これもまた、医療ショートと同様に医療費の抑制にもつながります。

　こうした、要介護状態になることを予防し、高齢者の生きがいや自己実現のための取り組みを支援する新しい試みが「介護予防サロン」です。老健施設に併設され、現在は10施設程度ですが、今後、広げていきたいと考えています。5年後あるいは10年後になるかもしれませんが、介護予防サロンが高齢者の助けとなり、介護を必要とする人たちの割合を低下させることができたらいい。私は会長として、そんな夢を実現したいのです。

元気な高齢者が介護助手に

　人材確保も2040年に向けての大きな課題です。生産年齢人口が減少していくなかで、介護の分野だけ、しかも老健施設だけに人材が入ってくると考えるのは無理があります。人材を確保することももちろん大切ですが、少ない人材であっても現場が回るようにして

いかなければなりません。その一つが元気高齢者による「介護助手」です。

介護助手の仕事は、利用者の身体に直接触れることのない間接業務と呼ばれるものです。例えば、忙しい夜勤明けの職員に代わり部屋のカーテンを開け、利用者の起床をサポートする、利用者が退所した後のベッドメーキング、浴室・ポータブルトイレの掃除などさまざまな作業が挙げられます。

介護助手の活躍により現場の仕事の構造が変わったのです。元気な高齢者にとっても生きがいができ、働くことで介護予防にもつながります。介護職員の残業時間減、パートの人件費減と併せ、一石二鳥ならぬ「一石四鳥」の効果がある、と言ってもよいのではないでしょうか。

介護助手の採用にあたっては、「人件費が負担になるのでは」との懸念があるかもしれません。しかし、私の老健施設で実際に採用したところ、従来より介護職員の残業時間が減り、介護の専門性が発揮できる本来の業務に専念できるようになりました。また、それまでパートの介護職員が行っていた業務を介護助手が担うようになったことで、パート職

員の数も減り、結果として、人件費は以前と変わらずに済みました。

今後、国が先導し、介護助手を広める仕組みが出来、全国的に広がることを願っています。

タスクシフト推進で介護の専門性を追求

人材難のこれからの時代は、タスクシフトの考えが必要です。2012年4月から、喀痰吸引等研修を受けた介護職員が喀痰吸引や経管栄養の実施が可能となったことは、医療・看護と介護とのタスクシフトの例でしょう。

また、医師と看護師の関係でもタスクシフトが進んでいます。2015年10月に始まった「特定行為に係る看護師の研修制度」（特定行為研修）を修了すれば、特定看護師として、中心静脈カテーテルの抜去などを医師の指示・判断を待たずに、医師が事前に作成した手順書に従って特定看護師の判断で実施することができます。

介護福祉士と介護助手は、医師の働き方改革におけるタスクシフトの推進と似ています。老健施設においても、介護助手の採用等を行い、どんどんタスクシフトを進める必要があります。

介護助手という名称について、「サポーター」あるいは「アシスタント」の方が良いのでは、との声もありましたが、名称ではなく中身が大切です。また、「介護福祉士の仕事を奪おうとしているのではないか」という批判もありましたが、それは違います。介護助手へのタスクシフトにより、逆に介護福祉士の専門性を高め、社会的地位も向上すると私は考えています。加えて言えば、業務負担の軽減により、職員のメンタルヘルス対策に

もなるはずです。

ICTの活用は
介護の仕事を魅力的にする

高齢者人口がピークに達するのにもかかわらず、少子化による生産年齢人口の減少で生じる社会問題。これが2040年問題です。

介護助手によるタスクシフトとともに考えていきたいのが、ICT（情報通信技術）の活用です。

とはいえ、ICTは導入するのに費用がかかる上に、慣れるまでに時間がかかります。しかし、上手に活用すれば、現場の負担が軽減し、職員の労働生産性が向上し、職員のメンタルヘルス対策にもつながることは、ことさら論ずるまでもないでしょう。

ケアプラン、個別援助計画、介護記録、さらには、請求業務までを一元管理する一気通貫型の介護ソフト、画像・AI（人工知能）・インカムを結合させた見守り機器、ビジネスチャット、WEB会議ツール、職員の出退勤や勤務シフトを管理するソフトなど、ICTは、今や実用段階へと入ってきました。

私の老健施設でも、ケアの記録をはじめ、ICTを活用して日々の業務を行っています。2023年3月からは、音声入力による電子記録を開始しました。ヘッドセットの骨伝導マイクで音声を伝えるものです。多職種間の情報交換のほか、ナースコールもヘッドセットに直接入ってくるので、いちいちナースステーションに戻って確認する必要はありません。

そんな折、うれしい副産物が生まれました。7月下旬のことです。今年度に学校を卒業し、介護福祉士の道を歩む20歳の学生が、私の老健施設を見学に来ました。見学を終えた学生は、「介護はきついとか、汚いとかというイメージがありましたが、実際の現場を見て考えが変わりました。『クール』です」と言いました。全職員がヘッドセットを付けて働いているところを見て思ったそうです。さらにうれしいことに、「ここに（求職の）応募をすることを決めました」と言ってくれました。ICTは若者に対し、介護現場を魅力あるイメージにするパワーを持っているのです。

認知症ケアの土台となる
評価の必要性

2040年に向けて、認知症ケアも大きな課題です。課題克服の大前提として重要なのは、認知症の人の能力を過不足なく評価することだと思っています。

厚生労働省が推進した科学的介護情報システム「LIFE」は、どのような介入をすれば、機能を維持・改善できるか。逆に機能が悪化するのかといったことを介護事業所にフィードバックする予定になっています。将来、有効なフィードバックができれば、主に身体面を中心とした自立支援の観点から、ある程度の効果を発揮することが期待できます。

ただ、LIFEは、認知機能がBPSD（認知症を有する人の行動・心理症状）のみの評価となっています。認知症になっても、残っている機能はたくさんあります。「できること」も含めて評価することが認知症ケアにおいては重要です。

誰でもわかる客観的評価基準に貢献
～R4システムの開発～

私たちが開発した「全老健版ケアマネジメ

ント方式 R4システム」（以下、R4システムという）では、認知症の評価に限らず、利用者の状態像を誰でも簡単に、しかも普遍性をもって評価できる指標を用いてチェックすることができます。私たちは、実際の現場で使える方式にするために、約2万人のデータを集め、ICF（国際生活機能分類）に基づき、先進的な評価指標を作りました。それが、R4システムの中核を成す「ICFステージング」です。

　従来の評価では、自立・部分介助・全介助などと、「介助の手間」という評価者の主観的な指標を用います。これでは、利用者の状態について正確な評価ができないばかりか、心身機能の変化を追うことも難しくなります。

　一方、ICFステージングは、利用者の心身機能そのものに注目するとともに、経時的に心身機能の推移を測ることができるようになっています。

　ステージは5段階に分かれていて、例えば、ベッド等に背もたれもなく"つかまらない"で、安定して座っている「座位（端座位）の保持」という評価項目について、座っている場合は「ステージ3」、そうでない場合は「ステージ2」へと進み、それぞれのステージで、さらに客観的な評価を行うといった具合です。また、本人の意欲（社会参加など）を評価する指標もあります。

　全老健では、このように誰が見てもわかる客観的な評価指標を提供しています。

認知機能を
ポジティブに評価する

　認知症の評価に話を戻します。

認知症の評価には、HDS-R（改訂長谷川式簡易知能評価スケール）、MMSE（ミニメンタルステート検査）がありますが、これでは十分ではないと思っています。もの忘れの度合いを測る評価が多いことがその理由です。また、認知機能が低下すると精神機能も落ち、不安になったり、うつになったりします。そうした点もきちんと評価されてきませんでした。

　ICFステージングでは、認知機能を「見当識」「コミュニケーション」「精神活動」の観点から、"できるかどうか""行っているかどうか"に着目し、できるかぎり客観的に評価していきます。

　例えば、「見当識」では、「年月日」「場所の名称」「他者に関する見当識」「自分の名前」について、わかるか、わからないかで評価を行います。

　評価の仕方に関しても、「年月日がわからない場合は、現在いる場所がわかるかどうかで判断します。例えば、自宅か、老健施設か、病院かの3つの選択肢を与えて、正確であればわかると判断します」などと具体的です。認知症が社会問題化して久しいにもかかわらず、認知症は、社会的にきちんと理解されているとはいえないのが現状です。「よく物忘れをする困った人」としかみない風潮や「認知症になったらおしまい」といった偏見もまだまだ根強く残ります。

　全老健が提唱するのは「できること」の「客観的な評価」です。"残っている機能"を適切に評価することがポイントであり、2040年に向けての認知症ケアは、こうしたポジティブな評価を土台に組み立てていく必要があります。

老健施設における
認知症ケアの力

　2040年に向けた認知症ケアでは、老健施設が積み上げてきた認知症ケアのエビデンス（科学的根拠）も大いに貢献できるものだと確信しています。一例を挙げます。

　一過性の異常な出来事（手術や事故など）によって認知機能はガクッと落ちます。ただ、この場合には、適切な介入によって認知機能を大きく改善することができます。老健施設が推進している認知症ケアの一つは、非薬物療法である認知症のリハビリです。一過性の認知機能低下に関して言えば、認知症のリハビリが、認知機能の改善に有効であるというエビデンスがあります。医療側は、こうした認識が少しとぼしいのではないかと感じています。医師である私にしても、ずっと大学に残っていたら、こうした事実を知ることはなかったでしょう。老健施設には認知機能を改善させる知識や技術があることをもっと多くの方に知ってほしいと思います。

リスクについての備え

　老健施設に限らず、2040年に向けては、リスクについての備えも重要な課題です。

　例えば、ICTの普及に伴い、サイバーセキュリティというリスク管理が非常に重要となってきます。私の施設では4種類のクラウドを用いて対策をしています。セキュリティが甘いと、施設のシステムが乗っ取られ、利用者等の個人情報が流出してしまいます。私も勉強しましたが、ハッカーの手口はますます巧妙になっています。「このシステムを入れたから安心だ」と考えていると、それを上

回るハッカーが次から次へと出現する時代になったのです。各施設には時代の変化に即応する対策が求められています。

　また、新型コロナウイルスなどの感染症や自然災害などの緊急事態に遭遇した際に損害を最小限にとどめ、重要な業務の継続を図るBCP（事業継続計画）の策定も重要です。多くの老健施設は、日頃から緊急時の備えをしているのですが、全老健では、2023年度に47都道府県すべてでBCPについての研修を実施し、より実効性の高いBCPの策定ができるよう支援しています。

最後に

　老健施設の本格実施から、35年が経ちました。その年月で蓄積してきた老健施設のエビデンスや可能性を、2040年問題に向けて役立てる時代が来たのだと思っています。「地域共生社会の拠点施設」として、できること、担えることは、多岐にわたっていると確信しています。　　　　　　　（2023年7月収録）

第 I 部

これからの
老健施設の姿
―2040 年問題を念頭に―

老健施設の理念と役割
～2040年に向けた「今」の立ち位置～

中間施設としての胎動

高齢化率が 10% を超え、高齢社会の到来が目前に迫った 1985 年 1 月、総理府の社会保障制度審議会は建議で、「医療施設と福祉施設の長所を持ち寄った『中間施設』を検討する必要がある」としました。

これを受け、同年 4 月から「中間施設に関する懇談会」が 7 回にわたって開催され、8 回目にまとめられた中間報告（同年 8 月）「要介護老人対策の基本的考え方といわゆる中間施設のあり方について」では、「医療施設、福祉施設、家庭との間に存在する課題を解決し、要介護老人に対して通所、短期入所サービス及び入所サービスをきめ細かく実施する中間施設の体系的整備を図っていくことが必要」とされました。

さらに、同中間報告では、中間施設が実施する「入所サービス」について、以下の 2 点が強調されています。

〔中間施設における入所サービスとは〕
①入院治療後に家庭・社会復帰のためのリハビリテーション、生活訓練等の実施
②病院に入院して治療するほどではないが、家庭では十分なケアのできない要介護老人に対し、医学的な管理と看護を中心としたサービスを提供

老健施設と全老健の歩み

1985 年	1 月	社会保障制度審議会が「中間施設」の必要性を建議
	4 月	厚生省が「中間施設に関する懇談会」を設置
1986 年	1 月	厚生労働省が「老人保健法改正大綱」で老人保健施設を明記
	12 月	老人保健施設の創設が盛り込まれた「改正老人保健法」公布
1987 年	4 月	モデル老人保健施設事業（全国 7 か所）がスタート
1988 年	4 月	老人保健施設が本格実施
1989 年	12 月	社団法人全国老人保健施設協会設立
1990 年	6 月	第 1 回全国老人保健施設大会開催
	7 月	機関誌『老健』創刊
2000 年	4 月	介護保険法施行（介護老人保健施設に移行）
2004 年	7 月	『介護白書』創刊
2005 年	1 月	「介護老人保健施設の理念と役割」改定・公表
2006 年	4 月	介護報酬改定で「認知症短期集中リハビリテーション実施加算」創設
2008 年	11 月	介護老人保健施設リスクマネジャー第 1 期生認定
2011 年	8 月	全老健が公益社団法人に移行
2012 年	4 月	介護報酬改定で老健施設の基本サービス費に「在宅強化型」新設
2018 年	4 月	改正介護保険法施行、老健施設を「在宅復帰・在宅支援」施設と明示
	4 月	老健施設を「超強化型」「在宅強化型」など 5 類型に区分
2020 年	2 月	新型コロナウイルス感染症が「指定感染症」に指定
2021 年	4 月	介護報酬改定で「科学的介護推進体制加算」など新設

詳細については、参考資料の「介護保険制度関係年表」をご参照ください。

老健施設の稼働

翌1986年1月、厚生省（当時）は、「老人保健法改正大綱」を決定し、中間施設は、「老人保健施設」（以下、老健施設）と命名されることとなりました。そして、同年12月に公布された改正老人保健法で、老健施設の創設が明記され、「老人保健施設とは、疾病、負傷等により、寝たきりの状態にある老人又はこれに準ずる状態にある老人に対し、看護、医学的管理の下における介護及び機能訓練その他必要な医療を行うとともに、その日常生活上の世話を行うことを目的とする施設」と定義されました。

その後の展開は速く、翌1987年4月には、モデル老人保健施設事業が全国7か所（千葉県、長野県、三重県、大阪府、兵庫県、山口県、福岡県）で始まり、翌1988年1月に「老人保健施設の施設及び人員並びに設備及び運営に関する基準について」が公布され、同年4月から老健施設が本格実施されます。

以降、老健施設が次々に開設され、本格実施翌年の1989年7月に、167施設であった老健施設は、10年後の1998年10月には、2,184施設へと急増していきました（厚生労働省「介護サービス施設・事業所調査」より）。

全老健の設立

老健施設が増え始めて間もない1989年12月「社団法人全国老人保健施設協会」（全老健）が設立されました。

全老健は、全国の老健施設の一致協力により、老健施設の理念と役割を増進させ、利用者の福利を実現することを目的とする全国組織です。その後、2011年8月には、公益社団法人に移行、2023年8月末現在で、全国約3,600の老健施設が会員となっています。

また、全老健は設立翌年から、全国老人保健施設大会を毎年開催しています。第1回からの大会テーマには、全老健と老健施設がめざしてきた社会的使命が象徴されています（→表1）。

介護保険法の施行前から、老健施設は、寝たきりをなくすなどの自立支援、その人らしい暮らしの支援、地域に開かれた施設づくり、認知症になっても幸せに暮らせる共生社会の実現、保健・医療・福祉と連携した地域づくり、高齢者の尊厳、さらには、現在の日本が

表1 ● 全国老人保健施設大会のテーマ（第1〜10回）

回	開催年	開催地	大会テーマ
第 1 回	1990年	山梨県	「寝たきりからの解放をめざして」
第 2 回	1991年	広島県	「今問われる……長寿社会の"QOL"」
第 3 回	1992年	北海道	「心豊かな長寿社会をめざして」
第 4 回	1993年	宮崎県	「地域に開かれた施設づくりを求めて」
第 5 回	1994年	大阪府	「その人らしさを求めて〜ボケても幸せやねん」
第 6 回	1995年	宮城県	「地域における保健・医療・福祉の連携をめざして」
第 7 回	1996年	兵庫県	「心のケア〜新しい介護システムをめざして」
第 8 回	1997年	千葉県	「地方文化としての高齢者介護」
第 9 回	1998年	岡山県	「高齢者の尊厳が生み出すまち創り〜バリアフリーが導く夢の実現」
第 10 回	1999年	長野県	「地域がつくる高齢者ケア〜少子・高齢社会の21世紀に向けて〜」

第11回以降については、参考資料の「介護保険制度関係年表」をご参照ください。

直面している少子高齢社会における地域づくりなど、まさに、未来につながるテーマにいち早く取り組んできました。

2023年には、第34回大会が宮城県で「地域共生社会の復権と老健 ～デジタル化時代の絆～」のテーマで開催されました。

介護保険のスタート

2000年4月、介護保険法が施行されました。これに伴い、老健施設の根拠法は、従来までの老人保健法から介護保険法に変わりました。

介護保険は、介護が必要な人を社会全体で支え合う仕組みです。基本的な考え方は、「自立支援」「利用者本位」「社会保険方式」であり、背景には、要介護高齢者の増加、介護期間の長期化、核家族化の進行、介護する家族の高齢化などにより、従来の老人福祉・老人医療制度による対応には限界があるという危機意識がありました。

介護保険法により、老健施設の正式名称は、「老人保健施設」から「介護老人保健施設」へと変わり、「要介護者に対し、施設サービス計画に基づいて、看護、医学的管理の下における介護及び機能訓練その他必要な医療並びに日常生活上の世話を行うことを目的とする施設」と定義されました。

在宅支援・在宅復帰のための地域拠点として

介護保険法施行後は、老健施設の特長である「医療的管理の下に実施する多職種協働によるチームケア」と「身体的機能から認知症機能改善まで行うリハビリ機能」への評価と期待が高まり、その特長を強化する介護報酬改定が実施されていきました。

例えば、「認知症短期集中リハビリテーション実施加算を新設」（2006年度）、「基本サービス費に『在宅強化型』を新設」「地域連携パスへの評価を新設（地域連携診療計画情報提供加算）」「肺炎・尿路感染症などの対応強化のための加算を新設（所定疾患施設療養費）」「ターミナルケア加算の見直し」（2012年度）などです。

そして、これまで義務づけられていた老健施設の「在宅復帰」機能（厚生省令第40号）に加え、2018年4月施行の改正介護保険法で、老健施設の「在宅支援」機能が明示されました。

同改正法は、「地域包括ケアシステムの強化のための介護保険法等の一部を改正する法律」で、介護保険法第8条（定義）において、老健施設が対象とする要介護高齢者について「主としてその心身の機能の維持回復を図り、居宅における生活を営むことができるようにするための支援が必要である者」と明示されました。

すなわち、老健施設は、①在宅支援・在宅復帰のための地域拠点となる施設、②リハビリを提供する機能維持・回復の役割を担う施設、であることが明確になりました。

老健施設を5類型に分類

同改正法の施行に伴い、従来、在宅復帰率などに応じて3類型に分類されていた老健施設を、5類型に分類することになりました（➡表2）。現行の5類型の分類には、主に「在宅復帰・在宅療養支援等指標」（➡表3）が用いられています。なお、指標の他に、退所時指導等、リハビリテーションマネジメント、地域貢献活動、充実したリハなどの要件もあります。

すなわち、老健施設誕生の際の「中間施設」としての機能を果たすため、在宅復帰を支援するとともに、在宅復帰後の生活を支える施設としても位置づけられているのです。

表2 ● 3類型から5類型の老健施設区分へ

○3類型の区分 (2012年度〜2017年度)

	在宅復帰率	退所後の状況確認	ベッド回転率	重度者割合	リハ専門職
在宅強化型 (強化型)	50%超	要件あり	10%以上	要件あり	要件あり
在宅復帰・在宅療養支援機能加算算定施設 (加算型)	30%超	要件あり	5%以上	要件なし	要件なし
上記以外 (従来型)	強化型または加算型の要件を満たさないもの				

○5類型の区分 (2018年度〜)

	在宅強化型		基本型		その他型 (左記以外)
	超強化型 在宅復帰・在宅療養支援機能加算(Ⅱ)	強化型	加算型 在宅復帰・在宅療養支援機能加算(Ⅰ)	基本型	
在宅復帰・在宅療養支援等指標 (最高値：90)	70以上	60以上	40以上	20以上	左記の要件を満たさない
退所時指導等	要件あり	要件あり	要件あり	要件あり	
リハビリテーションマネジメント	要件あり	要件あり	要件あり	要件あり	
地域貢献活動	要件あり	要件あり	要件あり	要件なし	
充実したリハ	要件あり	要件あり	要件なし	要件なし	

出典：両表とも厚生労働省

表3 ● 在宅復帰・在宅療養支援等指標

下記評価項目 (①〜⑩) について、項目に応じた値を足し合わせた値 (最高値：90)

①在宅復帰率	50%超　20		30%超　10		30%以下　0
②ベッド回転率	10%以上　20		5%以上　10		5%未満　0
③入所前後訪問指導割合	30%以上　10		10%以上　5		10%未満　0
④退所前後訪問指導割合	30%以上　10		10%以上　5		10%未満　0
⑤居宅サービスの実施数	3サービス　5	2サービス　3	1サービス　2		0サービス　0
⑥リハ専門職の配置割合	5以上　5		3以上　3		3未満　0
⑦支援相談員の配置割合	3以上　5		2以上　3		2未満　0
⑧要介護4又は5の割合	50%以上　5		35%以上　3		35%未満　0
⑨喀痰吸引の実施割合	10%以上　5		5%以上　3		5%未満　0
⑩経管栄養の実施割合	10%以上　5		5%以上　3		5%未満　0

出典：厚生労働省

『令和5年版 介護白書』第Ⅰ部について

本書の第Ⅰ部は、老健施設の現在の位置付けを確認しながら、2040年問題を念頭に、「人材」「持続」「共生」の3つの角度から、「これからの老健施設の姿」を検証・考察します。

■第1章「持続」

いまだ終息の兆しがみえない新型コロナウイルス感染症をはじめ、感染症対策の他にも自然災害への備えやサイバーセキュリティなど、老健施設の持続への道には難題が待ち構えています。加えて、2040年を見据え、社会保障の持続可能性を確保するための介護給付費の検討も厚生労働省で行われています。

これらをふまえ、全老健管理運営委員会安全推進部会部会長へのインタビューをもとに、老健施設の持続には何が必要なのかを考察します。

■第2章「人材」

「2040年問題」とは、少子化が招く急速な人口減少と高齢者人口がピークに達する2040年に日本が直面すると考えられている問題の総称です。

2040年に向けて、老健施設でも人材不足が顕著になってくることが予想されます。全老健人材対策委員会委員長と副委員長の対談を軸にこの難局を乗り切るための方策を考えます。

■第3章「共生」

時代は、どこへ向かおうとしているのか。地域包括ケアシステムと介護・医療連携、利用者・職員の多様性やソーシャル・インクルージョン（社会的包摂）における老健施設の姿、地域・日本・世界における老健施設の役割と使命など、「共生」をテーマに、老健施設のあるべき姿を探ります。また、コラムとしてSDGsに積極的に取り組む老健施設を紹介しています。

第Ⅰ部

第1章 持続

　地域包括ケアシステムの中核となる老健施設の持続は、利用者および職員の福利の維持・向上だけではなく、社会的責任でもあります。全老健管理運営委員会安全推進部会（防災・災害対策及びリスクマネジメント担当）の山野雅弘部会長（事故検討会委員長兼務）へのインタビューを交えながら、老健施設が直面している事業持続のための課題と今後の方向性について見ていきます。

第1節　ポストコロナと感染症対策

✎ンタビュー

老健施設における
感染症対策の変化

Q 新型コロナウイルス感染症の感染症法の位置づけが、2023年5月8日から5類に移行されました。老健施設を取り巻く感染症対策には、どのような変化がありましたか。

山野●多くの老健施設では、クラスターの発生を経験するなど、懸命に新型コロナウイルス感染症への対応に取り組んできました。感染症法上の位置づけが2類から5類に移行されましたが、老健施設の感染症対応に関するスタンスには大きな変化はありません。

　クラスターの発生がなくなったわけではありませんし、地域によっては医療機関の新型コロナウイルス感染症患者の受け入れが困難になったり、公的サポートが縮小されたりなど、5類移行前より

山野雅弘部会長

厳しい現状もあります。

　そのようななか、全老健ではホームページ上に開設している「新型コロナウイスル感染症関連ページ」で5類移行に伴う最新情報を逐一提供し、きめ細やかな対応を継続しています。

Q 新型コロナウイルス感染症を経て、老健施設における今後のリスク管理について教えてください。

山野●新型コロナウイルス感染症は5類に移行されましたが、感染症対策については、何ら変化はありません。そのことを確認した上で、老健施設が「持続」していくためには、さまざまなリスクがあることを再認識しておく必要があります（第4節で詳説）。

　老健施設を取り巻く数多くのリスクに的確に対応していかなければ、老健施設の「持続」が危ぶまれ、地域包括ケアシステムの中核を担う施設としての役割を果たすことができません。例えば、新型コロナウイルス感染症に対応した経験をいかし、インフルエンザや今後発生しうるさまざまな感染症のリスクに備

える必要があります。ポストコロナにおいて、老健施設は医療機能を有しているため、しっかりと対応ができていると思います。

また、自然災害などの被害に備えることも必要です。個人情報保護は人権や社会的信用に直結します。転倒・転落等による「事故」に関しても、自立支援と安全確保の両面から継続的対策を講じていくべき重要なテーマです。

リスクは、施設が本来果たそうとしている役割を阻害してしまいます。ですから、老健施設を取り巻くさまざまなリスクへの備えを十全に行うことが肝要で、リスクマネジメントを行うことで、リハビリ等により在宅復帰を実現し、住み慣れた地域で入所・通所・訪問といった多彩なサービスを提供して在宅生活を支援する、さらに最終的には看取りケアを提供するという老健施設の役割が果たせるのではないでしょうか。

新型コロナウイルス感染症への対応を検証する

新型コロナウイルス感染症が「指定感染症」に指定されたのは、2020年2月1日でした。同月5日には、クルーズ船で集団感染を確認、4月7日には、緊急事態宣言が7都府県に発令されました。さらに4月16日には緊急事態宣言が全国に拡大され、新型コロナウイルス感染症の拡大に日本全国が息を潜める日々が続きました。

●新型コロナウイルス感染症に関する全老健の動き

当時、厚生労働省は各種の通知を、老健施設を始めとする介護施設・事業所向けに矢継ぎ早に発出。通知には理解が難しいものも多く、それと相まって、新型コロナウイルス感染症に関する情報が錯綜し、介護現場は大きな混乱に包まれました。

全老健では、厚生労働省からの通知を分かりやすく噛み砕くとともに、飛び交う情報を整理し、正しい情報を会員施設に速やかに届け続けてきました。

なかでも、会員施設との情報共有に威力を発揮したのが、全老健ホームページ上の「新型コロナウイルス感染症関連ページ」と、「全老健FAXニュース」による新型コロナウイルス感染症関連情報の発信です。

並行して、老健施設の窮状を訴え、状況を改善するために、内閣総理大臣、厚生労働大臣、厚生労働省関連各局宛などに要望書などを提出しました。また、4月28日には記者会見を開き、介護現場の厳しい現状を伝えるとともに、介護サービスを継続するための支援を訴えました。

さらに、5月7日には、介護5団体（公益社団法人全国老人福祉施設協議会、公益社団法人日本認知症グループホーム協会、一般社団法人日本介護支援専門員協会、公益社団法人日本介護福祉士会、全老健）の代表者から介護現場で働く職員へのメッセージ「がんばろう 介護！」を全老健のホームページやYouTube等で公開し、関係団体と一致団結して対応に当たりました（写真）。

YouTube「がんばろう 介護！」で職員に向けてメッセージを贈る東憲太郎会長（右下）
全老健ホームページより

●ひっ迫する地域の医療機関への貢献

全老健では、新型コロナウイルス感染症の感染拡大当初から、「①介護施設で陽性者が出た場合、原則として入院対応する」、「②入所の際はPCR検査を実施し、感染者が出た場合は全入所者・職員を検査する」という2点を主張してきました。

しかし、新型コロナウイルス感染症の勢いは止まらず、まん延の波が押し寄せるごとに感染者数は大きく増え、地域の医療機関がひっ迫していきました。そのなかで、老健施設は、医療機関において退院基準を満たした新型コロナウイルス感染症患者の受入れに取り組んでいました。

第3波がちょうどピークに達する頃の2021年3月12日、全老健は記者会見を開き、新型コロナウイルス感染症の「退院基準を満たす要介護高齢者の受入れ協力施設」の調査結果を発表しました。受入れ協力施設とは、医療機関における退院基準を満たす要介護高齢者の受入れに協力することができ、都道府県を通じて医療機関に施設名の公表が可能であると回答した施設です。記者会見前日の3月11日時点での協力施設は1,625で、会員施設の約46％に上りました。

コロナ禍において、こうした老健施設の取り組みが、地域における医療崩壊を防ぐ一助となったのではないでしょうか。

●老健施設でのワクチン接種と軽症患者の治療

老健施設は、医師が常勤するなど、介護保険施設のなかでは医療的機能が高い点に特徴があります。その特徴をいかし、老健施設における新型コロナウイルス感染症のワクチン接種と軽症患者に対する治療が条件付きながら認められていました。

新型コロナウイルス感染症のワクチン接種に関しては、2021年6月9日付の厚生労働省事務連絡「介護老人保健施設が自施設の入所者以外の者に新型コロナウイルスワクチンの接種を行う場合の診療所開設等の取扱いについて」において、老健施設が市町村の要請に基づき自施設の利用者以外にワクチン接種を行う場合は、診療所の開設届出を接種終了後に行っても差し支えないということが示されました。

また、2021年12月24日に特例承認された経口抗ウイルス薬「モルヌピラビル」（ラゲブリオ®カプセル200mg。以下、ラゲブリオという）が、事前（仮コード）の登録を行うことで老健施設の入所者への投与が可能となりました。

老健施設においては、新型コロナウイルス感染症の陽性者については、原則入院とする姿勢は一貫していました。しかし、医療機関のひっ迫から、陽性となっても、入院待機を余儀なくされる利用者も少なくなく、老健施設においてラゲブリオの投与が可能となったことは、利用者にとっても安心できるものとなりました。

●類型移行後の情報共有

先述のとおり、2023年5月8日には、新型コロナウイルス感染症が従来の2類から5類に移行されました。さらに、2023年10月1日以降に変更となる他科受診等の取扱いについては、全老健ホームページ上の「新型コロナウイルス感染症関連ページ」（➡図1-1-1）などで最新情報を取りまとめ、掲載しています。

図 1-1-1 ●新型コロナウイルス感染症の取扱い 2023 年 10 月 1 日以降について

〔変更点のまとめ〕

10月1日以降のコロナ特例について老健施設に関係する主な変更点（まとめ）

変更
- ●コロナ治療薬は、今後利用者負担が発生（他科受診時）
  - ・3割負担の方＝9,000円（自己負担額の上限）
  - ・2割負担の方＝6,000円（自己負担額の上限）
  - ・1割負担の方＝3,000円（自己負担額の上限）
  - 他科受診の際に上記が利用者負担になります。

- ●かかりまし経費（補助金）
  - ・老健施設3.8万×定員　は変更なし
  - ・コロナ患者への対応に係る業務手当（危険手当）の上限を設定
    - 1人あたり上限4,000円/日　※これまで上限設定なし

- ●施設内療養（補助金）
  - ・陽性者が発生した場合　1人あたり5,000円/日（半額）
  - ・クラスター10人以上の場合　1人あたり　＋5,000円/日（半額）
  - ・その他の要件は変わらず

- ●退院基準を満たすコロナ患者の受入れ（退所前連携加算）
  - （老健の場合）　前半7日間　600単位×7
    - 後半7日間　400単位×7　合計14日間

- ●その他のものはこれまで通り
  - ・入退所の制限した場合…指標のカウント（制限した月は指標のカウントから除外）

〔他科診療について〕

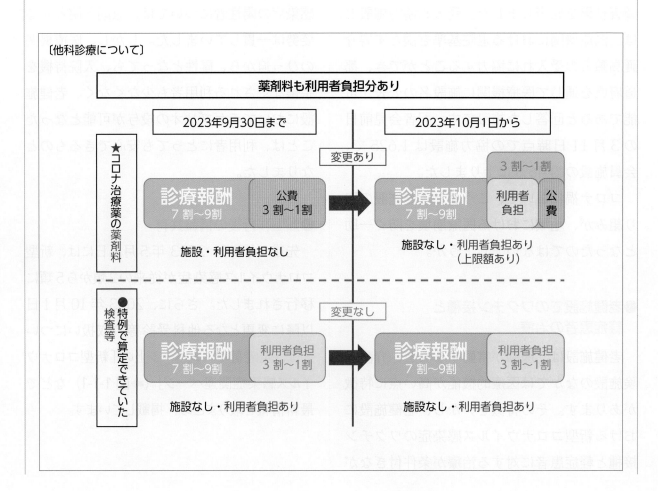

〔他科診療について〕

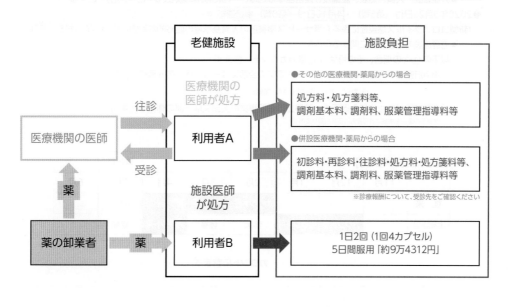

老健施設のコロナ感染者の往診・受診時の他科受診の考え方
【ラゲブリオ（経口薬）の場合】

※医療機関で処方する場合、薬剤料が利用者負担になっても施設負担分の考え方は変更ない

老健施設 / **施設負担**

●その他の医療機関・薬局からの場合

処方料・処方箋料等、
調剤基本料、調剤料、服薬管理指導料等

●併設医療機関・薬局からの場合

初診料・再診料・往診料・処方料・処方箋料等、
調剤基本料、調剤料、服薬管理指導料等

※診療報酬について、受診先をご確認ください

1日2回（1回4カプセル）
5日間服用「約9万4312円」

- 医療機関の医師
- 往診 / 受診
- 医療機関の医師が処方 → 利用者A
- 施設医師が処方 → 利用者B
- 薬の卸業者 → 薬 → 利用者B
- 薬

〔施設内療養について（補助金）〕

施設内療養についての変更点

6. 高齢者施設等における対応
⑵ 各種の政策・措置の取扱い
③高齢者施設等での感染対策を含む施設内療養の体制
○ 必要な体制を確保した上で施設内療養を行う高齢者施設等への補助については、10月以降は施設内療養者1名あたり1日5,000円、一定規模以上のクラスター発生時に施設内療養者1名あたり1日5,000円を追加することとする。補助期間については従前の通りとする。（2023年3月まで移行期間）
○ 上記の追加の補助の要件について、位置づけ変更に伴う保健所へのクラスター発生の報告基準等を踏まえ、大規模施設（定員30人以上）については施設内療養者が同一日に10人以上いる場合、小規模施設（定員29人以下）については、4人以上いる場合とする。なお、本補助事業の実施要綱は追って通知させていただく。

2023年9月15日：新型コロナウイルス感染症の2023年10月以降の医療提供体制の移行及び公費支援の具体的内容について

	2023年9月まで	2023年10月以降
通常補助1名あたり	10,000円	5,000円
追加補助1名あたり 大規模施設（定員30人以上） 小規模施設（定員29人以下）	10,000円 施設内療養者が5名以上いる場合 施設内療養者が2名以上いる場合	5,000円 施設内療養者が10名以上いる場合 施設内療養者が4名以上いる場合

※9月末からクラスターになった場合でも、それぞれの月の要件で対応することになる。

〔介護報酬について〕

入退所の制限による影響⇒当面の間継続

◆2020年2月17日付　事務連絡
　（新型コロナウイルス感染症に係る介護サービス事業所の人員基準等の臨時的な取扱いについて）
　　●介護報酬、人員、施設、設備及び運営基準などは、「柔軟に取扱いを可能」とする
◆2020年3月26日付（第5報）・4月10日付（第8報）事務連絡 ←※この部分だけ終了
　（新型コロナウイルス感染症に係る介護サービス事業所の人員基準等の臨時的な取扱いについて（第5・8報）
　　●老健施設の施設類型に関するQ＆A
　　以下の ①②の場合、その月は10指標のカウントに含まず
　　①都道府県等が入退所の一時停止、併設事業の全部又は一部の休業等を要請した場合
　　　　　　（入退所の一部のみの停止も含む（第8報））
　　②老健施設が自主的に入退所の一時停止、併設事業の全部又は一部の休業した場合
　　　　（休業等の理由を事前に許可権者に伝え記録しておく）

【直近3か月の考え方】

	11月	12月	1月	2月	3月	4月	算定月 5月	6月
従 来				カウント月	カウント月	カウント月	●点	
上記①②		カウント月	カウント月	休業	休業	カウント月	●点	

カウントに含まず

第2節　自然災害への備え

国立研究開発法人防災科学技術研究所によれば、自然災害には地震災害、火山災害、風水害、斜面災害、雪氷災害があります。また、地震災害による影響では、激しい揺ればかりではなく、火災、津波（遠隔津波）、液状化などがあり、風水害には、洪水、強風、大雨、高潮、台風、竜巻、降雹などにより被害が発生します。

自然災害は突然発生するため、利用者および職員の命を守り、災害発生後も老健施設でのケアを持続するという観点から、老健施設における備えは重要な課題です。

記憶に新しいところでは、2023年7月15日に秋田県を襲った記録的大雨による河川の氾濫で、同県の老健施設は床上浸水の被害を受けました。幸い、事前の備えと法人の枠組みを超えた協力などにより、利用者全員が氾濫前に避難を終えることができました。また、第一次避難所の断水により、地域外の高齢者施設へ搬送することになった際も円滑に実施できました。これは、日頃からの自然災害への備えが功を奏した例です。

インタビュー
自然災害対策の現状

Q 老健施設における自然災害対策の現状をお聞かせください。

山野●自然災害については、個人による備え、施設による備え、法人による備え、地域内の連携による備え、全老健などの全国ネッ

トワークによる備えといった多重な備えが必要です。

全老健では、全国でのBCP支援セミナーの開催や、全老健災害相互支援プロジェクトDMSP：Disaster Mutual Support Project for ROKEN（以下、DMSPという）の整備を進めています（第4節で詳説）。

ただ、私はBCP支援セミナーの講師として全国で講義をしているのですが、2023年度中に策定することが義務づけられたBCPについて、すでに策定している老健施設がある半面、まだ頭を悩ませている老健施設も少なくないという印象を持っています。

Q 具体的にどのような点に悩まれているのでしょうか。

山野 ● 自然災害と一口にいっても、地震、大雨、洪水、土砂崩れなど多様な災害があり、各施設の立地等で対策が異なるという点。また、老健施設の多くは、入所・通所・訪問といったさまざまなサービスを提供しており、BCPはサービスごとに策定しなければならない点。さらに、入所サービスでは、夜勤帯で職員が手薄な時間があり、その際の対応も考えなければならない点など、どこから手を付けていけばいいのか分からないという状態のようです。

Q 自然災害に直面したときに、老健施設としてどのような行動をとることが必要だとお考えですか。

山野 ●「まずは、職員の命を守ることを考えてほしい」とBCP支援セミナーなどで強調しています。飛行機に搭乗した際に流れる機内安全ビデオでも、酸素マスクの装着は、子どもと一緒に搭乗している場合、まずは自分が装着することを促しています。同様に、老健施設でも、まずは職員自身が無事でいることが、ひいては利用者の命を守ることにつながると考えています。具体的には、施設周辺のハザードマップだけではなく、職員の自宅付近のハザードマップの確認などを含めて、広い視野で自然災害の発生に備えるということが重要です。

老健施設では、これまで職員の献身的な努力により利用者の命を守ってきました。例えば、大規模災害の際は自宅が被災したにもかかわらず、利用者に介護サービスを提供するために出勤を続けた職員もいます。職員は、サービスの継続的な提供において、なくてはならない経営資源です。老健施設は、どのような状況においても、継続してサービスを提供していかなければなりません。そのためには、貴重な経営資源である職員を守ることが何よりも大切だということを繰り返し強調したいのです。

課題に向けた取り組み

【さまざまな災害への対策】

老健施設が提供する介護サービスは、利用者や家族の生活を支える上で欠かせないものです。自然災害が発生した場合でも、適切な対応を行い、自然災害発生後も必要なサービスを継続できるように、「平時からの備え（平常時の対応）」と、「災害発生時の対応の備え（緊急時の対応）」が必要です。

全老健では、2023年度も47都道府県において「BCP支援セミナー」を開催するとともに、ホームページの会員専用サイトに「全老健会員向けBCP（業務継続計画）作成支援事業」として、老健施設におけるBCP作成、災害時の対応等についての研修動画を公開しています。

今や ICT（情報通信技術）は老健施設になくてはならいものとなっています。サイバーセキュリティとは、デジタル化された情報のデータ・コンピュータシステム・施設内ネットワーク・ソフトウェアなどを、サイバー攻撃の脅威から守るための対策です。

総務省は「サイバーセキュリティという言葉は、一般的には、情報の機密性、完全性、可用性を確保することと定義されています」（国民のためのサイバーセキュリティサイトより）とした上で、それぞれについて、以下のように説明しています。

> **機密性**：ある情報へのアクセスを認められた人だけが、その情報にアクセスできる状態を確保すること。
>
> **完全性**：情報が破壊、改ざん又は消去されない状態を確保すること。
>
> **可用性**：情報へのアクセスを認められた人が、必要時に中断することなく、情報にアクセスできる状態を確保すること。

▌サイバーセキュリティの現状

機密性、完全性、可用性の 3 点を確保する観点から、老健施設においては次のようなサイバー攻撃が想定できます。

> **機密性へのサイバー攻撃：**
> 利用者・職員の個人情報および施設経営に関する情報の漏洩
>
> **完全性へのサイバー攻撃：**
> 内容の改ざん・消去、ウイルス感染、サイト誘導等
>
> **可用性へのサイバー攻撃：**
> ランサムウェア攻撃 [注] によるデータの使用不可

●医療機関を襲ったサイバー攻撃

現在まで、老健施設においては大規模なサイバー攻撃があったとの報告は届いていませんが、2022 年 10 月 31 日に、大阪の中核病院がランサムウェアによるサイバー攻撃を受けました。同病院では、サイバー攻撃により、電子カルテを含めた総合情報システムが利用できなくなり、救急診療、外来診療、予定していた手術などに大きな支障が生じました。発生から復旧するまでに 2 か月以上を要し、被害総額は調査と復旧で数億円、診療制限で十数億円に及ぶと言われています。

同病院の調査報告によると、病院給食事業者のサーバーを経由し、病院内の基幹サーバーに攻撃が仕掛けられたもので、病院給食事業者のサーバーと他のサーバーが ID・パスワードを共有していたこと、電子カルテシステムのサーバーにウイルス対策ソフトが未設定だったことなどがサイバー攻撃を容易にしたとされています。

こうした攻撃に備え、厚生労働省は、医療機関向けの「サイバーセキュリティ対策チェックリスト」を公表しています。チェックリストなどを参考に、老健施設でも日頃からの対策が求められます。詳細は「医療情報システムの安全管理に関するガイドライン

（注）　ランサムウェアとは、ランサム（身代金）とソフトウェアを組み合わせた造語です。「ランサムウェア」と呼ばれるウイルスに感染すると、パソコンやサーバーに保存しているデータが暗号化されて使用できなくなります。データを使用できる状態にする対価として、身代金が要求されます。また、「対価を支払わないとデータを公開する」などと、さらなる金銭を要求する手口も発生しています。

医療機関のサイバーセキュリティ対策チェックリスト」などを参照してください。

チェックリスト：https://www.mhlw.go.jp/content/10808000/000845417.pdf

マニュアル：https://www.mhlw.go.jp/content/10808000/001105752.pdf

●老健施設における
サイバーセキュリティに関する調査

全老健では、2023年1月～2月にかけて一般社団法人医療ISACと共同で、「老健施設におけるサイバーセキュリティに関する調査」を実施しました。

788施設から回答があり、うちITシステム未利用の施設131件を除く657施設の調査結果を全老健ホームページの「会員専用サイト」、および一般社団法人医療ISACのホームページで公開しています。

ここでは、その一部を紹介します。

医療ISACホームページ：https://m-isac.jp/wp-content/uploads/2023/08/report_20230301.pdf

〔調査項目❶：ITの利用形態〕

「ケアプランシステムのみの利用」が最も多く、「ケアプランシステムに加え、併設／関連する病院の電子カルテシステムとも情報連携している」が続いた（➡図1-1-2）。

〔調査項目❷：サイバー攻撃への脅威〕

64%が「感じる」と答え、「感じない」は12%だった（➡図1-1-3）。

〔調査項目❻：バックアップ対策（複数選択可）〕

86%が「バックアップを取得している」と答え、「バックアップを取得していない」は5%だった。

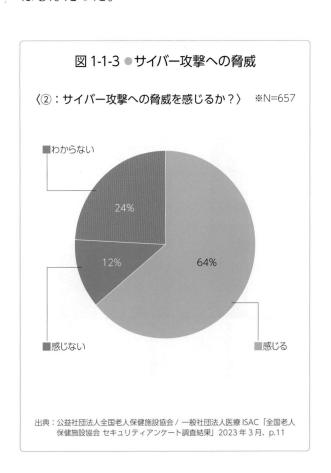

図 1-1-2 ● ITの利用形態

〈①：ITの利用形態は？〉　※N=788
※：以降の調査は紙管理施設は対象外

- ケアプランシステムのみ利用：490
- ケアプランシステムの利用／関連施設等との電カルとも連携：128
- ケアプランシステム等との電カルのみ利用／関連施設との電カルのみ利用：39
- 未使用（紙情報管理）：131

出典：公益社団法人全国老人保健施設協会／一般社団法人医療ISAC「全国老人保健施設協会 セキュリティアンケート調査結果」2023年3月、p.11

図 1-1-3 ● サイバー攻撃への脅威

〈②：サイバー攻撃への脅威を感じるか？〉　※N=657

- わからない：24%
- 感じない：12%
- 感じる：64%

出典：公益社団法人全国老人保健施設協会／一般社団法人医療ISAC「全国老人保健施設協会 セキュリティアンケート調査結果」2023年3月、p.11

取得方式（複数選択式）は、「オンライン取得」が最も多かったが、オフライン取得／オフサイト（クラウド）取得方式の採用率も高かった（➡図1-1-4）。

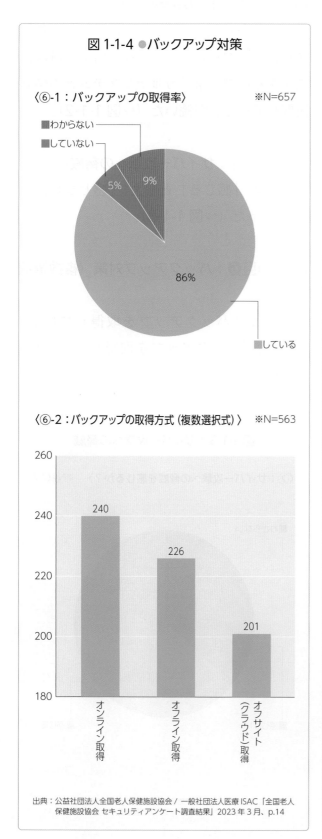

図 1-1-4 ●バックアップ対策

〈⑥-1：バックアップの取得率〉　　※N=657

- わからない
- していない
- 9%
- 5%
- 86%
- している

〈⑥-2：バックアップの取得方式（複数選択式）〉　　※N=563

- オンライン取得 240
- オフライン取得 226
- オフサイト（クラウド）取得 201

出典：公益社団法人全国老人保健施設協会／一般社団法人医療ISAC「全国老人保健施設協会 セキュリティアンケート調査結果」2023年3月、p.14

〔調査項目❿：年間のセキュリティ予算〕

「500万円未満が」56%と最も多く、「500万円以上」は4%だった（➡図1-1-5）。

セキュリティ予算不足が業界的に特に深刻なことがうかがえる。

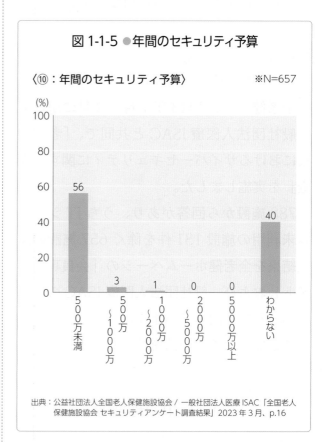

図 1-1-5 ●年間のセキュリティ予算

〈❿：年間のセキュリティ予算〉　　※N=657

- 500万未満 56
- 500万～1000万 3
- 1000万～2000万 1
- 2000万～5000万 0
- 5000万以上 0
- わからない 40

出典：公益社団法人全国老人保健施設協会／一般社団法人医療ISAC「全国老人保健施設協会 セキュリティアンケート調査結果」2023年3月、p.16

課題に向けた取り組み

●医療情報システムの安全管理に関するガイドライン

現在まで、老健施設を含む介護施設・事業者向けの統一されたガイドラインは作成されていません。現段階では、厚生労働省の健康・医療・介護情報利活用検討会医療等情報利活用ワーキンググループが策定した「医療情報システムの安全管理に関するガイドライン 第6.0版（2023年5月）」が老健施設におけるサイバーセキュリティ対策の一つの指針になります。

同ガイドラインは、「概説編（Overview）」

「経営管理編（Governance）」「企画管理編（Management）」「システム運用編（Control）」の４編で構成されています。また、第6.0版の改定ポイントは４つあります（➡図1-1-6）。

● 外部委託、外部サービスの利用に関する整理
● ネットワーク境界防衛型思考／ゼロトラストネットワーク型思考
● 災害、サイバー攻撃、システム障害等の非常時に対する対応や対策
● 本人確認を要する場面での運用（eKYCの

活用）の検討

なお、「ゼロトラストネットワーク型思考」とは、「何も信頼しない」を前提に対策を講じるセキュリティの考え方のことであり、「eKYC：electronic Know Your Customer」とは、オンライン上で本人確認を完結するための仕組みです。

また、同ガイドラインには、「用語集」などの別添、「医療機関におけるサイバーセキュリティ」「小規模医療機関向けガイダンス」などの特集、Q&Aなども添えられています。

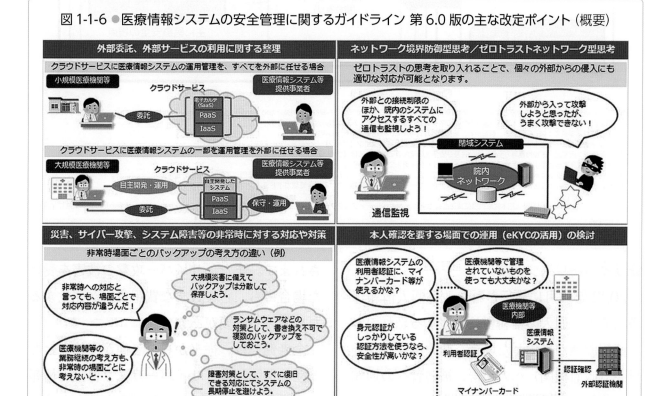

図1-1-6 ● 医療情報システムの安全管理に関するガイドライン 第6.0版の主な改定ポイント（概要）

出典：厚生労働省「医療情報システムの安全管理に関するガイドライン第6.0版（2023年5月）」

● **医療機関における医療機器の**
サイバーセキュリティ対策のための手引書

前述した医療情報システムに加え、外部ネットワークに接続されている医療機器のサイバーセキュリティも重要です。一般社団法

人日本医療機器産業連合会サイバーセキュリティタスクフォースが「医療機関における医療機器のサイバーセキュリティ確保のための手引書」を作成しています（➡図1-1-7）。

図1-1-7 ● 「医療機関における医療機器のサイバーセキュリティ確保のための手引書」と「医療情報システムの安全管理に関するガイドライン」の位置づけ（イメージ）

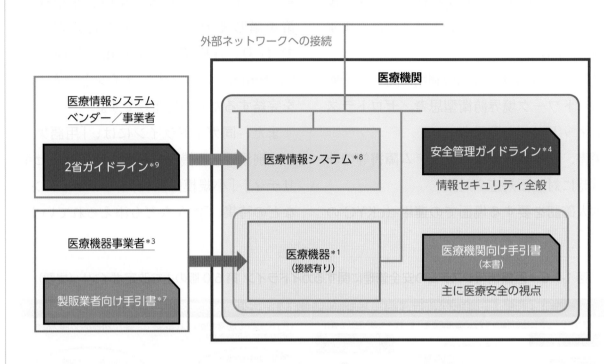

（＊1）医療機器：薬機法＊6の対象となるものが医療機器です。ヘルスソフトウェアのうち薬機法の対象となるSaMD（Software as a Medical Device）も対象となります。また、契約により構成、導入される保守のためのネットワーク機器やシステムも本書の対象となります。
（＊3）医療機器事業者：製造販売業者、製造業者、販売業者、貸与業者、修理業者等を指します。
（＊4）安全管理ガイドライン：医療情報システムの安全管理に関するガイドライン【参考2】
（＊6）薬機法：医薬品、医療機器等の品質、有効性及び安全性の確保等に関する法律【参考3】
（＊7）製造販売業者向け手引書：医療機器のサイバーセキュリティ導入に関する手引書
（＊8）医療情報システム：本書では、例えば電子カルテシステム、オーダリングシステム、医事会計システム、各部門システム等を指します。
（＊9）2省ガイドライン：医療情報を取り扱う情報システム・サービスの提供事業者における安全管理ガイドライン（総務省・経済産業省）

出典：一般社団法人日本医療機器産業連合会 サイバーセキュリティタスクフォース「医療機関における医療機器のサイバーセキュリティ確保のための手引書」、p.3

●サイバーリスク保険

　2022年4月に施行された改正個人情報保護法では、個人の権利利益を害する恐れのある情報漏洩が発生した場合、個人情報保護委員会（政府機関）への報告、被害者への通知が義務化されました。この報告と通知により事業者は一定の費用負担が生じることが想定されます。また、サイバー攻撃の被害を受けた場合にも、さまざまな費用負担が発生するため備える必要があります。

　全老健では、従来から全老健が契約者となる団体保険制度「サイバーリスク保険（情報漏えい損害補償制度）」を会員施設に向けて用意しています。

第4節　リスクに備える

　変化の激しい現代社会においては、想像もつかないようなことが起こります。リスクに備えるリスクマネジメントは、利用者や職員を守り、老健施設が社会的使命を果たすために欠かすことができません。

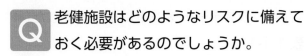

インタビュー

老健施設を取り巻くリスクと備え

Q 老健施設はどのようなリスクに備えておく必要があるのでしょうか。

山野 ● 老健施設のリスクマネジメントを考える際には、老健施設を取り巻くリスクについて、幅広く知っておくことが重要です。

　例えば、次のようなリスクに対する取り組みが必要となってくるでしょう（➡図1-1-8）。

● 新型コロナウイルス感染症への対応の経験をいかし、インフルエンザや今後発生しうる感染症のリスクに備える。

● 身体拘束は、利用者の人権擁護の観点から施設の社会的信用を失うという点で取り組みは必須。

● 2040年問題などに向けて人材不足への対応や人材育成は喫緊の課題。

● 個人情報保護やプライバシーの保護も人権擁護や社会的信用に直結する。

● 職員の労働災害や個人的なトラブルの防止は事業の継続的な運営に不可欠。

● 地域包括ケアシステムの中核を担う施設として、地域との連携ミスにも細心の注意を払う必要がある。

● 自然災害などの被害に備える。

● マスメディアや地域住民への対応ミスは社会的信用の喪失に直結する。

● 時代の要請を受けて介護保険制度等は目まぐるしく変わる。事業環境の変化にもアンテナを張っておくことが重要。

● 他のサービスとの競争による収益減少は、健全な施設運営に悪影響を及ぼす。

● 転倒・転落等による「事故」に関しても、自立支援と安全確保の両面から継続的な対策を講じる必要がある。

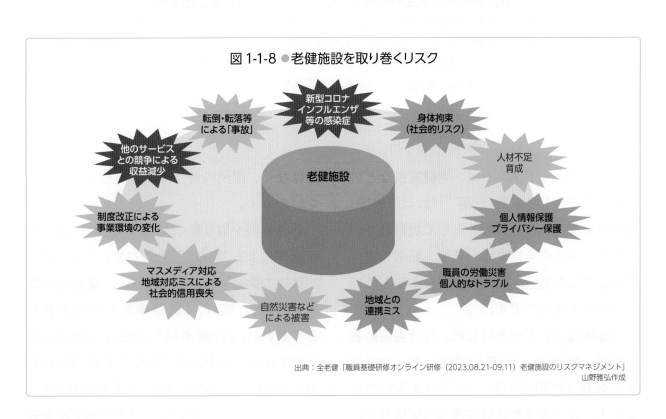

図1-1-8 ● 老健施設を取り巻くリスク

出典：全老健「職員基礎研修オンライン研修（2023.08.21-09.11）老健施設のリスクマネジメント」
山野雅弘作成

Q 全老健では、2021年に「介護施設内での転倒に関するステートメント」を発表しています。

山野 ●「介護施設内での転倒に関するステートメント」（以下、ステートメントという）は、2021年6月11日に一般社団法人日本老年医学会と合同で発表したものです。2年間にわたる転倒の科学的エビデンスを分析・検討し、4つのステートメントにまとめました（➡表1-1-1）。

表1-1-1 ●介護施設内での転倒に関する4つのステートメント

ステートメント❶▶【転倒すべてが過失による事故ではない】

転倒リスクが高い入所者については、転倒予防策を実施していても、一定の確率で転倒が発生する。転倒の結果として骨折や外傷が生じたとしても、必ずしも医療・介護現場の過失による事故と位置付けられない。

ステートメント❷▶【ケアやリハビリテーションは原則として継続する】

入所者の生活機能を維持・改善するためのケアやリハビリテーションは、それに伴って活動性が高まることで転倒リスクを高める可能性もある。しかし、多くの場合は生活機能維持・改善によって生活の質の維持・向上が期待されることから原則として継続する必要がある。

ステートメント❸▶【転倒についてあらかじめ入所者・家族の理解を得る】

転倒は老年症候群の一つであるということを、あらかじめ施設の職員と入所者やその家族などの関係者の間で共有することが望ましい。

ステートメント❹▶【転倒予防策と発生時対策を講じ、その定期的な見直しを図る】

施設は、転倒予防策に加えて転倒発生時の適切な対応手順を整備し職員に周知するとともに、入所者やその家族などの関係者にあらかじめ説明するべきである。また、現段階で介護施設において推奨される対策として標準的なものはないが、科学的エビデンスや技術は進歩を続けており、施設における対策や手順を定期的に見直し、転倒防止に努める必要がある。

注：ステートメントでは、「転倒・転落」を「転倒」と表現しています。
出典：一般社団法人日本老年医学会／全老健『介護施設内での転倒に関するステートメント』、p.2-3

4つのステートメントは、老健施設などの介護施設で生じる転倒・転落[注]は、ほぼ施設・職員の過失による「事故」として扱われている現状があるのを踏まえ、転倒・転落のすべてが必ずしも施設・職員の過失によるものではないとするものです。

老健施設の利用者をはじめ、要介護高齢者の転倒・転落は、「老年症候群」の一つの徴候であり（➡図1-1-9）、一定の確率で発生します。この事実を介護に携わる関係者だけではなく、国民の皆さんにも知っていただきたいのです。

老健施設を取り巻くリスクのなかで、「転倒・転落等による"事故"」と述べましたが、個人的には"事故"という表現には、違和感を覚えています。実は、「医療事故」には定義がありますが、「介護事故」の定義は明確ではありません。なかには"事故"と呼べないものも含まれているのではないかと思うのです。

ステートメント❶でも「転倒すべてが過失による事故ではない」とあります。このことを重ねて強調しておきたいと思います。

（注）　転倒・転落：自らの意思なしに、地面や床、あるいはそれより低い場所などに、手・膝や頭部などが接触すること。

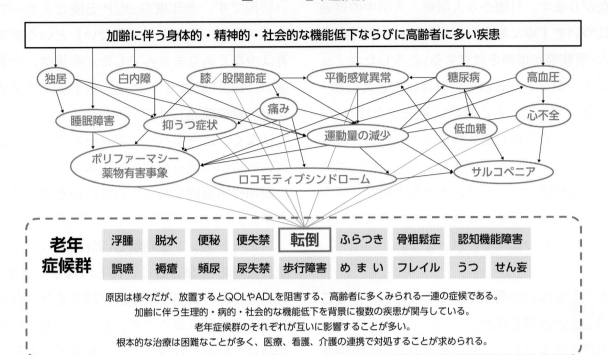

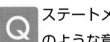

図 1-1-9 ● 老年症候群

加齢に伴う身体的・精神的・社会的な機能低下ならびに高齢者に多い疾患

独居　白内障　膝／股関節症　平衡感覚異常　糖尿病　高血圧

睡眠障害　抑うつ症状　痛み　運動量の減少　低血糖　心不全

ポリファーマシー 薬物有害事象　ロコモティブシンドローム　サルコペニア

| 老年症候群 | 浮腫 | 脱水 | 便秘 | 便失禁 | 転倒 | ふらつき | 骨粗鬆症 | 認知機能障害 |
| | 誤嚥 | 褥瘡 | 頻尿 | 尿失禁 | 歩行障害 | めまい | フレイル | うつ | せん妄 |

原因は様々だが、放置するとQOLやADLを阻害する、高齢者に多くみられる一連の症候である。
加齢に伴う生理的・病的・社会的な機能低下を背景に複数の疾患が関与している。
老年症候群のそれぞれが互いに影響することが多い。
根本的な治療は困難なことが多く、医療、看護、介護の連携で対処することが求められる。

ポリファーマシー：服用する薬剤数が多いことに関連して、薬による有害事象（副作用）のリスク増加、飲み間違い、飲み忘れなどの問題につながる状態。
ロコモティブシンドローム：運動器（骨、関節、筋肉、神経などから構成される）の障害のために移動機能の低下をきたした状態。
サルコペニア：加齢に伴う筋肉量、筋力、身体機能の低下した状態。四肢の骨格筋量と握力、歩行速度で診断を行う。転倒や骨折、生活機能低下、入院、死亡などのリスクが高い。

出典：一般社団法人日本老年医学会／全老健『介護施設内での転倒に関するステートメント』、p.19

Q ステートメントを発表したのには、どのような意義がありますか。

山野●転倒・転落のリスクを恐れてリハビリをしなければ、利用者の ADL は確実に低下します。「自立」と「安全」は、表裏一体の関係にあります。表面上のリスクを回避するためにリハビリを控えれば、結局は利用者の生活機能は改善されず、安全が脅かされることになります。そこで、ステートメント❷では、「ケアやリハビリテーションは原則として継続する」と宣言しています。

　また、ステートメント❸は、「転倒についてあらかじめ入所者・家族の理解を得る」としています。老健施設はリハビリなどを行う

ことで在宅復帰を目指す施設ですから、家族のなかには「歩けるようになって帰ってくる」と、期待を膨らませる方もいます。しかし、すべての人が歩けるようになるとは限りません。しかも、その過程で転倒・転落が発生することもあります。特に老健施設では、「できることは自分でやっていただく」というスタンスです。安全を優先してただ座って（寝て）いただくのではなく、体を動かせば事故が起こる可能性はゼロではありません。このことを、利用者本人や家族だけでなく、介護事故などを裁く立場の裁判官を含めた多くの方々に知っていただきたいのです。

　こうしたリスクがあることを予め説明し、

理解を得ることはリスクマネジメントにもつながります。日頃から入所前、入所中の経過について丁寧に報告し、施設職員・利用者本人・家族等が情報を共有する。こうしたコミュニケーションがとれていれば、たとえ転倒・転落が発生しても、職員に過失がなければ、話がこじれて訴訟に発展するようなことはないと思います。自立支援をするうえで、家族との信頼関係づくりは、とても大切なリスクマネジメントです。カスタマーハラスメントの防止にもつながると思います。

Q 家族との信頼関係づくりで心がけることは何ですか。

山野●情報共有と同時に家族の気持ちを推察するアンテナを張っておくことだと思います。例えば、面会に来た家族が「爪が伸びているので爪切りを貸してください」と言ったとします。これを、「ご家族に爪切りをしていただき助かった」と思うだけか、「申し訳ない、他の利用者さんの爪は伸びていないだろうか」と思えるのかということの違いです。後者のように、家族の気持ちに思いを馳せる対応こそが、信頼関係づくりには欠かせません。

ステートメント❹は「転倒予防策と発生時対策を講じ、その定期的な見直しを図る」です。転倒・転落の予防策や発生対策についても、利用者本人と家族に文書を用いて定期的に説明することが重要です。予防策を講じても一定の確率で発生するのが転倒・転落です。家族への説明を丁寧に行っていれば、万一転倒・転落が起こっても重大なトラブルになることは少ないはずです。

Q ステートメントは老健施設の現場に浸透しているのでしょうか。

山野●残念ながら、浸透しているとは言い難い状況です。今年度のBCP支援セミナーでも「ステートメントを知らない」という参加者は少なくありませんでした。今後は、全老健の「BCP支援セミナー」や「リスクマネジャー養成講座」、「安全推進セミナー」だけではなく、ホームページやメールマガジンなど、あらゆる機会を利用し、ステートメントの周知や再確認を図っていきたいと考えています。

ステートメントを理解し、実行することは、職員自身の身を守ることにもつながります。職員は自分の勤務時に事故が起こると、自分の責任だと思いがちです。しかし、前述したとおり、転倒・転落は必ずしも過失による事故ではないのです。ステートメントを理解することは、職員の不安の解消にもつながることを知っていただきたいと思います。

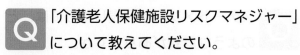
老健施設のリスクマネジャー

●老健施設での取り組み

Q 「介護老人保健施設リスクマネジャー」について教えてください。

山野●「介護老人保健施設リスクマネジャー」（以下、リスクマネジャーという）は、老健施設を取り巻くリスクを広く深く理解するとともに、スタッフに対する影響力を発揮することが求められています。事務長、支援相談員、介護部門や看護部門のリーダーなど、役職者が資格を取得する傾向があるようです。

私の老健施設では、全部署の長10名がリスクマネジャーの資格を取得しています。どの施設も人材不足のなか、リスクマネジャーを専従で置くことは難しいのが現状です。しかし、1名のリスクマネジャーだけで老健施

設を取り巻くさまざまなリスクに対応することは困難であり、少なくとも一つの施設に複数名のリスクマネジャーが必要だと思います。

現在、老健施設には約3,700名の資格保有者がいるわけですが、施設ごとに取得人数に濃淡があり、そもそもリスクマネジャーがいない施設もあることが大きな課題です。

Q　リスクマネジャーに期待するのは、どのようなことでしょうか。

山野●前述した老健施設を取り巻くさまざまなリスクに広く深く目を向けることです。すべてのリスクへの適切な対応が不可欠で、一つでも欠けると老健施設の持続に多大な影響が及びます。

例えば、転倒のリスクを恐れるあまりリハビリを控えるようになれば、老健施設としての使命を果たすことができません。また、職員の労働災害や個人的なトラブルを放置すれば、退職者が増え人材不足がより深刻になるでしょう。人員配置基準を満たすことができなければ、事業経営に支障が出ます。

令和3年度介護報酬改定で安全対策体制加算^(注)が新設されたこともあり、安全対策担当者となるリスクマネジャーの配置には、施設長などの管理者の理解はある程度進んではいます。ただし、先述の通り、施設に1名というのでは、さまざまなリスクに対応するのは難しいでしょう。繰り返しになりますが、リスクマネジャーには老健施設が直面するリスクに広く深くかかわることが求められます。それには、1人で孤軍奮闘するのではなく、

（注）　安全対策体制加算は、「外部の研修を受けた担当者が配置され、施設内に安全対策部門を設置し、組織的に安全対策を実施する体制が整備されていること」が要件。運営基準における事故の発生または再発を防止するための措置が講じられていない場合には、「安全管理体制未実施減算」があります。

複数のリスクマネジャーを配置して、老健施設にリスクマネジメント文化を築いていくことが理想です。

また、リスクマネジャーには、施設内のリスクだけではなく、老健施設を取り巻く地域全体のリスクにも目を向けることで、地域の求める社会的使命を果たしていってほしいです。

Q　なぜ、リスクマネジャーの配置が、社会的使命を果たすことになるのでしょうか。

山野●リスクマネジャーは養成講座において、施設内の介護事故の予防や対応はもちろんですが、自然災害や感染症への対応とそれらのBCP、認知症の方への対応、口腔ケアの重要性、不適切ケアについてなど幅広く学びます。このような知識をもったリスクマネジャーが老健施設に配置されることで、周りの職員の質の向上につながり、施設全体のレベルアップも期待できます。

こうした施設が地域にあるということは、常日頃は質の高い介護や認知症ケアを提供し、万が一自然災害や感染症が発生したときには適切かつ迅速な対応がとれる施設が身近にあるということです。これは地域包括ケアシステムの中核施設として、地域が求める社会的使命を果たすことにほかなりません。

> **●介護老人保健施設リスクマネジャー資格認定制度**
>
> 全老健は、「リスクマネジャー養成講座」（第一部・第二部）合計約30時間のカリキュラム修了者で、「リスクマネジャー資格認定試験」を受験し、一定以上の得点を習得した人に「介護老人保健施設リスクマネジャー資格」を授与しています。
>
> 老健施設を取り巻くリスクを包括的に把握し、事後対応だけでなく、事前リスクも視野

に入れて現場の中心となってリスクマネジメントを行う人材を養成する制度として、2008年度から始まった資格認定制度です。5年ごとに資格更新試験があります。

2022年度現在、認定試験延べ合格者は4,786人、資格保有者は3,688人です。令和3年度介護報酬改定で「安全対策体制加算」が新設され、安全対策担当者の配置が算定要件となったのを受けて、合格者と資格保有者が大きく伸びました（第Ⅱ部・図2-2-3参照）。

🎙インタビュー
▌BCPの取り組み状況

Q BCP支援セミナーでは何を強調していますか。

山野●厚生労働省の「介護施設・事業所における自然災害発生時の業務継続ガイドライン」では、「介護サービス事業者に求められる役割」として、「サービスの継続」「利用者の安全確保」「職員の安全確保」「地域への貢献」が挙げられています。

これは、役割に優先順位を付けたものではないとは思いますが、先に述べたように、第一に「職員の安全確保」がくるべきです。職員が守られなければ、サービスの継続はできませんし、利用者の命を守ることもできません。BCP支援セミナーでは、この点を何よりも強調しています。

Q 具体的にBCPを策定する上での手掛かりはありますか。

山野●まずはBCPを策定する前に、さまざまなリスク対応の経験があることを思い出してほしいのです。

例えば、感染症のBCPを作成する際には、コロナ禍での経験が大いに役立つはずです。

クラスターが発生した施設も少なくありません。職員が陽性者となったり、濃厚接触者となったりして人員が足りず、業務継続の危機的な局面を乗り越えてきたはずです。また、東日本大震災や熊本地震で被災された老健施設もあります。過去5年間を見ても、毎年複数の激甚災害が発生しています。その際の行動を思い出したり、記録をたどったりしながら、その時々に生じた課題を含めてBCPに落とし込んでいけば、手を付けることができると思います。

自然災害については、自治体が発行しているハザードマップを貼り付けるところから始めてもよいでしょう。ハザードマップを見れば、垂直避難^(注)か公的施設への避難かを判断する際のヒントにもなります。

また、備蓄品のリストは、管理栄養士がすでに作っていることもあります。

研修・訓練は、従来の研修や訓練が応用できます。定期的に行っている感染症の研修や防護服の着脱訓練は、BCPの内容に沿った訓練（シミュレーション）とすることもできます。例えば、「防災訓練で自家発電の場所を事務長しか知らなかったので、全職員で場所を確認する訓練を行った」。これもBCPの内容に沿った訓練になります。

Q 実効性のあるBCPにするためには、どうすればよいのでしょうか。

山野●最初から完璧なものを目指さないことだと思います。そもそも、完璧なBCPは永遠にあり得ません。感染症も自然災害も、机上で考えていたこととは異なることが起こる

（注）　垂直避難とは、災害時に身の安全を守るために垂直方向に避難すること。津波や洪水の際には建物の上階に上がり、地震や火災の際には上階から地表に下りることを指します。

のが特徴なのです。

　感染症は、コロナ禍で実際に経験し、実行したことを落とし込む、自然災害は立地的に起こりそうな災害から手を付ける。入所系、通所系、訪問系には共通部分もたくさんあります。

　厚生労働省が公開しているひな形（注）を利用し、まずは1本策定してみることを勧めています。それを随時書き換えながら、実効性のあるBCPに近づけていけばよいのだと思います。

● BCP支援セミナーの開催

　介護サービスを継続的に提供するためには、仮に一時中断した場合であっても早期に業務再開を図るための業務継続計画（Business Continuity Plan）の作成が必要です。2021（令和3）年度介護報酬改定において、全介護サービスに自然災害と感染症に関するBCPの策定や研修、訓練等が義務化（3年間は努力義務：経過措置）されました。2023年度は経過措置の最終年度です。

　そこで、全老健では、実効性の高いBCP作成を支援するために、都道府県ごとにBCP支援セミナーを開催してきました。2023年11月17日で、全都道府県での開催が終了します。

　BCP支援セミナーは、会員施設においてBCP作成に携わっている職員を対象にしています。全老健会員専用サイトで公開している「BCP作成支援動画」を視聴した上で、セミナーに参加し、グループワークにより実際に手を動かし議論することによりBCP作成の実際を学ぶことができます。

インタビュー
全老健災害相互支援プロジェクトDMSP

Q DMSPについて教えてください。

山野● DMSPは被災地災害対策本部と全老

健が連絡を密に取り合って、被災地の災害支援にあたるというものです。

　自然災害の場合は、全国的にまん延する感染症と違って、全国規模で被災することはないとの考えが前提です。被災した県の隣の県は被災していないこともあります。そこで、全老健の「北海道・東北」「関東甲信越」「東海・北陸」「近畿」「中国・四国」「九州」の各ブロックに「被災地災害対策本部」を設置し、被災した都道府県支部と情報共有を行いながら、被災した会員施設への支援を行います。

　九州ブロックを例に話を進めます（➡図1-1-10）。南海トラフ地震を想定したもので、太平洋に面した大分県、宮崎県、鹿児島県が被災地県になると想定しました。被災していない福岡県に九州ブロックDMSP本部（被災地災害対策本部）を設置し、被災地県DMSP被災地拠点（支部など）との間で、被災地県DMSP被災地拠点が把握した被災した各施設の状況を基に、被害状況の把握、プロジェクトA（要介護者の受入）・プロジェクトB（介護職員等の派遣）・プロジェクトC（支援物資）のニーズ把握、支援物資の現地集約拠点の把握を行います（➡図1-1-11）。並行して、全老健広域災害対策本部（東京都）との情報共有を行い、全老健広域災害対策本部は被災地県以外の近隣県である佐賀県、長崎県、熊本県をはじめ、その他全国の老健施設にプロジェクトA・B・Cの支援要請を行います。

　2016年4月14日・16日に発生した「平成28年熊本地震」の際は、実際に九州ブロックのDMSPを機能させることができました。

（注）　厚生労働省の「ひな形」や「業務継続ガイドライン」は、下記URLで公開されています。
https://www.mhlw.go.jp/stf/seisakunitsuite/bunya/hukushi_kaigo/kaigo_koureisha/douga_00002.html

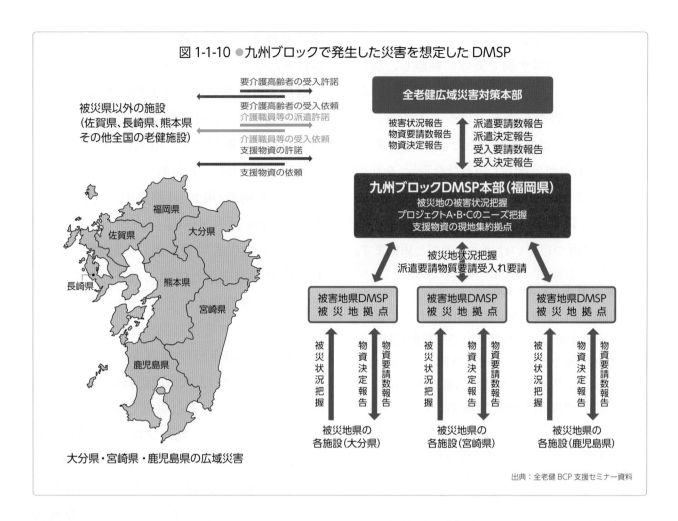

図 1-1-10 ●九州ブロックで発生した災害を想定した DMSP

要介護高齢者の受入許諾
要介護高齢者の受入依頼
介護職員等の派遣許諾
介護職員等の受入依頼
支援物資の許諾
支援物資の依頼

被災県以外の施設
（佐賀県、長崎県、熊本県
その他全国の老健施設）

全老健広域災害対策本部

被害状況報告　派遣要請数報告
物資要請数報告　派遣決定報告
物資決定報告　受入要請数報告
受入決定報告

九州ブロックDMSP本部（福岡県）
被災地の被害状況把握
プロジェクトA・B・Cのニーズ把握
支援物資の現地集約拠点

被災地状況把握
派遣要請物質要請受入れ要請

被害地県DMSP
被災地拠点

被害地県DMSP
被災地拠点

被害地県DMSP
被災地拠点

被災状況把握　物資決定報告　物資要請数報告

被災地県の
各施設（大分県）

被災地県の
各施設（宮崎県）

被災地県の
各施設（鹿児島県）

大分県・宮崎県・鹿児島県の広域災害

福岡県
佐賀県
大分県
長崎県
熊本県
宮崎県
鹿児島県

出典：全老健 BCP 支援セミナー資料

Q 情報共有が DMSP の生命線になりそうですね。

山野●災害が起こると停電が発生するなどして、固定電話・FAX・パソコンなどが使用できなくなる事態が起こります。そこで、全老健では、支部との連絡をビジネスチャットで行うことにしています。このチャットにはビジネスに必要な機能が備わり、スマートフォンでもパソコンでも使用できます。チャットに慣れていればすぐに使え、国際的なセキュリティ基準もクリアしています。

Q DMSP の課題は何でしょうか。

山野●周知が不十分なことです。BCP 支援セミナーでも DMSP を知らなかったとの声が少なからずありました。また、シミュレーション訓練もまだ不十分です。災害発生時に全老健と会員施設が総力をあげて被災地を支援できるように引き続き DMSP の準備を整えたいと考えています。

リスクマネジメントとは、想定されるさまざまなリスクを管理（マネジメント）し、損失を回避または最小限に抑えるプロセスです。

2040 年に向けて、老健施設の持つ在宅復帰・在宅療養支援機能は、ますます重要になってきます。しかし、これからの時代、リスクマネジメントなしには、その機能を持続することはできません。利用者と職員の福利を実現し続けるために、地域包括ケアシステムの中核である老健施設がその機能を持続させることは、社会の期待に応える責任でもあります。

●全老健災害相互支援プロジェクト（DMSP）の概要

全老健災害相互支援プロジェクト（Disaster Mutual Support Project for ROKEN：DMSP）は、災害時に全老健が行う会員支援です。3つのプロジェクトで構成されます（➡図1-1-11）。

プロジェクトA：要介護高齢者の受入

災害時に被害があった施設の入所者を別の施設で受け入れます。

プロジェクトB：介護職員等の派遣

被害にあった施設の要望に応じて、他施設の職員を応援派遣します。

プロジェクトC：支援物資

被害にあった施設の要望に応じて、物資を支援します。

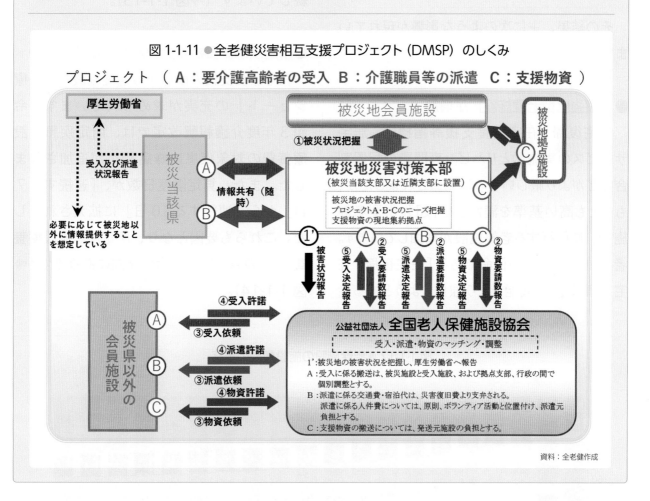

図1-1-11 ●全老健災害相互支援プロジェクト（DMSP）のしくみ

資料：全老健作成

第5節　介護報酬改定

▌令和3年度介護報酬改定の影響

平成30年度介護報酬改定は、老健施設の役割が「在宅復帰・在宅療養支援」であることが法制度で明確化されたことを踏まえての改定でした。令和3年度介護報酬改定は、「在宅復帰・在宅療養支援」機能のさらなる推進などを目的に、主に次の6点で実施されました。

その結果、主に次のような影響が現れています。

● 「超強化型老健施設」が増加

　在宅復帰・在宅療養支援等指標は、居宅サービスの実施数とリハビリ専門職の配置割合などがより厳しいものに見直されましたが、もっとも高い基準を満たした「超強化型老健施設」に移行する老健施設が増加しています。老健施設の社会的使命である「在宅復帰・在宅療養支援」機能をより強化しようとする老健施設の姿勢が読み取れます（➡図1-1-12）。

● ターミナルケア加算の算定人数は増加傾向

　令和３年度介護報酬改定では、ターミナルケア加算に「死亡日45日前〜31日前」の評価が新設され、死亡日の45日前から死亡日までの加算が段階的に算定できるようになりました。こうしたターミナルケア加算の充実により、加算の算定人数の増加傾向が継続しています（➡図1-1-13）。

● 所定疾患施設療養費の割合が増加

　在宅療養支援の観点から老健施設の「医療ショート」の充実が求められています。令和３年度介護報酬改定では、所定疾患施設療養費の対象疾患に蜂窩織炎が追加されました。また、算定限度日数が、「連続する7日」から「連続する10日」に拡大されました。これらも要因となり、所定疾患施設療養費（Ⅱ）の算定回数は増加傾向にあります（➡図1-1-14）。

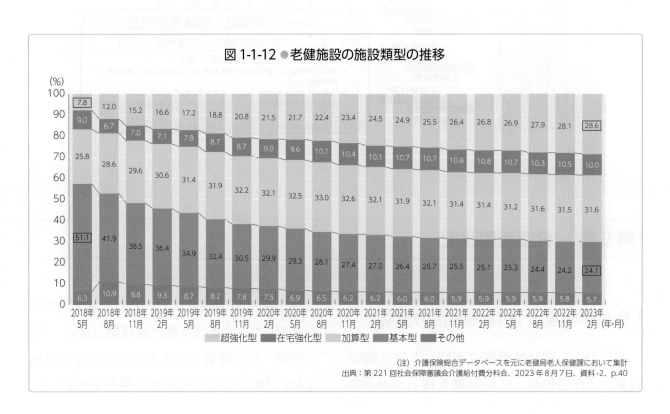

図1-1-12 ● 老健施設の施設類型の推移

（注）介護保険総合データベースを元に老健局老人保健課において集計
出典：第221回社会保障審議会介護給付費分科会、2023年8月7日、資料-2、p.40

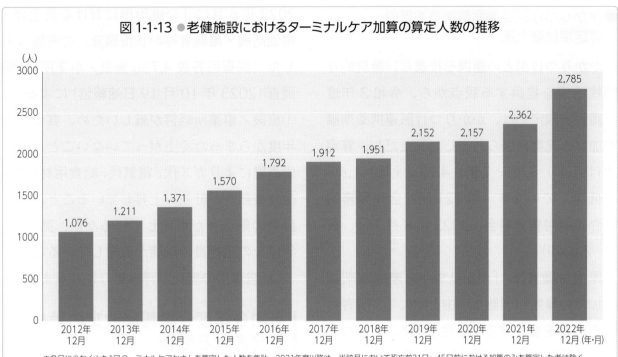

図 1-1-13 ●老健施設におけるターミナルケア加算の算定人数の推移

（人）

※各月に少なくとも1日ターミナルケアかさんを算定した人数を集計。2021年度以降は、当該月において死亡前31日～45日前における加算のみを算定した者は除く。

（注）介護保険総合データベースを元に老健局老人保健課で集計
出典：第 221 回社会保障審議会介護給付費分科会、2023 年 8 月 7 日、資料 -2、p.53

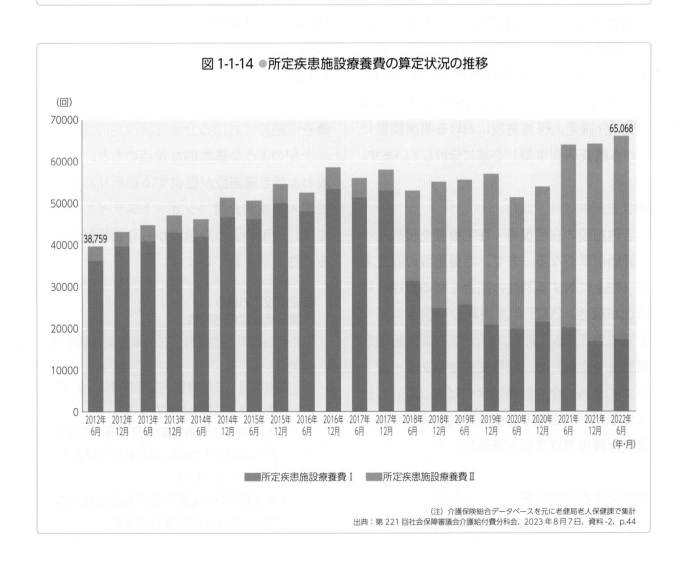

図 1-1-14 ●所定疾患施設療養費の算定状況の推移

（回）

■所定疾患施設療養費Ⅰ　　■所定疾患施設療養費Ⅱ

（注）介護保険総合データベースを元に老健局老人保健課で集計
出典：第 221 回社会保障審議会介護給付費分科会、2023 年 8 月 7 日、資料 -2、p.44

●かかりつけ医連携薬剤調整加算の算定率は低水準

かかりつけ医との連携を推進し、継続的な薬物治療を提供する観点から、令和3年度介護報酬改定では、かかりつけ医連携薬剤調整加算の充実が図られました。ただし、算定率は（Ⅰ）5.8％、（Ⅱ）4.1％、（Ⅲ）1.6％と低迷しています（第221回社会保障審議会介護給付費分科会、2023年8月7日、資料-2 p.49）。

厚生労働省は、「かかりつけ医連携薬剤調整加算の算定が困難な理由として、『入所者の処方内容を変更する可能性があることについて、入所者の主治の医師から合意を得ること』が48.3％、『入所者の処方内容を変更する可能性があることを、入所者の主治の医師に対し説明すること』が41.7％、『入所者のこれまでの薬剤調整の経緯等について、入所者の主治の医師から情報を得ること』が40.4％であった」と令和4年度老人保健健康増進等事業「介護老人保健施設における薬剤調整にかかる調査研究事業」を基に分析しています。

●収支差率は低下傾向

老健施設の在宅復帰・在宅療養支援機能への評価が厚くなる一方で、老健施設の収支差率（売上に対する利益の割合を測る指標）は低迷が続き、2021年度決算の税引き前平均を見ると1.9％（新型コロナウイルス感染症補助金を含む）で、前年度比で0.9ポイントのマイナス、全介護保険サービス3.0％と比べても低い収支差率となっています（令和4年度介護事業経営概況調査）。

●悪化する経営状況

全老健では、介護関連8団体などと協力し、

2023年8月に「介護現場における賃上げ・物価高騰・離職者等の状況調査」を実施しました（調査回答数4,726施設／事業所）。同調査（2023年10月19日速報値）によると、①施設／事業所経営が厳しいため、賞与が前年度からまったく上がっていないこと、②物価高騰によりガス代、電気代、給食用材料費・給食委託費が軒並み上昇していること、③介護職の離職者が増加しているなか、勤続10年以上の正社員の離職が急増していることなど、経営環境の悪化が浮き彫りになりました。

令和6年度介護報酬改定の動きと予想される影響

令和6年度介護報酬・医療報酬・障害福祉サービス等同時改定、いわゆるトリプル改定に向け、介護報酬改定においては、4つの基本的な視点で議論が進められています（➡表1-1-2）。

●老健施設における介護報酬改定の論点

上記のような基本的な視点のもと、老健施設および老健施設が提供する通所リハビリと短期入所療養介護（ショートステイ）については、以下のような論点から介護報酬改定の方向性が示されています。

**老健施設における
介護報酬改定の方向性**

①老健施設の在宅復帰・在宅療養支援機能の強化

- 在宅復帰・在宅療養支援等指標について、一定の経過措置を設けた上で
  - 入所前後訪問指導割合及び退所前後訪問指導割合の指標の取得状況を踏まえ、基準を引き上げる
  - 支援相談員の配置割合の指標において、社会福祉士の配置を評価する

表 1-1-2 ● 令和6年度介護報酬改定に向けた基本的な視点（案）概要

❶地域包括ケアシステムの深化・推進

● 認知症の方や単身高齢者、医療ニーズが高い中重度の高齢者を含め、それぞれの住み慣れた地域において利用者の尊厳を保持しつつ、質の高いケアマネジメントや必要なサービスが切れ目なく提供されるよう、地域の実情に応じた柔軟かつ効率的な取組を推進

・医療・介護連携による医療ニーズの高い方や看取りへの対応　・感染症や災害への対応

・高齢者虐待防止等の取組　・認知症への対応

❷自立支援・重度化防止に向けた対応

● 高齢者の自立支援・重度化防止という制度の趣旨に沿い、多職種連携やデータの活用を推進

・リハビリテーション・口腔・栄養の一体的取組　・LIEF を活用した質の高い介護

❸良質な介護サービスの確保に向けた働きやすい職場づくり

● 介護人材不足の中で、更なる介護サービスの質の向上を図るため、処遇改善や生産性向上による職場環境の改善に向けた先進的な取組を推進

・介護ロボット・ICT 等やいわゆる介護助手の活用によるサービスの質の向上と業務負担の軽減

・経営の協働化等や、テレワークなどの柔軟な働き方・サービス提供に関する取組

❹制度の安定性・持続可能性の確保

● 介護保険制度の安定性・持続可能性を高めて、全ての世代にとって安心できる制度を構築

・評価の適正化・重点化　・報酬体系の整理・簡素化

出典：第 227 回社会保障審議会介護給付費分科会、2023 年 10 月 11 日、資料 - 2-1

・上記の見直しに合わせて、各類型間の基本報酬に更に評価の差をつける

②リハビリテーション機能の強化（短期集中リハビリテーション実施加算）

・原則として入所時及び月 1 回以上 ADL 等の評価を行った上で、必要に応じてリハビリテーション計画を見直すとともに、評価結果を LIFE に提出した場合の加算区分を新設する

③リハビリテーション機能の強化（認知症短期集中リハビリテーション実施加算）

・認知症を有する利用者の居宅を訪問し生活環境を把握することを要件とする

・利用者の居宅を訪問しない場合については、評価に一定の差を設ける

④リハビリテーション・口腔・栄養の一体的取組の推進

・下記の要件を満たす場合の加算区分を新設する

・口腔衛生管理加算（Ⅱ）及び栄養マネジメント強化加算を算定していること

・実施計画等の内容について、リハ・口腔・栄養の情報を関係職種間で一体的に共有すること。その際、必要に応じて LIFE 提出情報を活用すること

・共有した情報を踏まえ、リハビリテーション計画について必要な見直しを行った上で、見直しの内容について関係職種に対しフィードバックを行うこと

⑤入所者への医療提供（所定疾患施設療養費）

・慢性心不全が増悪した場合を所定疾患施設療養費の対象に追加する

⑥看取りへの対応の充実（ターミナルケア加算）

・死亡日から期間が離れた区分における評価を引き下げ、死亡直前における評価をより一層行うよう重点化を図る

⑦ポリファーマシー解消の推進（かかりつけ医連携薬剤調整加算）

・かかりつけ医連携薬剤調整加算（Ⅰ）について、入所前の主治医と連携して薬剤を評価・調整した場合に加え、施設にお

いて薬剤を評価・調整した場合について評価する。その上で、入所前の主治医と連携して薬剤を評価・調整した場合を高く評価する

- 同加算（Ⅰ）について、以下を新たな要件とする
  - 処方を変更する際の留意事項を医師、薬剤師及び看護師等の多職種で共有し、処方変更に伴う病状の悪化や新たな副作用の有無について、多職種で確認し、必要に応じて総合的に評価を行うこと
  - 入所前に6種類以上の内服薬が処方されている方を対象とすること
  - 入所者や家族に対して、処方変更に伴う注意事項の説明やポリファーマシーに関する一般的な注意の啓発を行うこと

⑧報酬体系の整理・簡素化（地域連携診療計画情報提供加算、認知症情報提供加算）
  - 地域連携診療計画情報提供加算及び認知症情報提供加算は、算定率が著しく低いことを踏まえ、廃止する
  - 医療機関との連携については、本分科会で別途議論する

出典：第231回社会保障審議会介護給付費分科会、2023年11月16日、資料2を要約

通所リハビリにおける
介護報酬改定の方向性

①リハビリテーションにおける医療・介護連携の推進
  - 主治医意見書に入院先の医療機関の医師を含むことの明確化
  - 基本報酬の算定要件に、医療機関のリハビリ計画を入手した上で、リハビリ計画を作成することを加える

②リハビリテーションの充実に向けた基本報酬の見直し
  - 大規模型の報酬についての見直し

③介護予防通所リハビリテーションの質の向上に向けた評価
  - 長期利用者に関するLIFEへのデータ提出

の評価
  - LIFEへのデータ提出利用者に関するアウトカム評価の検討

④リハビリテーション・口腔・栄養の一体的取組の推進
  - リハビリテーションマネジメント加算の見直し
  - 一体的実施計画書の様式の見直し

⑤運動器機能向上加算の見直し
  - 運動器機能向上加算の廃止と、基本報酬への組み込み
  - 選択的サービス複数実施加算の見直し

⑥機能訓練事業所（障害サービス）の拡充
  - 共生型自立訓練（機能訓練）等の提供を行う場合の人員・施設の共有

出典：第229回社会保障審議会介護給付費分科会、2023年10月26日、資料3を要約

短期入所療養介護における
介護報酬改定の方向性

①医療ニーズのある利用者の受入促進
  - 総合医学管理加算における予定されていた短期入所利用者への治療管理に対する評価の追加
  - 総合医学管理加算の算定日数10日への延長（現行は7日を限度）

出典：第229回社会保障審議会介護給付費分科会、2023年10月26日、資料5を要約

●物価高騰対策、
職員の処遇改善が喫緊の課題

令和6年度の介護報酬改定については、物価高騰・賃金上昇、経営の状況、支え手が減少するなかでの人材確保の必要性などの観点を踏まえた議論がなされました。「在宅復帰・在宅療養支援」機能の推進に向って努力をしている老健施設ですが、厳しい経営状況は依然として続いています。

ロシアのウクライナ侵攻と円安・インフレの進行などがもたらした物価の高騰により、ここ数年の経営状況はさらに厳しさを増して

います。前述の通り、2023年8月に介護関連8団体が実施した調査では、2023年度は賞与が上がらなかったことに加え、賃上げ率も1.42％と、春闘の賃上げ率3.58％を大きく下回っています。

全老健は、これらの危機的な状況を受け、公定価格である介護報酬に加え、2023年度の経済対策・補正予算において、物価対策および介護現場で勤務する職員の処遇改善への対策を国に要望するなど、関係団体と一致団結して対応しています（要望書は第Ⅱ部第2章第6節に掲載）。

▌認知症基本法をふまえた実践

認知症高齢者の数は、2025年には約700万人、2040年には約800～950万人に達することが見込まれています。

2023年6月には「共生社会の実現を推進するための認知症基本法（令和5年法律65号）」が成立し、我が国としての認知症施策のあるべき姿が示されました。ここでは、認知症の人がその個性と能力を十分発揮できるようにすること、国民が認知症について正しい知識と理解を深め、共生社会の実現を推進することなどが基本理念に謳われています。

全老健としても、認知症にかかわるエビデンスを積み上げ、会員施設とともに認知症ケアの実践に取り組んできました。令和6年度の介護報酬改定でも、老健施設には引き続き地域における認知症ケアの拠点施設としての役割が求められることが予想されます。

「共生社会の実現を推進するための認知症基本法」の基本理念（概要）

認知症施策は、認知症の人が尊厳を保持しつつ希望を持って暮らすことができるよう、①～⑦を基本理念として行う。

①全ての認知症の人が、基本的人権を享有する個人として、自らの意思によって日常生活及び社会生活を営むことができる。

②国民が、共生社会の実現を推進するために必要な認知症に関する正しい知識及び認知症の人に関する正しい理解を深めることができる。

③認知症の人にとって日常生活又は社会生活を営む上で障壁となるものを除去することにより、全ての認知症の人が、社会の対等な構成員として、地域において安全にかつ安心して自立した日常生活を営むことができるとともに、自己に直接関係する事項に関して意見を表明する機会及び社会のあらゆる分野における活動に参画する機会の確保を通じてその個性と能力を十分に発揮することができる。

④認知症の人の意向を十分に尊重しつつ、良質かつ適切な保健医療サービス及び福祉サービスが切れ目なく提供される。

⑤認知症の人のみならず家族等に対する支援により、認知症の人及び家族等が地域において安心して日常生活を営むことができる。

⑥共生社会の実現に資する研究等を推進するとともに、認知症及び軽度の認知機能の障害に係る予防、診断及び治療並びにリハビリテーション及び介護方法、認知症の人が尊厳を保持しつつ希望を持って暮らすための社会参加の在り方及び認知症の人が他の人々と支え合いながら共生することができる社会環境の整備その他の事項に関する科学的知見に基づく研究等の成果を広く国民が享受できる環境を整備。

⑦教育、地域づくり、雇用、保健、医療、福祉その他の各関連分野における総合的な取組として行われる。

認知症に関連した現状の加算（老健施設関連）

- 認知症行動・心理症状緊急対応加算（入所、ショートステイ）
- 若年性認知症利用者受入加算（通所リハビリ、ショートステイ）
- 若年性認知症入所者受入加算（入所）
- 認知症短期集中リハビリテーション実施加算（入所、通所リハビリ）
- 認知症情報提供加算（入所）
- 認知症専門ケア加算（入所、ショートステイ）
- 認知症ケア加算（入所、ショートステイ）

LIFE、科学的介護の「今」

　令和3年度介護報酬改定において、LIFE（科学的介護情報システム）の運用が始まりました。同時に、科学的介護推進体制加算をはじめ、LIFEの活用等が算定要件として含まれる加算が多数示されました（➡図1-1-15）。

● 老健施設における LIFE 関連加算の算定状況

　厚生労働省の社会保障審議会介護給付費分

図 1-1-15 ● LIFE の活用等が要件として含まれる加算一覧（施設・サービス別）

	科学的介護推進加算（Ⅰ）科学的介護推進加算（Ⅱ）	個別機能訓練加算（Ⅱ）	ADL維持等加算（Ⅰ）ADL維持等加算（Ⅱ）	リハビリテーションマネジメント計画書情報加算	理学療法、作業療法及び言語聴覚療法に係る加算	褥瘡マネジメント加算（Ⅰ）褥瘡マネジメント加算（Ⅱ）	褥瘡対策指導管理（Ⅱ）	排せつ支援加算（Ⅰ）排せつ支援加算（Ⅱ）排せつ支援加算（Ⅲ）	自立支援促進加算	かかりつけ医連携薬剤調整加算	薬剤管理指導	栄養マネジメント強化加算	口腔衛生管理加算（Ⅱ）
介護老人福祉施設	○	○	○			○		○	○			○	○
地域密着型介護老人福祉施設入所者生活介護	○	○	○			○		○	○			○	○
介護老人保健施設	○			○		○		○	○	○		○	○
介護医療院	○				○	○		○	○		○	○	○

	科学的介護推進加算	個別機能訓練加算（Ⅱ）	ADL維持等加算（Ⅰ）ADL維持等加算（Ⅱ）	リハビリテーションマネジメント加算（A）ロ リハビリテーションマネジメント加算（B）ロ	褥瘡マネジメント加算（Ⅰ）褥瘡マネジメント加算（Ⅱ）	排せつ支援加算（Ⅰ）排せつ支援加算（Ⅱ）排せつ支援加算（Ⅲ）	栄養アセスメント加算	口腔機能向上加算（Ⅱ）
通所介護	○	○	○				○	○
地域密着型通所介護	○	○	○				○	○
認知症対応型通所介護（予防含む）	○	○	○（予防除く）				○	○
特定施設入居者生活介護（予防含む）	○	○	○（予防除く）					
地域密着型特定施設入居者生活介護	○	○	○					
認知症対応型共同生活介護（予防含む）	○							
小規模多機能型居宅介護（予防含む）	○							
看護小規模多機能型居宅介護	○				○	○		
通所リハビリテーション（予防含む）	○			○（予防除く）			○	○
訪問リハビリテーション				○（予防除く）				

出典：「科学的介護情報システム（LIFE）と介護ソフト間における CSV 連携の標準仕様について」
厚生労働省事務連絡（2021年2月19日）・別添1

42

科会介護報酬改定検証・研究委員会が実施した「LIFE の活用状況の把握および ADL 維持等加算の拡充の影響に関する調査研究事業（速報値）」によると、LIFE 関連加算の算定率は老健施設が最も多く、2023 年 4 月で 77.7％となりました（➡図 1-1-16）。

フィードバックデータの有効性など、改善の余地のある LIFE ですが、「令和 6 年度介護報酬改定に向けた基本的な視点（案）」の「自立支援重度化防止に向けた対応」において、「介護現場において科学的介護の取組が進む

よう令和 3 年度改定より開始された LIFE を活用した質の高い介護を進めていくことが必要である」と示されました。

したがって、今後も老健施設では、LIFE のさらなる積極的な活用が求められるでしょう。

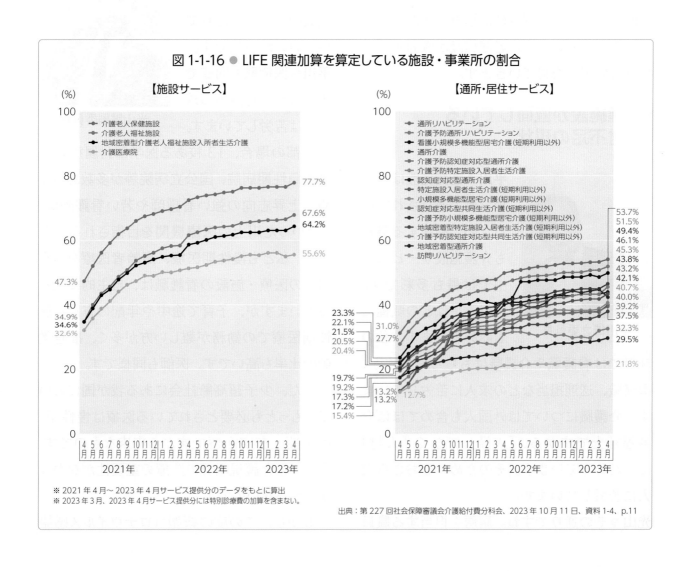

図 1-1-16 ● LIFE 関連加算を算定している施設・事業所の割合

【施設サービス】

（凡例）
- 介護老人保健施設
- 介護老人福祉施設
- 地域密着型介護老人福祉施設入所者生活介護
- 介護医療院

47.3%
34.9%
34.6%
32.6%

77.7%
67.6%
64.2%
55.6%

【通所・居住サービス】

（凡例）
- 通所リハビリテーション
- 介護予防通所リハビリテーション
- 看護小規模多機能型居宅介護（短期利用以外）
- 通所介護
- 介護予防認知症対応型通所介護
- 介護予防特定施設入居者生活介護
- 認知症対応型通所介護
- 特定施設入居者生活介護（短期利用以外）
- 小規模多機能型居宅介護（短期利用以外）
- 認知症対応型共同生活介護（短期利用以外）
- 介護予防小規模多機能型居宅介護（短期利用以外）
- 地域密着型特定施設入居者生活介護（短期利用以外）
- 介護予防認知症対応型共同生活介護（短期利用以外）
- 地域密着型通所介護
- 訪問リハビリテーション

23.3%
22.1%
21.5%
20.5%
20.4%
31.0%
27.7%

19.7%
19.2%
17.3%
17.2%
15.4%
13.2%
13.2%
12.7%

53.7%
51.5%
49.4%
46.1%
45.3%
43.8%
43.2%
42.1%
40.7%
40.0%
39.2%
37.5%
32.3%
29.5%
21.8%

4月5月6月7月8月9月10月11月12月1月2月3月4月5月6月7月8月9月10月11月12月1月2月3月4月
2021年　2022年　2023年

※ 2021 年 4 月〜 2023 年 4 月サービス提供分のデータをもとに算出
※ 2023 年 3 月、2023 年 4 月サービス提供分には特別診療費の加算を含まない。

出典：第 227 回社会保障審議会介護給付費分科会、2023 年 10 月 11 日、資料 1-4、p.11

　介護業界は以前から人材不足でしたが、多くの業種で人材確保が困難な時代を迎えています。全老健人材対策委員会の平川博之委員長と光山誠副委員長の対談を軸に、老健施設が直面している「人材不足の現状」、老健施設が行っている「人材確保への営み」、外国人の受入れや介護助手の採用などの「さまざまな人材育成」、そして、「人材の文脈で考える介護DX」についてみていきます。特に対談では、厳しい現状を踏まえた上で突破口となるキーワードが示されました。

第1節　人材不足の現状

　介護業界の人材不足は深刻です。超高齢化とともに生産年齢人口の急減が進む2040年に向けて、その深刻さには拍車がかかることが予想されています。老健施設が直面する人材不足の現状を見ていきます。

老健施設が直面している人材不足の現状

平川博之委員長

平川●老健施設は多職種協働で運営されているため、勤務する職種も介護施設サービスの中では最も多彩です。人材不足はどの職種にも認められます。私の施設では看護職や介護職はもちろんですが、事務職、送迎担当などの求人に苦労しています。介護職については外国人も含めてほぼ介護福祉士ですから、「人員」でなく「人材」にこだわっています。そのため、なおさら求人に苦労しています。

光山●その通りですね。厨房を担当する職員や利用者の送迎を担当する運転士も含めて、全般的に人手が足りていないのが現状です。

平川●医療職も同様です。例えば看護師の求人には苦労しています。

光山誠副委員長

東京都の場合、13校ある医学部付属病院や高度急性期病院、国公立病院等が多数あるため、上昇志向の強い看護師や若い看護師は、こういった川上の医療機関を目指される方が多く、私ども慢性期医療、高齢者医療を担う川下の医療・施設の看護職は、自主的に来る方もいますが、子育て途中や年配の方など急性期医療での勤務が難しい方が多く、准看護師の比率も高いです。医師も同様です。

　ただ、少子超高齢社会にある我が国において、もっとも必要とされている医療は慢性期、回復期、在宅医療ですから皮肉なものです。世の中に介護現場での医療の重要性がなかなか伝わらないのです。

　しかし、この度の新型コロナウイルス感染

症の拡大で、他の高齢者施設と比較し、老健施設の医療の強みが多少なりとも伝わったかもしれません。

光山●そうですね。今後は、老健施設の魅力をどう発信していくのかが大きな課題になる

でしょう。特に、老健施設の5類型のうち、超強化型、在宅強化型などのより高い要件を満たす施設をめざすには多職種が充足していなければなりません。

参考●人口の減少と少子高齢化の進行で起こる2040年問題

　我が国における人口の減少と少子高齢化の進行で、さまざま社会問題が発生します。それが2040年問題です。2040年問題を引き起こす背景を整理してみます。第130回社会保障審議会障害者部会（2022年5月）に提出された資料「全世代型社会保障構築会議の状況報告」に「2040年までの人口等に関する短期・中期・長期の見通し」が掲載されています（➡図表1-2-1）。

　同見通しによると、2040年には生産年齢人口が6,000万人を切る一方で、高齢者総数が3,935万人となり、ピークを迎えます。2025年に675万人であった認知症の人は802万人となり、介護職員必要数は、2025年より37万人増の280万人となります。要介護高齢者は認知症の人に限るわけではありません。年代別人口に占める要支援者・要介護認定者の割合が約60%である85歳以上の人口が2040年には1,000万人を超えていると予想されています（国立社会保障・人口問題研究所「日本の将来推計人口」等により推計）。

図 1-2-1 ● 2040年までの人口等に関する短期・中期・長期の見通し

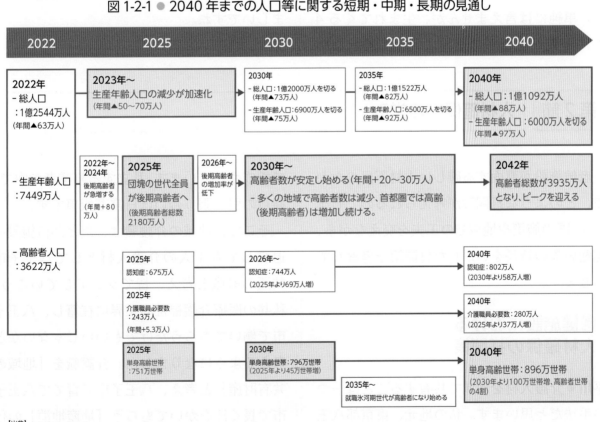

【出典】
・人口について：総務省「人口推計」（令和4年1月1日）、国立社会保障・人口問題研究所「日本の将来推計人口（平成29年推計）」（出生中位（死亡中位）推計）
・世帯数について：国立社会保障・人口問題研究所「日本の世帯数の将来推計（全国推計）（平成30年推計）」
・認知症について：厚生労働科学研究費補助金厚生労働科学特別研究事業「日本における認知症の高齢者人口の将来推計に関する研究」（研究代表者：二宮利治（平成27年3月））。各年齢の認知症有病率が一定の場合の将来推計。
・介護職員数の必要数について：市町村により第8期介護保険事業計画に位置づけられたサービス見込み量（総合事業を含む）等に基づく都道府県による推計値を集計したもの。

出典：第130回社会保障審議会障害者部会「全世代型社会保障構築会議の状況報告」

さまざまな職種における人手不足の解決策

平川●コロナ禍で要介護高齢者、認知症高齢者を受け入れることとなった高度急性期病院等が、高齢者対応には介護福祉士などの介護の専門職が必須だと声を上げました。不謹慎かもしれませんが胸のすくような思いがしました。川下で日々要介護者や認知症者への対応で汗を流す我々の苦労、専門性がほんの少しでも理解されて正直嬉しかったです。もちろん、川上の医療機関にまわせるほど介護人材は潤っていませんが。

2022年の日本の出生数は約77万人でした。医師・歯科医師、薬剤師、看護職、介護職、リハビリ専門職、社会福祉士等の医療介護福祉分野の年間資格取得者は約20万人です。単純には言えませんが、生まれてくる4人に1人が私たちの業界に入ってくれない

ともちません。とても不可能な話です。

今後は、従来の殻を破った大胆な手法が必要です。例えば、共通教育カリキュラムを導入し、看護、介護、保育等の資格に横串を刺すクロスライセンスの創設、既得権や慣習を排除した積極的なタスクシフトなどに踏み込まなければならないと思います。平日は保育士で週末は看護師で当直するといった「多職種協働」を超えた「ひとり多職種」です。「職の多様性」へ向けた発想の転換が必要な時代になってくるでしょう。

光山●週末に違う仕事をするという発想は、なるほどと感心します。人材が少ない中で、全ての人に「介護業界に来てくれ」と言ったところで、通用しません。これからの時代には「職の多様性」という考えを見据えた上で、職種を柔軟に行ったり来たりする仕組みが望ましいですね。

第2節　人材確保への営み

老健施設が直面する厳しい人材不足のなかで、どのような打開策が考えられるのでしょうか。国の施策や地域での工夫を交えながら、老健施設の特長をいかした打開策を考察していきます。

老健施設における人材確保の打開策

平川●介護人材を地域で共有することは一つの手法だと思います。私の地元、東京都八王子市にはNPO法人八王子介護サービス事業者連絡協議会があります。私が理事長を務め、八王子市内の約250の介護サービス事業者

で構成されています。乱立する事業者の中で、職員の引っ張り合いは日常茶飯事です。

そこで、地域の介護職は、たとえ自施設を退職しても1人の介護人材として八王子市共通の財産と考え、皆でシェアしていこう、私共の医療介護福祉の業界に在籍し、八王子市で働いてもらうだけでもいいじゃないかと考えるようになりました。介護職を「地域の共有財産」と考え、八王子市で育てて八王子市で長く汗をかいてもらう「地産地消」の仕組みを構築しようとしています。

その第一弾が市内に介護福祉士養成校を設立する事業です。外国人にも既卒者にも、す

べての介護職の拠り所となる場所にしたいです。さらには転職、就職等の支援機能も整備させたいと思っています。

光山●限られた施設だけで、地域全体の介護を支えるという考え方には私も賛成しません。地域全体で必要な人材を確保して共有し、その地域で利用者に必要なサービスを提供していく。それが、地域包括ケアシステムの一つの形であり、「地産地消」なのだと思います。

平川●サッカーの母国である英国では、フィールドでよく動いていろいろな役割を果たし、チームに貢献する選手を「ユーティリティー・プレーヤー（万能型選手）」と呼び、評価してきました。「点取り屋」のフォワードだけが頼りのチーム作りをしていては勝てないからです。私が言う「地産地消」の考え方は、そういう万能型の人材です。

参考●介護現場における多様な働き方

　厚生労働省では、1989年から「介護現場における多様な働き方導入モデル事業」を推進しています（➡図1-2-2）。

　同事業は、地域医療介護総合確保基金の事業メニューで、2019年度は「介護職機能分化等推進事業」、2020年度は「チームケア実践力向上推進事業」を国庫補助事業として実施し、2021年度からは基金事業として「介護現場における多様な働き方導入モデル事業」が全国で実施されています。

　2021年度の同事業には、リーダー的介護職員の育成を行うとともに、多様な働き方、柔軟な勤務形態を介護事業所にモデル的に導入することを通じて、効率的・効果的な事業運営の方法についての実践的な研究を進め、その成果の全国展開を図るという目的があります。

　三重県の老健施設から始まった「介護助手」の積極活用は、まさに介護現場における多様な働き方等と重なります。

図1-2-2 ●介護現場における多様な働き方導入モデル事業

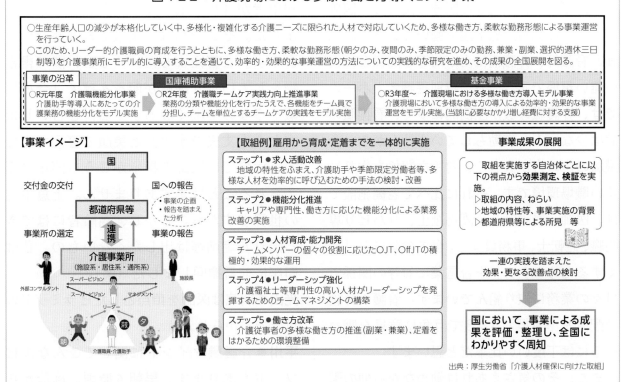

出典：厚生労働省「介護人材確保に向けた取組」

働く環境として、老健施設の特徴

平川●老健施設は 1985 年の「中間施設に関する懇談会」で検討が始まり、ほぼ平成時代をともに歩んできた比較的新しい施設類型です。超高齢社会を睨み、当時の特別養護老人ホームや老人病院の課題を克服し、要介護高齢者、家族、地域を支える施設サービスとして歩んできました。時代のニーズに合致したさまざま機能を備えた、地域包括ケアシステムの中核となる大規模多機能施設として現在に至っています。

この間、契約による介護サービスの提供、ケアプランに基づくケアの提供、多職種連携、認知症短期集中リハビリ、在宅支援機能等々、介護業界のトップランナーとして積極的に取り組んできました。そもそも「地域包括ケアシステム」という概念を最初に説いたのは全老健名誉会長の故山口昇先生ですから当然と言えば当然です。

例えば、多職種連携、多職種協働に関して申し上げると、病院など医療機関では、医師がトップに立ち上意下達で動いています。医師と看護師、介護福祉士が対等な関係とは言い難い現場です。一方、特別養護老人ホームでは、介護職の数が圧倒的に多く、看護職の数は少ない上、夜勤もしていませんから、介護職の声の方が大きく、対等な関係を作りにくい職場環境です。それに比べて老健施設では、医師、看護師、介護福祉士、リハビリ専門職、運転士、事務員など、全ての職員が「良くするためのケア」を合言葉に対等の関係で日々の業務に取り組んでいます。看護：介護の配置基準も概ね 1：3 で互角に意見を戦わせるには丁度いい比率だと思います。

また、その気さえあれば勤めながら他の職種の専門性を学ぶことができます。医師が介護職から学ぶことも数多くあります。介護職が看護師やリハビリ専門職にキャリアを変えることは老健施設ではごく普通のことです。

このように各職種が水平の関係で業務を行う多職種協働を私は「ため口連携」と呼んでいますが、それを実践しているのが老健施設です。加えて、数々の調査研究事業や提言を行っているのが老健施設で他の高齢者施設には見られません。世界で唯一の介護施設サービス、正に「ROKEN」なのです。介護を志す方は、ぜひキャリアの一定時期を老健施設で就労されることをお勧めします。

光山●看取りも含め、リハビリからターミナルケアまで、多職種が協働しながら、介護をすることができるのが老健施設です。

平川●そうです。ですから、利用者や家族の満足度も高いのです。

多職種「ため口連携」にこんなエピソードがあります。ある晩、私が施設のナースセンターで残務をしていた際、1 人の女性利用者が「夜、眠れない」と訴えて来られました。そこで私は「頓服で睡眠薬を出しますよ」と答えました。すると、隣で書き物をしていた介護職が顔をあげて「今夜は暇そうなので眠くなるまでお付き合いしますから大丈夫ですよ」と笑顔で答えたのです。病院では医師の指示がこうも簡単に変えられることはまずありません。上意下達の世界ですから。しかし、高齢者にはできる限り安定剤等は出したくないもの。私は即座に前言撤回しました（笑）。

光山●病院は医師を頂点としたピラミッドの世界ですからね。

平川●介護職マインドに関してこんなエピソードもあります。早朝 4 時頃、施設から

「昨日入所した男性利用者が興奮状態となり大声を上げ、椅子を振り回し器物を破損するなど、大暴れしている」と連絡が入りました。現場に駆け付けると興奮冷めやらない状態で他の入所者へ危害が及ぶ可能性も高く、止むを得ず興奮鎮静の注射をしようとした時のことです。「しっかり押さえて」と介護職に指示したのですが、押さえ方が皆優し過ぎて、蹴られたり叩かれたりしていました。何とか注射できましたが、今後のことも考え、直ちに緊急ミーティングを開催しました。「あのような時は、しっかり押さえないと事故につながる」と注意し、「介護職はどういう教育を受けているのか」と問いただすと、当時の介護主任がこう答えました。「私たちは先生のように薬を処方したり、注射をしたりすることはできません。身体拘束の指示も出せません」。「じゃあ、今朝のような事態の時はどうするのか」と尋ねた時に彼の口から出た言葉が今でも忘れられません。「右の頬を打たれたら、左の頬を出します」。まさに衝撃的でした。私の中にこのような答えは用意されていませんでした。それまで医療と介護の連携が重要と吹聴していた己の浅はかさを痛感しました。連携とは教育や理念の違いを知らず口にするものではありません。

一方、「介護マインド」ってけっこういいなと受入れられるようになりました。現状、この「介護マインド」は極めて重要であるにもかかわらず、見えづらいため、広く正しく世の中に理解され、評価されてい

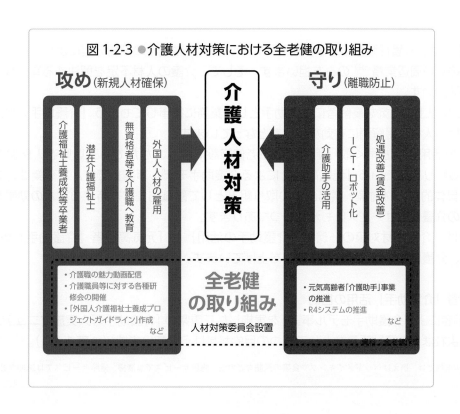

図1-2-3 ●介護人材対策における全老健の取り組み

攻め（新規人材確保）　介護人材対策　守り（離職防止）

介護福祉士養成校等卒業者
潜在介護福祉士
無資格者等を介護職へ教育
外国人人材の雇用

介護助手の活用
ICT・ロボット化
処遇改善（賃金改善）

全老健の取り組み
人材対策委員会設置

・介護職の魅力動画配信
・介護職員等に対する各種研修会の開催
・「外国人介護福祉士養成プロジェクトガイドライン」作成
など

・元気高齢者「介護助手」事業の推進
・R4システムの推進
など

資料：全老健作成

ないことが残念でなりません。

2040年問題に向けて取り組むべきテーマ

光山●現在、介護職の処遇改善に業界全体で取り組んでいます。「処遇改善」を含め、「生産性の向上」、外国人も含めた「多様性」が2040年問題に向けての重要なキーワードです。

全老健としては、さまざまな働き方改革に取り組む一方で、人材確保に関する情報を適宜発信してきました。ただ、そろそろ全国一律の対策ではなく、都市部なのか、あるいは地方なのか、それぞれの地域の特徴に応じた対策が求められていると感じています。外国人介護人材の受入れにしても、都市部と地方では事情が異なるからです。

さらに、「地方」といっても一括りにはできません。同じ県でも、県庁所在都市とそうではない地域では状況は変わります。まずは各地域の現状を把握し、対策を講じることが必要でしょう。

もちろん、外国人介護人材の受入れ制度について等、全国一律の情報発信が必要なテーマに関しては、全老健として今後も適宜情報発信を行っていきます。

平川●東京のような大都市には大都市なりの人材確保の厳しさがあります。医療介護福祉以外にも選べる職業は数多くありますし、賃金も相当の格差があります。よって高校の進路指導の先生の口からも、介護職を敬遠させることはあっても勧めることはほとんどないと聞きます。

光山●それに加え、少子化によって、就職する人の数は全国的に減少しています。特に地方では、その傾向が強い。とはいえ、たとえ地方であっても、老健施設を運営していくためには、多くの人材が必要です。そこをしっかりと見据えなければなりません。どうすれば老健施設の運営を維持していけるのか。今

参考●介護助手の活用

「介護助手」は、介護保険施設・事業所などにおいて、介護職との役割分担により、利用者の身体に接することのない周辺業務[注]のみを担います。そして、介護の人材不足を解決する有力な手法が「介護助手」の活用です。

特に、60歳以上の元気な高齢者に介護助手として業務に従事してもらう「介護助手」の活用は、老健施設における人材不足解消に有効な手立てとなっています。

介護助手の活用にいち早く取り組んだのが老健施設であり、なかでも三重県老人保健施設協会が2015年から取り組んでいる「元気高齢者による介護助手モデル事業」です。本事業は介護職の周辺業務を担う具体的な人材対策・業務改善の取り組みとして離職防止に寄与するなどの効果を上げ、老健施設以外の介護保険サービスにも波及しつつあります。

全老健では、介護人材対策の一環に「介護助手の活用」と「元気高齢者『介護助手』事業の推進」を組み入れ、介護職の離職防止などに効果を上げています。

●元気高齢者「介護助手」活用の目的
「元気高齢者による介護助手モデル事業」を実施した三重県の「介護助手導入実施マニュアル」(2019年3月)によれば、介護助手事業として三つの目的が挙げられています(➡表1-2-1)。

（注）周辺業務とは、例えばベッドメイキングや食事の配膳などの他、施設サービスでは清掃、通所サービスでは送迎などの業務を指す。

表 1-2-1 ●介護助手事業の目的

目的 1　介護人材の確保

　管理者・経営者と介護職員の共通の悩みである「介護人材の確保」を図ります。介護助手は、すそ野を広げ、多様な人材の参加を得るという視点に基づき、介護現場における「補助的な業務」を担います。

目的 2　介護業務の質の向上

　介護助手は、介護人材の役割分担・機能分化を促します。補助的な業務は介護助手にお願いし、介護職員は介護職員ならではの「身体介護」や利用者の「個々のニーズ」に応じたきめ細やかな介護に注力することができます。

目的 3　高齢者の就労や健康づくりの実現

　何かしらの形で就労したいと考えている高齢者は多く、収入を得る機会を作ることができます。また、就労は、身体機能の維持や認知症の予防にプラスになるという研究結果もあり、高齢者の健康づくり、生きがい、社会参加などの機会を作ることができます。

出典：三重県「介護助手導入実施マニュアル」、p.8

後の課題を洗い出し分析していくのが、我々人材対策委員会の課題です。

老健施設
イメージアップキャンペーン

平川●いま、全老健では多くの人に老健施設の魅力を伝える取り組みをしています。

光山●若い人たちに介護という仕事を知ってもらうことが大切です。大阪の例ですが、府が芸能プロダクションに依頼して、介護の魅力を発信した事例があります。

　リハビリ専門職は老健施設における業務の専門性が分かりやすく、それなりに応募してきてくれます。一方、介護職はなかなか入ってきてくれません。一度でも老健施設で働いてもらえれば、介護の面白さを分かってもらえるのですが、そのためには介護の魅力を伝える工夫が必要だと痛感しています。

平川●ポジティブなイメージ作りが大切でしょう。見せ方も大事です。私の施設の元気

高齢者を活用した介護助手事業の候補者たちのユニフォームは、施設内のどの職種のユニフォームよりもコストがかかっています。とかくシルバー人材というとグレーの作業服に野球帽、黒い長靴というステレオタイプなイメージですが、私の施設の介護助手のユニフォームはデニムのオーバーオールのパンツに赤のギンガムチェックのシャツに帽子。腰には可愛いポシェットとけっこうスタイリッシュないでたちです。利用者、他のスタッフからの評判もとてもいいです。もちろんご本人からも。

光山●私たち老健施設の関係者は、発信することが苦手という面もあるかもしれません。若い人たちにアピールするために、職員のユニフォームをおしゃれな服にする。そのためにアパレル業界とコラボレーションする。そういう発想も大事だと思います。今後、視野を広げ、方策を練っていきたいと思います。

介護人材不足が見込まれるなかで、老健施設では、さまざま人材の育成を実施しています。ここまでの対談で繰り返し強調してきた通り、重要なのは、「量」としての"人員"ではなく「質」が担保された"人材"の確保でしょう。それは、外国人介護人材の受入れにおいても同様です。

外国人介護人材の受入れの現状

光山●外国人介護人材が老健施設で働いてくれるのは、とてもありがたいことです。ただ、当然ながら、専門性を持った人たちでなければ、利用者に満足のいくサービスを提供できません。そのためにも、在留資格「介護」での受入れを推進し、介護福祉士の資格を取得してもらう必要があるでしょう。

平川●外国人介護職について、私の中には2つの前提があります。1つは介護の「人員」不足なのか「人材」不足なのか。2つ目は「介護職」の定義です。現行の介護職受入れのための4つのルートはこのあたりが曖昧で混乱を招いています。

私の中での外国人介護職のイメージは「介護福祉士」ないしそれに準ずるものを指しています。私の法人には、フィリピン、ベトナム、中国等の方が約60人在籍し、看護師、准看護師、介護福祉士、調理員として勤務しています。在留資格はEPA、在留資格「介護」、技能実習生、特定技能の4ルート全てです。老健施設には10人弱の外国人介護職が勤務していますが、EPA研修中の1人を除いて全員介護福祉士を取得しています。

ところで、メディアの報道によれば、技能実習制度を発展的に解消し特定技能1号に集約する議論がなされていると聞きます。その中で、「介護固有要件」を見直す案が出ているようです。これについては強い危惧を抱いています。

思い返せば10年前に技能実習制度に「介護」を加えるための検討会がもたれました。私は検討会委員として、先行する農業、漁業、建設、製造業などと違って、介護は高齢者や障害者などの弱者を対象とする対人援助サービスであり、導入には慎重を期すべきで、固有の要件も必要であると検討会の中で訴え続けました。特に入国時の日本語要件についてはN3、百歩譲ってN4レベルを要求したのですが、極めて緩い基準となりました。そこで、介護固有要件として、受入れ側施設は3年以上の事業実績、指導担当の介護福祉士がいること、訪問系サービスは実習指導が困難なため対象としない、入職半年間は人員としてカウントできないといったことを加えました。要件を順守するために外国人介護職も受入れ施設側もよい緊張感をもって技能実習が推移したと理解しています。

相変わらず他の業種の技能実習制度では事件事故が頻発している中で、技能実習「介護」では大きなトラブルがあったとは聞いていません。それにも関わらず、わざわざ、ここに来て「見直し」が検討されているのは納得できません。それ以上に保険として機能していた「固有要件」が緩和されれば、日本に来る外国人の質、受入れ側の日本の介護サービス事業者の質も低下する可能性が大きくなります。

円安になり日本で働く魅力が低下している

から敷居を下げるという、自己都合、近視眼的な施策には断固反対です。単純にモノを輸入するわけではありません。一人の人間を日本に受入れるのですから、覚悟と責任は極めて大きなものです。円安で厳しい時だからこ

そ更に要件を厳しくし、親、兄弟、縁者の方々が日本だから安心し送り出せるという就労環境、就労契約を作り上げることが肝要だと考えます。

光山●制度の小さな手直しや外国人介護人材

参考●外国人介護人材受入れのしくみと在留者数

図 1-2-4 ● 外国人介護人材受入れのしくみ

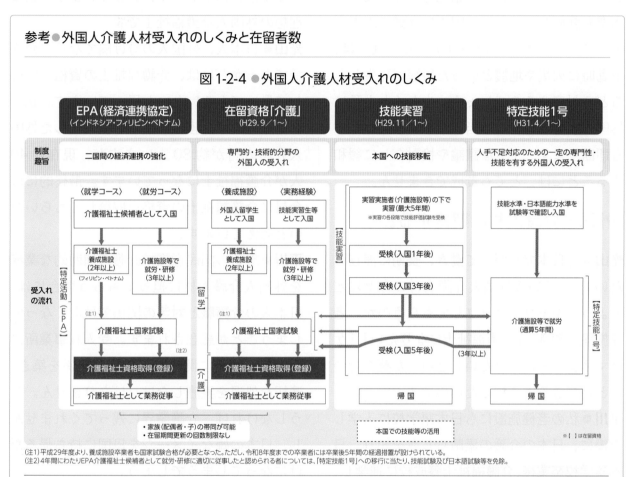

(注1)平成29年度より、養成施設卒業者も国家試験合格が必要となった。ただし、令和8年度までの卒業者には卒業後5年間の経過措置が設けられている。
(注2)4年間にわたりEPA介護福祉士候補者として就労・研修に適切に従事したと認められる者については、「特定技能1号」への移行に当たり、技能試験及び日本語試験等を免除。

出典：第1回外国人介護人材の業務の在り方に関する検討会基礎資料、p.26
（厚生労働省社会・援護局福祉基盤課福祉人材確保対策室作成）

表 1-2-2 ● 介護分野の外国人在留者数

在留資格	在留者数
EPA 介護福祉士・候補者	在留者数：3,213 人（うち資格取得者 1,069 人） ※ 2023 年 6 月 1 日時点（国際厚生事業団調べ）
在留資格「介護」	在留者数：6,284 人 ※ 2022 年 12 月末時点（入管庁）
技能実習	在留者数：15,011 人 ※ 2022 年 6 月末時点（入管庁）
特定技能	在留者数：19,516 人 ※ 2023 年 3 月末時点（速報値）（入管庁）

出典：第1回外国人介護人材の業務の在り方に関する検討会　基礎資料、p.27
（厚生労働省社会・援護局福祉基盤課福祉人材確保対策室作成）

の処遇改善等にかかわる改正は必要ですが、"質"を無視することは、これまで質の高い介護を作り上げてきた老健施設として苦言を呈したいと思います。

平川●入職当日から人員としてカウントすると言っていますが、日本語能力や介護技術の水準も評価していない外国人に介護の現場を任せるという感覚がわかりません。例えば、夜勤時に火災や地震といった災害が発生したらどう対応するのでしょう。少なくとも私は外国の病院でいきなり当直をやれといわれても即断ります。十分な議論や検討なしに緩和することには、とても賛成できません。

外国人介護人材に期待すること

光山●「日本で頑張って働き、長期に滞在したい」、そういう外国人介護人材の方々にどのようにキャリアアップしてもらうのか。老健施設で働き、「介護福祉士になりたい」「ケアマネジャーになりたい」といった夢を持つことができるようにしたいのです。

平川●私の老健施設にも日本語学校に入学した後に、日本の介護の素晴らしさを知り、日本語学校卒業後、介護福祉士養成校に進学し、介護福祉士の資格を取得して、介護の一線で頑張っている人がいます。そのような志のある外国人人材を支援する仕組みを作りたいものです。

　介護福祉士資格を取得し、家族を日本に呼び寄せて、安心・安定して日本で暮らしていける形がベストです。現行の4つの受入れルートのゴールを介護福祉士とし、そのための手厚い支援を享受する。外国人からみてもわかりやすい仕組みだと思います。私の施設の外国人介護職受入れの先駆けとなったフィリピン人女性は、自国に夫と子どもを残して一人で来日。EPAの研修後介護福祉士国家試験に合格してから、夫と子どもを呼び寄せ、その後、3人の子宝に恵まれ6人家族になり、仕事と家庭を両立しています。日本が大好きで家を建てようと頑張っているのですが、なかなか永住権が取れず苦労しています。正に理想の外国人介護福祉士です。

光山●日本人、外国人の分け隔てなく、介護職であるからには、介護福祉士の資格を取得して働いてもらいたいと思っています。私の老健施設では介護留学生として来日した外国人介護人材が約80人いますが、現在約40人が介護福祉士になっています。最終的には全員に介護福祉士の資格を取得してもらいたいと考えています。

平川●現状の国民意識で介護の補助的な業務を外国人介護人材に担ってもらう場合には、日本人の介護職と対等の関係ではなくなってしまうことが懸念されます。受入れ事業所において、国籍に関係なく対等な関係を築き、適切な処遇を実施しなければなりません。そうしなければ、介護業界に残ってくれませんし、日本の嫌なイメージを母国に持ち帰るだけになってしまうでしょう。

人材の多様性

光山●実は、私の老健施設に「障害者グループホーム」を併設しようと考えています。障害者の方はグループホームで生活し、そこから老健施設に通ってもらい、厨房での仕事や清掃業務などに就いてもらえれば、貴重な戦力として力を発揮していただけるだけでなく、働いて収入を得ることもできます。一方、老健施設は、地域に根差した施設としての社会的責任が果たせます。

平川●素晴らしいアイデアですね。私のメ

ンタルクリニックに通院している人の中にも、特別養護老人ホームで清掃の仕事をうまくこなしている人がいます。障害を持つ方には、働くことが薬以上に効く場合があります。彼らの多くは「社会に役立ちたい、税金を払いたい」と思っているのです。働くことでその願いを叶えることができます。

光山●障害のある方は、働く場所が合えば、それが生きる活力となりますよね。

参考●特定技能2号の対象分野の追加について（2023年6月9日閣議決定）抜粋

令和5年8月31日
出入国在留管理庁

※「1　特定技能2号の対象分野の追加について」を更新しました。

令和5年6月9日、閣議決定により、特定技能の在留資格に係る制度の運用に関する方針（分野別運用方針）の変更が行われました。変更内容は以下のとおりです。

1　特定技能2号の対象分野の追加について

熟練した技能を要する特定技能2号については、特定技能1号の12の特定産業分野のうち、建設分野及び造船・舶用工業分野の溶接区分のみが対象となっていましたが、ビルクリーニング、素形材・産業機械・電気電子情報関連製造業、自動車整備、航空、宿泊、農業、漁業、飲食料品製造業、外食業の9分野と、造船・舶用工業分野のうち溶接区分以外の業務区分全てを新たに特定技能2号の対象とすることとしました。

これにより、特定技能1号の12の特定産業分野のうち、介護分野以外（注1）の全ての特定産業分野において、特定技能2号の受入れが可能となります（注2）。

（注1）介護分野については、現行の専門的・技術的分野の在留資格「介護」があることから、特定技能2号の対象分野とはしていません。

（注2）本取扱は、令和5年8月31日、出入国管理及び難民認定法別表第一の二の表の特定技能の項の下欄に規定する産業上の分野を定める省令（平成31年3月15日法務省令第六号）等が改正・施行されたことにより、同日から開始されています。

2　特定技能2号の外国人が従事する業務及び技能水準について

特定技能2号の外国人には、熟練した技能が求められます。これは、長年の実務経験等により身につけた熟達した技能をいい、例えば自らの判断により高度に専門的・技術的な業務を遂行できる、又は監督者として業務を統括しつつ、熟練した技能で業務を遂行できる水準のものをいいます。

当該技能水準を満たしているかどうかは、試験（注3）と実務経験で確認します。

従事する業務及び試験並びに実務経験の詳細は、分野別運用方針及び分野別運用要領に記載されています。

（注3）特定技能2号の技能水準を測る試験については、既存の試験のほか、各分野で新たに設けられる試験があります。後者については、（注2）における法務省令等の施行後、それぞれの分野を所管する省庁において試験実施要領を定め、随時開始する予定です。

出典：出入国在留管理庁ホームページ

平川●関連して、多くの老健施設では、多様な人材を採用するため、無資格で入職した人に向けての研修を体系的に実施しています。

光山●2025年問題と言われているように、間もなく団塊世代の人たちが後期高齢者になり、老健施設の利用者になります。これまでの利用者とは求めるものが変わるでしょう。それに合わせて、職員の教育も利用者のニーズに沿った内容に変えていく必要があります。そういう意味で2025年は、私たち老健施設にとっても介護の価値観が変わるターニングポイントになると思います。

平川●ビートルズやレッドツェッペリンを聞いて、学生運動に息巻いていた個性派ぞろいの団塊世代ですから、ソフト面でもこれまで以上に個別対応が求められるでしょう。

光山●例えば、スマートフォンやタブレット端末を持って入所したいという人たちが増えてくるでしょう。それに対応するためには、利用者向けのWi-Fi環境を整備する等の必要があります。サービスの在り方も変わっていくでしょう。そうした変化を理解した上で介護にあたれる人材を育てる必要があります。

第4節　人材の文脈で考える介護DX

DXとは、「Digital Transformation（デジタルトランスフォーメーション）」の略称です。「ICT（情報通信技術）、IoT（モノのインターネット）、AI（人工知能）などデジタル技術を用いて、企業活動だけではなく、人々の生活をより良い状態に変革する」という概念です。そして、介護DXとは、「デジタル技術を活用することで介護現場の業務の効率化や生産性向上につなぎ、ケアの質を高め、利用者や職員の福利（幸せと利益）を実現することを目指す」という考え方です。

■「生産性の向上」がキーワード

光山●私は「生産性の向上」がキーワードだと思っていますが、それは、決して人員削減を目指すものではありません。結果として、職員に無理をさせないように無駄を省き、働き方を変えるものです。そして、ICTなどの活用により獲得した時間を、本来の介護業務にあてることができれば、介護の質が向上します。それが介護DXの本来の目的だと考えます。

人とICTの両方をうまくいかすのがベストです。例えば、それまで人の手で紙に書いていた記録などをタブレットに音声入力すれば、書き写す手間や時間を省くことができます。ICTが人を補うのです。どうICTに向き合い、どこまで頼るべきなのか。今後、介護業界全体で考えていかなければならない課題でしょう。

また、私が期待を寄せているのは介護ロボットです。現在は、介護業務の負担を軽減するロボットスーツのような物が主流ですが、職員が上手に使いこなせていない印象です。活用する側の研修・教育をどのように行っていくのかが課題です。今後は、もっと使い勝手が良いロボットが増えてくるでしょうし、老健施設にとって有用であれば積極的に使えばよい、と考えています。

平川●介護ロボットを含め、ICTは初期投

資がかかります。さらに慣れるまでにある程度の時間がかかります。

光山 ● ICTに関しては、一度システムを導入すると、変更しにくいことが心理的なハードルになっているのかもしれません。特定の企業の宣伝にならないようガイドライン等を作成し、全老健としても最新の情報を慎重かつ迅速に発信していきたいと思います。

平川 ● コスト面も大きな問題ですが、使いこなしたり、指導できる人材の育成に関しても、規模の小さい法人には負担が大きく、二の足を踏む原因になっていると思います。さらに、ICT導入後は慣れるまでの間、生産性が一時的に下がりますが、その時期を乗り越えれば、生産性は確実に向上します。このことを念頭に取り組む必要があります。

生産性の向上が、人材不足の解消や人材育成の一つの方法にもなります。全老健としても全ての老健施設が介護DXに積極的に取り組めるサポート体制を作っていく必要があります。

光山 ● コロナ禍で唯一良かったと思ったのは、介護DXが進んだことです。国が補助金を出したこともあって、この3～4年で一定の水準に到達しました。今後、後戻りすることはないと確信しています。先ほども少し触れましたが、紙だけに頼っていた業務のデジタル化が進めば、年間で何千時間もの節約につながります。

参考●介護DXがもたらす多職種協働への貢献

老健施設の強みは、多職種協働にあります。医師、看護職、介護職、リハビリ専門職、薬剤師、管理栄養士、歯科衛生士、ケアマネジャー、支援相談員等が対等にコミュニケーションを取りながら、利用者の福利を実現していきます。

ICTを初めとする介護DXは、入力する全ての人に分かりやすい共通言語を使用します。「全老健版ケアマネジメント方式～R4システム～」も電子化されています。

"多職種平等"による"多職種協働"を実現するR4システムを介護DXに組み込むことにより、多職種による情報やケア目標の共有も、より確かなものとなってきます。

また、介護DXは、LIFE（科学的介護情報システム）とも親和性が高く、老健施設の特長である多職種協働への貢献が期待されています。

┃日本の介護を世界へ

平川●介護は、とても奥深いものです。介護福祉士の専門性をさらに高め、上のレベルである認定介護福祉士の数を増やそうと、全国の研修実施団体において研修会を開催しています。

　医療が介護に向ける認識という「壁」も存在するでしょう。私は医師会活動の中で機会がある度に、開業医の先生方にこう言っています。「患者さんが先生方のクリニックを受診できるのも、地域の介護職やご家族などに支えられているからです」。医療側はそれを意識すべきですし、同時に介護に携わる皆さんには「自分たちは、介護を通して安心安全な社会を守るために極めて重要な役割を果たしている」という矜持を持ってほしいのです。

光山●老健施設の多職種協働の中で働いた人は、たとえ老健施設を離れても、長い期間、いろいろな地域や場所で、有能な介護職として働くことができます。強調したいことは「老健施設で働いて本当に良かった」と実感してもらうことです。言ってみれば、老健施設がまいた種を広げていくということです。外国人介護人材の活用で言えば、海外から来た人たちが日本で介護を学び、現場を背負う。帰国後に日本の介護を母国で伝える。さらに、そこで生まれた良い介護を日本が逆輸入することだってできるのです。

平川●老健施設のような中間施設の存在は、他の国々にはありません。私たちの理念は正しいと確信しています。だからこそ、世界に先駆けて、介護に関する諸課題に「ROKEN」として積極的に取り組んでいきたいと思っています。

第Ⅰ部

第3章 共生

　2040年に向けて、「地域完結型」の介護・医療提供体制の構築や地域共生社会の実現が求められています。その中核を担えるのが、在宅復帰、在宅療養支援のための地域拠点である老健施設です。老健施設は住み慣れた自宅への復帰、自宅での療養生活、そして、人生の最終段階で本人が望む医療とケアを提供することができます。

　ここでは「地域包括ケアシステムと介護・医療連携」「メンタルヘルスサポート」「SDGsと老健施設」の各視点から、地域共生社会の中で老健施設が果たすべき役割とその可能性について考えていきます。

第1節 地域包括ケアシステムと介護・医療連携

「地域共生社会」の実現に向けた老健施設の取り組み

　厚生労働省は「地域共生社会」の実現に向けた改革の骨子として、①地域課題の解決力の強化、②地域丸ごとのつながりの強化、③地域を基盤とする包括的支援の強化、④専門人材の機能強化・最大活用を掲げています（➡図1-3-1）。

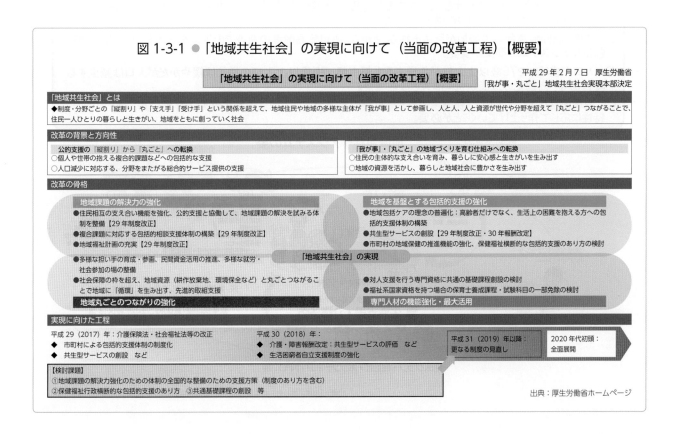

図1-3-1 ● 「地域共生社会」の実現に向けて（当面の改革工程）【概要】

●地域包括ケアシステムの推進に欠かせない
　介護・医療連携

　厚生労働省の社会保障審議会「令和6年度の同時報酬改定に向けた意見交換会」（第1回 2023年3月15日）（以下、意見交換会という）における【テーマ1】は、「地域包括ケアシステムのさらなる推進のための介護・医療・障害サービスの連携」でした。同意見交換会において「地域包括ケアシステムと地域共生社会」は、次のように述べられて

〔地域包括ケアシステムと地域共生社会について〕

● 「地域包括ケアシステム」とは、地域の実情に応じて、高齢者が、可能な限り、住み慣れた地域でその有する能力に応じ自立した日常生活を営むことができるよう、介護・医療、介護予防（要介護状態若しくは要支援状態となることの予防又は要介護状態の軽減若しくは悪化の防止をいう。）、住まい及び自立した日常生活の支援が包括的に確保される体制をいう。

● また、地域包括ケアシステムは、地域共生社会（高齢者介護、障害福祉、児童福祉、生活困窮者支援などの制度・分野の枠や、「支える側」と「支えられる側」という従来の関係を超えて、人と人、人と社会がつながり、一人ひとりが生きがいや役割を持ち、助け合いながら暮らしていくことのできる包摂的な社会をいう。）の実現に向けた中核的な基盤となり得るものである。

出典：社会保障審議会「令和6年度の同時報酬改定に向けた意見交換会」（第1回）地域包括ケアシステムのさらなる推進のための介護・医療・障害サービスの連携、資料-3、p.1

図 1-3-2 ●地域包括ケアシステムの構築について

地域包括ケアシステムの構築について

○　団塊の世代が75歳以上となる2025年を目途に、重度な要介護状態となっても住み慣れた地域で自分らしい暮らしを人生の最後まで続けることができるよう、医療・介護・予防・住まい・生活支援が包括的に確保される体制（地域包括ケアシステム）の構築を実現。

○　今後、認知症高齢者の増加が見込まれることから、認知症高齢者の地域での生活を支えるためにも、地域包括ケアシステムの構築が重要。

○　人口が横ばいで75歳以上人口が急増する大都市部、75歳以上人口の増加は緩やかだが人口は減少する町村部等、高齢化の進展状況には大きな地域差。

○　地域包括ケアシステムは、保険者である市町村や都道府県が、地域の自主性や主体性に基づき、地域の特性に応じて作り上げていくことが必要。

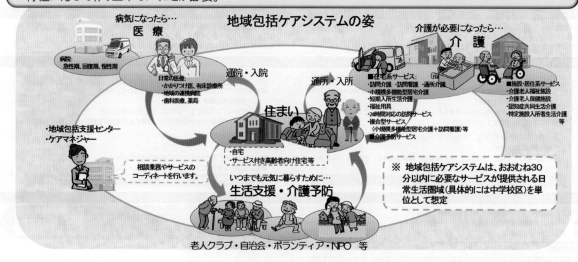

出典：「地域共生社会」の実現に向けて　地域包括ケアシステムなどとの関係、厚生労働省

図 1-3-3 ● 地域生活はこうやって支える：地域包括ケアシステム植木鉢

出典：三菱 UFJ リサーチ＆コンサルティング「地域包括ケアシステム構築に向けた制度及びサービスのあり方に関する研究事業報告書」（地域包括ケア研究会）、2015 年度老人保健健康増進等事業

いています。

　地域包括ケアシステムを推進するにあたって欠かせないのが介護・医療連携です。その理由は、2025 年までに団塊の世代が後期高齢者となることで社会保障費の負担増や働き手不足が深刻化する「2025 年問題」、2040年にかけて 85 歳以上の人口が急増し、高齢者単独世帯や夫婦のみの世帯が急増する「2040 年問題」などが挙げられます。それに伴い、介護と医療双方を必要とする高齢者も大幅に増加していきます。このため、意見交換会の資料では、以下の 3 点を想定しています。

〔2040 年に向けて想定される介護・医療の事象〕
①介護保険サービス利用者が入院する
②医療機関に入院する高齢者が退院後に介護保険サービスを利用する
③地域や施設で生活をおくる高齢者が医療と介護双方のサービスを利用する

　以上の想定のもと、「医療と介護の関係者、関係機関間の情報提供や情報共有を、相互の顔の見える関係を土台とした上で、効率的に行うことが益々重要となる。特に、在宅患者数の増加が見込まれる中、在宅医療の推進、とりわけ在宅介護・医療の連携を推進していくことの重要性が高まっている。」としています。

急性期・在宅から老健施設へ

●老健施設の入所前と退所後の利用者の居場所

　老健施設に入所する利用者はどこから来て、どこへ退所するのでしょうか。2023 年8 月 7 日に開催された厚生労働省の第 221回社会保障審議会介護給付費分科会の資料（➡図 1-3-4）によると、老健施設に入所する前の居場所は、医療機関が 48.5% で最も多く、家庭が 33.6% でした。両者を合わせると 82.1% に上ります。一方、退所後の居

場所は、家庭が36.3%で最も多く、次に医療機関が33.3%となっています。

退所後の居場所を他の介護保険施設と比べると、家庭への退所は、老健施設が36.3%であるのに比べ、特養は2.2%、介護医療院が7.8%で、老健施設が在宅復帰施設である

ことが明らかになっています。また、老健施設における死亡退所の割合は10.6%で、そのうち施設内での死亡は92.9%となっており、老健施設での看取りも少なくないことが分かります。

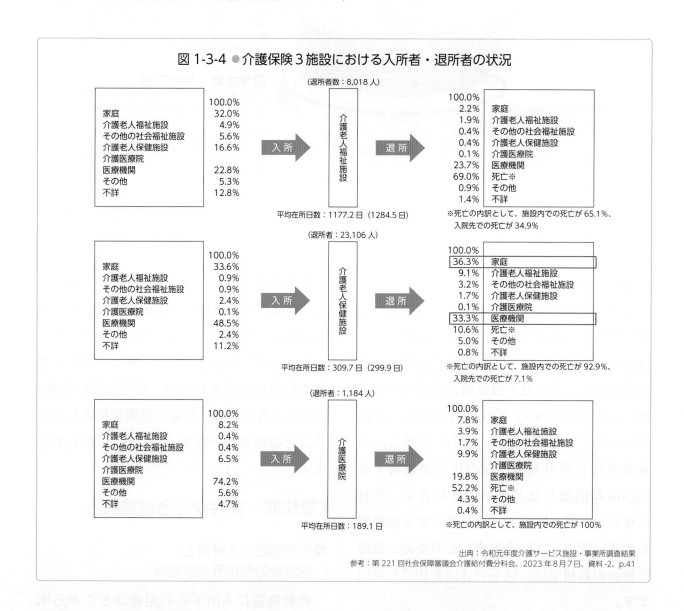

図1-3-4 ●介護保険3施設における入所者・退所者の状況

出典：令和元年度介護サービス施設・事業所調査結果
参考：第221回社会保障審議会介護給付費分科会、2023年8月7日、資料-2、p.41

●急性期一般病床における
　85歳以上高齢者の増加

病院においては急性期一般入院料を算定している入院患者のうち、65歳以上が占める割合は2012年から8割強とほぼ横ばいの傾向ですが、85歳以上が占める割合は年々増加しています。また、2021年には、64%を

75歳以上の後期高齢者が占めており、急性期一般病床においても、後期高齢者の入院が増えていることが分かります（➡図1-3-5）。

このことからも後期高齢者は要介護になる率が高く、要介護高齢者の在宅復帰支援を担う老健施設の重要性が高まっています。

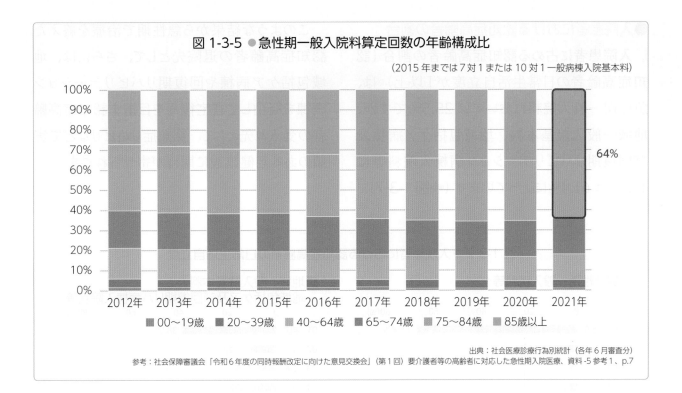

図 1-3-5 ●急性期一般入院料算定回数の年齢構成比

（2015 年までは 7 対 1 または 10 対 1 一般病棟入院基本料）

64%

■00〜19歳　■20〜39歳　■40〜64歳　■65〜74歳　■75〜84歳　■85歳以上

出典：社会医療診療行為別統計（各年 6 月審査分）

参考：社会保障審議会「令和 6 年度の同時報酬改定に向けた意見交換会」（第 1 回）要介護者等の高齢者に対応した急性期入院医療、資料 -5 参考 1、p.7

●**入院患者における要介護・要支援者の割合**

入院患者に占める要介護者・要支援者の割合は、急性期一般入院料では 26.6% ですが、地域一般入院基本料、地域包括ケア病棟及び回復期リハビリテーション病棟入院料等においては、54.1% に上っています（➡図

1-3-6）。特に地域包括ケア病棟および回復期リハビリテーション病棟は、老健施設とともに、在宅復帰支援を担う施設です。このような意味で老健施設との棲み分けも重要なテーマとなっています。

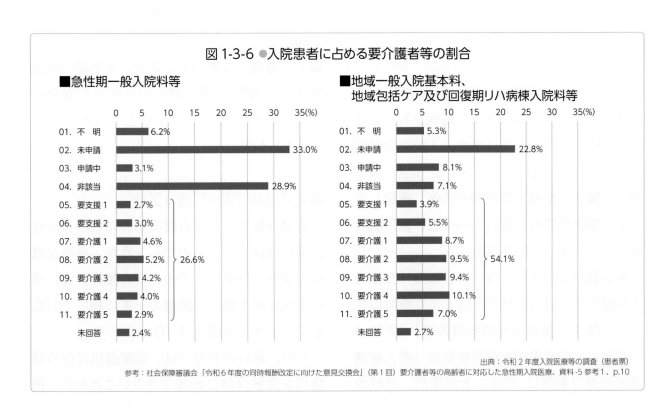

図 1-3-6 ●入院患者に占める要介護者等の割合

■急性期一般入院料等

	(%)
01. 不　明	6.2%
02. 未申請	33.0%
03. 申請中	3.1%
04. 非該当	28.9%
05. 要支援1	2.7%
06. 要支援2	3.0%
07. 要介護1	4.6%
08. 要介護2	5.2%
09. 要介護3	4.2%
10. 要介護4	4.0%
11. 要介護5	2.9%
未回答	2.4%

（05〜11：26.6%）

■地域一般入院基本料、地域包括ケア及び回復期リハ病棟入院料等

	(%)
01. 不　明	5.3%
02. 未申請	22.8%
03. 申請中	8.1%
04. 非該当	7.1%
05. 要支援1	3.9%
06. 要支援2	5.5%
07. 要介護1	8.7%
08. 要介護2	9.5%
09. 要介護3	9.4%
10. 要介護4	10.1%
11. 要介護5	7.0%
未回答	2.7%

（05〜11：54.1%）

出典：令和 2 年度入院医療等の調査（患者票）

参考：社会保障審議会「令和 6 年度の同時報酬改定に向けた意見交換会」（第 1 回）要介護者等の高齢者に対応した急性期入院医療、資料 -5 参考 1、p.10

●入院患者における認知症高齢者の割合

　入院患者に占める認知症高齢者の割合（認知症高齢者の日常生活自立度がⅠ以上）は、急性期一般入院料においては25.5%ですが、地域一般入院基本料、地域包括ケア病棟及び回復期リハビリテーション病棟入院料等においては61.4%に上っています（➡図1-3-7）。

　このような結果から急性期で治療を終えた認知症高齢者の退院先として、さらには、地域包括ケア病棟や回復期リハビリテーション病棟を経由して在宅復帰を目指す認知症高齢者の受入れ先として、認知症リハビリなどで実績のある老健施設に期待が寄せられます。

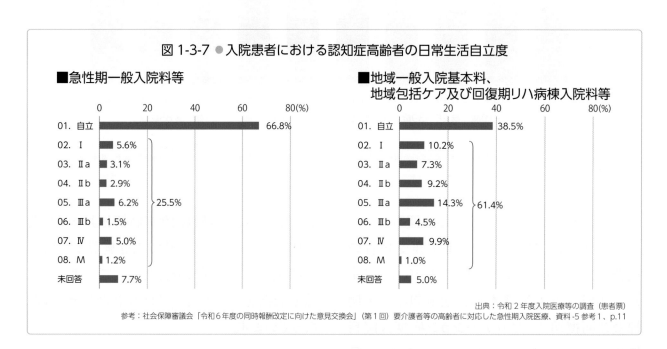

図 1-3-7 ● 入院患者における認知症高齢者の日常生活自立度

出典：令和2年度入院医療等の調査（患者票）

参考：社会保障審議会「令和6年度の同時報酬改定に向けた意見交換会」（第1回）要介護者等の高齢者に対応した急性期入院医療、資料-5 参考1、p.11

老健施設における
介護・医療連携の深化

●老健施設の利用者における疾病状況

　老健施設では、さまざまな傷病を有する要介護高齢者を受入れています。入所時の傷病としては、高血圧が最も多く、認知症、脳卒中、心臓病、転倒・骨折等の外傷、骨粗しょう症・関節症等の筋骨格系の疾患、糖尿病と続いています（➡図1-3-8）。

　全老健が2023年3月にまとめた「介護老人保健施設の目的・特性を踏まえた施設の在り方に関する調査研究事業報告書」（令和4年度老人保健事業推進費等補助金（老人保健健康増進等事業））では、老健施設、地域包括ケア病棟（床）、回復期リハビリテーション病棟といった急性期の受け皿となる医療機関・介護施設において、入院／入所時の疾患数は約3種類と平均値・中央値とも老健施設が最も高くなっていることが分かります（➡図1-3-9）。

●老健施設で提供可能な医療

　老健施設では、要介護高齢者にどのような医療を提供しているのでしょうか。高度な医療の実施率は低いものの、要介護高齢者に多い慢性疾患や軽度な医療ニーズに幅広く対応しています（➡図1-3-10）。

　ただ、現行の制度では、医療提供に伴う諸費用を医療保険に転嫁できないことから、検

査や処置に伴う費用や高額な薬剤費等が負担になり、老健施設の運営に多大な影響を及ぼしています。

　そこで全老健は、2023 年度に「介護老人保健施設における医療ニーズへの対応力向上にかかる調査研究事業」（令和 5 年度老人保健事業推進費等補助金（老人保健健康増進等事業））調査を実施し、老健施設が要介護高齢者の医療ニーズに適切に対応していくための方策を検討しています。

図 1-3-8 ● 入所時の該当する傷病名の割合

※複数回答　　　　　　　　　単位(%)

	老健（n＝710）
高血圧	42.5
脳卒中（脳出血・脳梗塞等）	29.0
心臓病	25.8
糖尿病	15.9
高脂血症（脂質異常症）	7.5
呼吸器の病気（肺炎や気管支炎等）	11.0
胃腸・肝臓・胆のう疾患	8.3
腎疾患	9.3
前立腺疾患	4.1
筋骨格系の疾患（骨粗しょう症・関節症等）	21.5
外傷（転倒・骨折等）	22.3
がん（新生物）	9.4
血液・免疫疾患	2.1
うつ病・精神疾患	4.6
認知症（アルツハイマー病等）	39.7
パーキンソン病	3.5
眼科疾患	6.8
耳鼻科疾患	0.3
歯科疾患	0.0
その他の難病	1.3
その他	15.5
ない	0.1
エラー・無回答	7.7

出典：第 221 回社会保障審議会介護給付費分科会、
2023 年 8 月 7 日、資料 -2、p.42

図 1-3-9 ● 入院／入所時の疾患数

	施設種別			
	地ケア	回リハ	老健	強化型
1 種類	28.6%	36.4%	12.5%	11.3%
2 種類	24.2%	19.3%	27.0%	25.1%
3 種類	21.9%	18.7%	28.1%	29.1%
4 種類	14.9%	15.2%	18.3%	18.9%
5 種類	5.6%	6.0%	7.7%	9.2%
6 種類以上	4.1%	3.2%	4.6%	4.7%
無回答	0.6%	1.3%	1.7%	1.7%
合　計	100.0%	100.0%	100.0%	100.0%
人　数	462	316	1,210	716
平均値	2.6 種類	2.5 種類	3.0 種類	3.1 種類
中央値	2.0 種類	2.0 種類	3.0 種類	3.0 種類
最大値	10.0 種類	9.0 種類	9.0 種類	9.0 種類
最小値	1.0 種類	1.0 種類	1.0 種類	1.0 種類

資料：全老健「介護老人保健施設の目的・特性を踏まえた施設の在り方に関する調査研究
事業報告書」、2023 年 3 月、p.29

図 1-3-10 ● 老健施設内で提供可能な医療の割合 (複数回答可)

胃ろう・腸ろうによる栄養管理	93.4	抗菌薬	61.5
経鼻経管栄養	41.7	昇圧薬	24.7
中心静脈栄養	7.8	皮内、皮下及び筋肉注射（インスリン注射を除く）	62.6
24 時間持続点滴	39.9	簡易血糖測定	88.2
カテーテル（尿道カテーテル・コンドームカテーテル）の管理	91.7	インスリン注射	86.8
ストーマ（人工肛門・人工膀胱）の管理	84.8	疼痛管理（麻薬なし）	68.1
喀痰吸引（1 日 8 回未満）	87.6	疼痛管理（麻薬使用）	19.5
喀痰吸引（1 日 8 回以上）	50.3	内服薬・座薬・貼付薬	73.3
ネブライザー	45.7	点滴薬	50.6
酸素療法（酸素吸入）	66.1	創傷処置	87.1
鼻カメラ	63.8	褥瘡処置	93.4
マスク	58.3	浣腸	88.8
リザーバー付きマスク	17.2	摘便	92.8
気管切開のケア	23.3	導尿	81.3
人工呼吸器の管理	3.2	膀胱洗浄	58.0
挿管	1.7	接続モニター（血圧、心拍、酸素飽和度等）	31.6
マスク式（NPPV 等）	7.2	リハビリテーション	80.5
静脈内注射（点滴含む）	60.6	透析	8.9
電解質輸液	63.2	その他	1.4

出典：令和 3 年度介護報酬改定の効果検証及び調査研究に係る調査（令和 4 年度調査）
（3）介護保険施設における医療及び介護サービスの提供実態等に関する調査研究事業（結果概要）（案）

東憲太郎会長に聞く、地域における老健施設の役割

地域における老健施設の役割や課題、そして強みについて、全老健の東憲太郎会長にお話をうかがいました。

Q はじめに、地域包括ケアシステムにおける老健施設の役割とはどのようなものかお聞かせください。

老健施設が築き上げてきた多職種協働を、地域における介護・医療連携に広げていくことだと思います。そして、老健施設の役割でもある「在宅復帰・在宅療養支援」が地域の中で完結できること。これが、地域包括ケアシステムにおける老健施設の重要な役割です。

Q 老健施設に入所する流れを教えてください。

まず、医療機関からの入所に関しては、急性期医療を行う一般病床からくる方が最も多く、自宅への退所も他の介護保険施設に比べて多い。これは、老健施設開設当初から一貫している「在宅復帰施設」としての役割を老健施設が果たしている結果です。

次に、自宅からの入所に関しては３割以上になりますが、まだまだ少ないのではな

いかと思っています。

Q なぜ、自宅から老健施設に入所する人は少ないのでしょうか？

自宅にお住まいの要介護高齢者に何らかの病変があった場合は、急性期一般病床に入るという流れが根強くあります。

例えば、軽い熱中症の場合でも急性期一般病床に搬送・入院される方が多いのです。

しかし、入院すると、熱中症は治っても、生活機能が低下して要介護状態が悪化してしまうといったことが起こります。なぜなら、急性期一般病床は、病気を治療する場所であって、生活機能を維持・改善する場所ではないからです。

Q どのような症状の場合に、自宅から老健施設への入所を検討したらよいのでしょうか？

先ほど申し上げた熱中症だけではなく、軽い肺炎や気管支炎、糖尿病のコントロールが悪くて高血糖になった方、褥瘡が悪化した方などは、老健施設の医療ショートでの対応が可能です。つまり、自宅の要介護高齢者に軽い医療ニーズがある場合は、自宅から直接老健施設へ入所するという選択

肢があるのです。

　また、制度面でも、老健施設では、肺炎などの医療ニーズに対応するために、要件を満たせば「所定疾患施設療養費」が算定できます。所定疾患は、肺炎の他、尿路感染症、帯状疱疹、蜂窩織炎（ほうかしきえん）があります。もちろんこの他にも、さまざまな医療ニーズを持つ方を受入れ、対応しています。

　これは、医師が常勤であることに加えて、看護師、介護福祉士、リハビリ専門職、ケアマネジャーなどの専門職が多職種協働で治療、看護、介護、リハビリなどに当たることができる老健施設ならではの機能です。

　こうしたことを、地域のかかりつけ医などに周知し、要介護高齢者の医療ニーズに対するトリアージを行ってもらう必要があるのではないかと考えています。

Q 病院と老健施設での医療ニーズの棲み分けとは、どのような点でしょうか。

　例えば、自宅の要介護高齢者で言えば、急性期一般病床では急性心筋梗塞、心不全の急速な悪化、脳梗塞など、高度な医療ニーズがある方を受入れます。地域包括ケア病棟へは、骨折、ケガ、簡単な手術、重症な肺炎など、中程度の医療ニーズがある方、そして、比較的医療ニーズの低い方は老健施設への医療ショートへと棲み分けるのです。これは、かかりつけ医から見た場合のトリアージの方向性です。

　同時に、急性期一般病床の医師・看護師・医療ソーシャルワーカー等にも退院時のトリアージを行っていただきたいのです。急性期一般病床で治療を終えた要介護高齢者がどのような状態なのかを評価し、例えば入院によって認知症が進んだ方の転院（退院）先が、地域包括ケア病棟、回復期リハビリテーション病棟、または老健施設のうち、どこが適切なのかを選択していただきたいのです。

Q 受入れ先のトリアージには、どのようなメリットがあるのでしょうか。

　一つには、社会保障費の削減があげられます。2040 年問題の一つに急増する社会保障費への対応もあります。医療ニーズに応じた医療機関と老健施設の適切な棲み分けは、医療費の削減につながり、ひいては社会保障費の削減にも貢献するといえます。

　もう一つの重要な視点は、老健施設には、要介護高齢者のケアはもちろんですが、とりわけ認知症ケアにおいて、多くのエビデンスがあるという点です。病院では、患者の高齢化が進んでいます。それに伴い、入院患者に占める要介護高齢者や認知症高齢者の割合が増えています。年齢が高くなるほど認知症の発症率は高くなるので、後期高齢者の急増は認知症の方の急増と大きな関係があるのです。

　認知症は適切に対応しなければ症状が悪化することがあります。そのため、病院で治療のみに集中してしまうと、病気は治っても認知症が進行してしまうことがあります。その点、老健施設には、認知症ケアに関する専門的な知識と技術を

有した介護職が対応にあたるため、治療とケアを両立でき、受入れ先として適しているのです。

Q 老健施設における認知症ケアの強みを教えてください。

繰り返しますが、老健施設の強みは何と言っても多職種協働にあります。医療職と介護職などが連携して、認知症ケアにあたってきました。その中で実感したのは、認知症になっても残っている機能がたくさんあるということです。私たちは、「全老健版ケアマネジメント方式（R4システム）」の開発や認知症のリハビリを通じて、認知症ケアのエビデンスを積み上げてきました。認知症の正しい評価とその評価に基づく適切なアプローチが認知機能の改善につながります。

Q 介護・医療連携の課題は何だとお考えですか。

地域において中核的な役割が期待される老健施設としては、施設内で培った多職種協働を地域にどのように広げていくかという課題があります。

全老健が2023年に取りまとめた「介護老人保健施設の目的・特性を踏まえた施設の在り方に関する調査研究事業報告書」によると、地域包括ケア病棟や回復期リハビリテーション病棟に比べ、診療所のかかりつけ医との連携、紹介元の医師への情報提供に課題があることが浮かび上がりました（➡図1-3-11、12）。今後は老健施設の認知度の向上を図り、地域の病院・かかりつけ医との連携をより一層、強化していく必要があります。

図 1-3-11 ●複数の診療所のかかりつけ医と、入院／入所に際して密接な連携をとっているか

	施設種別			
	地ケア	回リハ	老健	強化型
はい	85.6%	68.9%	36.7%	40.5%
いいえ	13.9%	26.9%	59.6%	55.1%
無回答・無効回答	0.5%	4.2%	3.7%	4.4%
合　計	100.0%	100.0%	100.0%	100.0%
密接な連携がある診療所数（平均値）	12.6 施設	8.1 施設	3.1 施設	3.6 施設
施設数	201	119	624	294

出典：全老健「介護老人保健施設の目的・特性を踏まえた施設の在り方に関する調査研究事業 報告書」2023年、p.22

最後に、地域におけるこれからの老健施設の役割を教えてください。

　地域にはいろいろな方が暮らしています。要介護高齢者ばかりではありません。元気な高齢者もいれば、そうではない高齢者もいます。病気や障害のある方、悩みを抱える方、さまざま年代の方、外国の方、男性・女性・LGBTQの方など、多種多様な人たちが暮らしています。その中で、老健施設ができることを探し、着手し、一つひとつの営みを育てていきたいと考えています。

　例えば、元気な高齢者には、「介護助手」として老健施設で働く場を提供しています。これは、老健施設の抱える人材不足の課題を解決するだけではなく、介護専門職の専門性を高めることにも役立ちます。もちろん、外国の方の積極的な採用も進めま

す。

　また、高齢になっても、いつまでも元気でいてもらいたいという願いを実現するために、老健施設併設の「介護予防サロン」を広げていきたいとも考えています。これは介護を必要とする方を少しでも減らし、長寿を生き生きと享受してもらいたいという地域貢献の一つです。

　障害者の方には、老健施設の空きベッドを利用した介護（障害）サービスを提供していきたいと考えています。老健施設には、リハビリを始め、さまざまな機能が凝縮されています。この機能を要介護高齢者だけではなく、障害のある方にも活用していただければと考えています。

　多職種協働は、老健施設の財産です。その財産を地域のために役立てる手立てはまだまだありそうです。

図1-3-12 ● 入院／入所者について、紹介元の医師（かかりつけ医、または前医）に、入院／入所されたことを情報提供しているか

| | 施設種別 | | | |
	地ケア	回リハ	老健	強化型
はい	96.5%	92.4%	62.8%	66.7%
文書	92.5%	89.9%	56.1%	60.9%
電話	1.5%	7.6%	7.5%	7.1%
電子メール	7.5%	0.8%	0.3%	0.3%
ウェブシステム	1.5%	0.0%	0.5%	0.7%
無回答・無効回答	2.5%	0.8%	1.0%	0.7%
いいえ	3.5%	6.7%	34.1%	29.6%
無回答・無効回答	0.0%	0.8%	3.0%	3.7%
合　計	100.0%	100.0%	100.0%	100.0%
施設数	201	119	624	294

出典：全老健「介護老人保健施設の目的・特性を踏まえた施設の在り方に関する調査研究事業 報告書」2023年、p.22

全老健版ケアマネジメント方式「R4 システム」
─R4システムによる多職種協働

老健施設の現場から生まれたケアマネジメント方式「R4 システム」

R4 システムは、老健施設でのケアを「老健施設の理念」にかなったものにするべく全老健が開発したケアマネジメントシステムです。その考え方のベースになっているのが、「在宅復帰、在宅支援」「多職種協働」です。この概念は、「地域共生社会」を実現するための仕組みである「地域包括ケアシステム」のキーワードとなっています。

自立支援の評価に適した「ICF ステージング」

R4 システムのアセスメント手法は、普段行っている最も難易度の高いステージを選択する「ICF ステージング」という方法です。

要介護高齢者の心身機能を、ICF コードをベースに 14 項目×5 段階のスケールおよび認知・周辺症状の有無で評価を行うのが「ICF ステージング」です（➡図 1-3-13）。

従来のアセスメントの考え方は、利用者の「できない部分」に着目しています。これに基づき組み立てられるケアは、「できない部分の穴埋め」（お世話ケア）になりがちです。一方、ICF ステージングは、利用者が実際に「行っている」残存能力に着目しているので、自立支援型のケアに適しています。また、利用者の状態変化を数値化することが可能なため、提供したケアの質までを評価できる指標です。

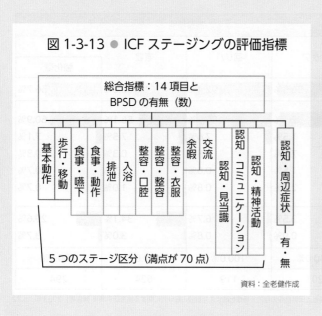

図 1-3-13 ● ICF ステージングの評価指標

総合指標：14 項目と BPSD の有無（数）

基本動作／歩行・移動／食事・嚥下／食事・動作／排泄／入浴／整容・口腔／整容・整容／整容・衣服／余暇／交流／認知・見当識／認知・コミュニケーション／認知・精神活動／認知・周辺症状 有・無

5 つのステージ区分（満点が 70 点）

資料：全老健作成

「ICF ステージング」というケアのものさしは、多職種だけではなく、利用者・家族と共有できることも大きな特長です。

在宅復帰から在宅生活支援までを射程にいれた評価

ICF ステージングは、入所前、入所中、退所後の時系列において、利用者の心身機能の状態像を客観的に把握し評価することができます。

また、多職種協働で ICF ステージングを用いることにより、各専門職の視点から利用者の状態を多面的に評価することができます。さらに、**図 1-3-14** のように、状態変化をレーダーチャートで表すことにより、地域における介護・医療など、他のサービスとの連携にも役立つ可能性を秘めています。

図 1-3-14 ● ICF ステージングのレーダーチャート例

【79歳／男性】 主な病歴：脳梗塞　　　　要介護度2
　　　　　　　パーキンソン症候群　　障害自立度:B1
　　　　　　　　　　　　　　　　　認知症自立度:Ⅱb

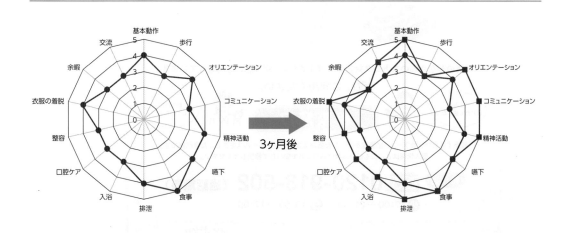

認知症短期集中リハビリテーション等の実施により
認知機能（コミュニケーション等）が改善し、在宅復帰した方のレーダーチャート

資料：全老健作成

老健施設で働く職員には、対人援助という専門性の極めて高い仕事の中で、さまざまな悩みやストレスを抱え、こころが押しつぶされそうになっている方もいます。全ての職員が共に助け合い、共に元気で働き続けられる「共生文化」のある職場をつくるという気持ちを込めて、全老健では、老健施設職員のメンタルヘルスサポートを実施しています。

●「こころの相談窓口」の設置

全老健では、メンタルヘルスの専門家に、老健施設の職員が抱える日常生活での悩みやストレスについて、電話やメールで無料相談ができる「こころの相談窓口」を開設しています。仕事上の不安、利用者・家族への対応で精神的に不安定になるなどの悩みに、メンタルヘルスの専門家が相談に応じています。

メールによる相談は、24時間受け付けています。

第3節　SDGsと老健施設

SDGsとは

SDGs（Sustainable Development Goals）は、持続可能な開発目標と訳されます。2015年9月の国連サミットで採択された「持続可能な開発のための2030アジェンダ」に記載された、2030年までに持続可能でよりよい世界を目指す国際目標です。17のゴール（➡図1-3-15）とその下に169のターゲットと231の指標から構成され、すべてのステークホルダー（利害関係者）が役割を担い、「誰一人取り残さない（leave no one behind）」ことを誓っています。

日本においても積極的に取り組んでおり、老健施設やそこで働く職員も、ステークホルダーとして、SDGsのゴールに向けた役割を担うことが求められています。

図 1-3-15 ● SDGs の 17 のゴール

● SDGs アクションプラン

国連サミットでの採択の翌年、国は、2016年に内閣総理大臣を本部長とするSDGs推進本部を設置し、2030アジェンダ（2030年に向けて実行に移されるべき事項）を「SDGs実施指針」として定め（2019年に改定）、2017年から毎年、8つの優先課題に基づき、政府の施策のうちの重点項目を整理した「SDGsアクションプラン」を策定しています。

なお、8つの優先課題は、2030アジェンダに掲げられている5つのP（People（人間）、Prosperity（繁栄）、Planet（地球）、Peace（平和）、Partnership（パートナーシップ））に対応する分類となっています。

〔5つのPと8つの優先課題〕

People（人間）
　①あらゆる人々が活躍する社会・ジェンダー平等の実現
　②健康・長寿の達成

Prosperity（繁栄）
　③成長市場の創出、地域活性化、科学技術イノベーション
　④持続可能で強靱な国土と質の高いインフラの整備

Planet（地球）
　⑤省・再生可能エネルギー、防災・気候変動対策、循環型社会
　⑥生物多様性、森林、海洋等の環境の保全

Peace（平和）
　⑦平和と安全・安心社会の実現

Partnership（パートナーシップ）
　⑧ SDGs実施推進の体制と手段

出典：「SDGs実施指針改訂版」SDGs推進本部、2016年12月22日、2019年12月20日一部改定

老健施設におけるSDGsの取り組み

SDGsのステークホルダーとしての役割を果たすための老健施設での取り組みには、次のようなものが考えられます。

〔老健施設におけるSDGsの取り組み例〕

《③すべての人に健康と福祉を、⑪住み続けられるまちづくりを》

●効果的なリハビリにより、在宅復帰を支援する
●医療ショートなどの充実で、在宅療養支援を行う
●在宅復帰・在宅療養支援により、家族の介護負担を軽減する
●高齢者だけではなく、障害者にも老健施設の利用を拡大する
●「介護予防サロン」などの開設により、健康寿命を延ばす
● BCPの策定により、災害時にもサービスを継続する
●多職種協働による地域の拠点施設として貢献する
●地域住民の交流の場としてのパブリックスペースを設置する
●災害時に福祉避難所を開設する

《④質の高い教育をみんなに、⑤ジェンダー平等を実現しよう、⑧働きがいも経済成長も、⑩人や国の不平等をなくそう》

●職員のキャリアアップ支援
●職員研修の実施
●職員の心理的安全性の実現
●介護機器やICTの導入による職員の負担軽減と生産性向上
●元気高齢者の「介護助手」などへの積極雇用
●障害者雇用
●ボランティアの積極受入れ
●女性管理職の積極登用
●時短勤務や子育て支援手当て支給などによる職員の子育て支援
●育児・介護休暇取得の推進
●時間外労働の削減やワーク・ライフ・バラ

ンスの充実による働き方改革の推進

●同一労働・同一賃金の達成

●地域に開かれた医療・介護研修やセミナーの開催

●小中学校の福祉教育への講師派遣

●外国人介護人材および職員の受入れや雇用

《 7 エネルギーをみんなにそしてクリーンに、9 産業と技術革新の基盤をつくろう、12 つくる責任、使う責任、13 気候変動に具体的な対策を》

●LED照明への変更や節水などによる省エネ

●厨房から出る生ゴミ他、施設で発生するゴミの削減

●災害用備蓄食料と水の定期利用による期限切れ廃棄防止

●ペーパータオル、トイレットペーパー、コピー用紙の再生紙利用

●廃棄物の分別

●ICT活用によるペーパーレス化

●ICT活用によるサービスの質向上

「地域に根ざした施設」に向けての SDGs

　老健施設における SDGs の取り組みは、老健施設が目指す「地域に根ざした施設」としての姿に重なります。それは、高齢者介護、障害福祉、児童福祉、生活困窮者支援などの制度・分野の枠や、「支える側」と「支えられる側」という従来の関係を超えて、人と人、人と社会がつながり、一人ひとりが生きがいや役割を持ち、助け合いながら暮らしていくことのできる包摂的な社会である「地域共生社会」の実現に向けて、老健施設が果たす社会的使命ともいえるでしょう。

　岡山県岡山市の医療法人社団藤田病院 介護老人保健施設はるか（以下、老健施設はるかという）で行われている「地域に根ざした施設」に向けての SDGs の取り組みを紹介します。

職員、利用者、地域にやさしい SDGs の取り組み

　老健施設はるかは、一般急性期から回復期までの幅広い疾患に対応する医療法人社団藤田病院を設置主体とした老健施設として、2018 年 3 月に開設しました。老健施設（定員80 名）、短期入所療養介護（空床利用型）、通所リハビリ（定員 40 名）のサービスを提供しています。また、関連法人に特別養護老人ホームなどを運営する社会福祉法人藤花会^{とうかかい}があります。

施設外観

これってSDGsだよね

医療法人社団藤田病院と社会福祉法人藤花会には、SDGs という言葉が注目を集める以前から、職員、利用者、地域に向けた「やさしい取り組み」が組織文化としてありました。

例えば、職員の子どもの教育費として支給する扶養手当。従来は、子の年齢にかかわらず一律一人1万円（1か月）でしたが、中学、高校に進むにつれ、教育費の負担が大きくなります。そこで、小学生1万円、中学生1万5千円、高校生2万円と段階的に増額するなど、現実に即した支援を実施してきました。これは、経営理念（老健施設はるかでは使命（ミッション）と呼ぶ）の一つである「従業員満足：私たちは職員とその家族を幸せにします」に基づく、子どもを持つ職員への教育支援です。

このような経営理念に基づく組織の諸活動を SDGs のターゲットとしてあえて捉えると教育支援は、「4 質の高い教育をみんなに」に分類されるのです。

そのような取り組みを SDGs のターゲットごとに、「これって SDGs だよね」の視点で分類したのが、老健施設はるかの SDGs の取り組みです。

老健施設はるかは、岡山市の「高齢者・子どもみまもりネットワーク事業」に登録しています。送迎車での1日の平均走行距離が 350km にも及ぶデイケアの職員が中心になり、送迎業務中に高齢者や子どもの異変に気づいた場合には、地域包括支援センターや地域子ども相談センターなどに連絡します。また、当然ながら、日常のケアの質を向上させるすべての努力も「3 すべての人に健康と福祉を」に直接結び付いています。

さらに、研修・実習委員会の職員を中心に、医療大学校、専門学校、高校、中学校、そして支援学校からも、施設実習の学生や職場体験学習の生徒を積極的に受入れています。

ただし、そうした受入れをリクルートに結びつけるのは、開設から数年では時期尚早との考え方を貫き、新卒職員の採用は控えてきました。老健施設はるかは「教育の質」に徹底的にこだわったので

次世代の福祉を担う学生たちへの施設実習の様子。2022年度は延べ 160 日、21 名を受け入れた

す。その後、多職種からなる研修・実習委員会が中心となり、新卒職員の受入れ体制を数年にわたって練り上げ、開設6年目の2023年度から新卒職員の採用に踏み切りました。

　先述の子どもを持つ職員への教育支援の他、職員の研修参加を応援・促進しています。例えば、「資格取得・研修参加応援制度」により、受講費用を施設が負担したり、独学で資格を取得した場合はお祝い金を出したり、勤務時間外に受ける研修を残業扱いにしたりなど、職員のスキルアップを支援しています。

　老健施設はるかの介護職の約8割は介護福祉士の資格を有しています。外部研修への参加者は増える傾向にあり、2022年9月時点で前年比の40％増加となりました。なお、外部研修については、施設が職員に紹介する他、職員が「こんな外部研修を受けたい」と申し出る場合もあります。

　老健施設などの介護現場は、元より性別に関係なく誰もが活躍できる職場ですが、同法人はジェンダー差別を廃絶するための人権教育にも力を入れ、求人活動では男女を問いません。

　さらに、男性にも育児休業などを積極的に利用してもらったり、残業による負担を減らしたり、誰もが働きやすい職場づくりに取り組んでいます。

　また、2022年2月からは、「おかやま子育て応援宣言企業」として職場ぐるみで子育てを応援しています。同年6月には、男性職員が初めて育児休業をとりました。2023年度には2名の男性職員が「産後パパ育休」を予定しています。

　利用しているコピー用紙は、PEFC認証（持続可能な森林管理の促進をめざす国際森林認証制度）を受け、「植えて、育てて、収穫する」1box for 2 trees project を行っている業者から仕入れています。並行して介護記録のICT化などによるペーパレス化を進めています。これにより、2022年実績では前年比で、商品の配送で排出される CO_2 を20％削減できました。

　また、紙おむつをはじめ物品の仕入れで発生するダンボールのリサイクルにも力を入れており、年間のリサイクル量は600kgになります。

　事務長の正富剛さんは、「職員の皆さんが、施設の使命（ミッション）のもとでしてき

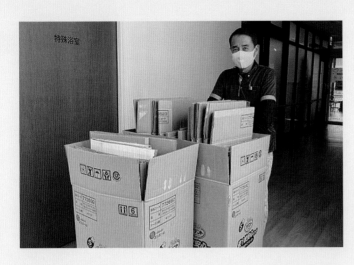

ダンボールのリサイクルには開設当初から取り組んでいる

た活動が、結果として数多くの SDGs の取り組みにつながりました。いまや採用活動では、施設の社会貢献について尋ねられる時代にもなっています。その面からも、今後は SDGs を意識的に進めていくことが必要だと思います」と言います。

　職員、利用者、地域にやさしい施設づくりが、気がつけば SDGs だったという時代を経て、老健施設はるかは、職員一人ひとりが意識して SDGs に取り組む時代へと歩みを進めています。

東北地方の障害者施設を支援する「ひまわりプロジェクト」の一環として植えたひまわり

第Ⅱ部

全老健の活動

第1章 介護老人保健施設の整備状況

老健施設は、1987年に全国7か所のモデル老健施設が指定され、翌1988年から本格的に事業が開始されました。

老健施設の目的は、「要介護者であって、主としてその心身の機能の維持回復を図り、居宅における生活を営むことができるようにするための支援が必要である者に対し、施設サービス計画に基づいて、看護、医学的管理の下における介護及び機能訓練その他必要な医療並びに日常生活上の世話を行うこと」とされています（介護保険法第8条28項）。

今や老健施設は、在宅復帰を目指す利用者などが、病院から自宅に戻る前の中間施設として、あるいは自立した在宅生活を継続するための入所や通所、訪問リハビリなどのサービスを提供する施設として、なくてはならない存在になっています。

介護保険法施行以降の老健施設の整備状況は、2000年に2,487施設、2010年に3,656施設、2020年に4,079施設と急速に数を増やしていきました。これに比例するように、全老健の会員数も増加し、組織率は約90%と高い数字を維持しています（➡図2-1-1）。

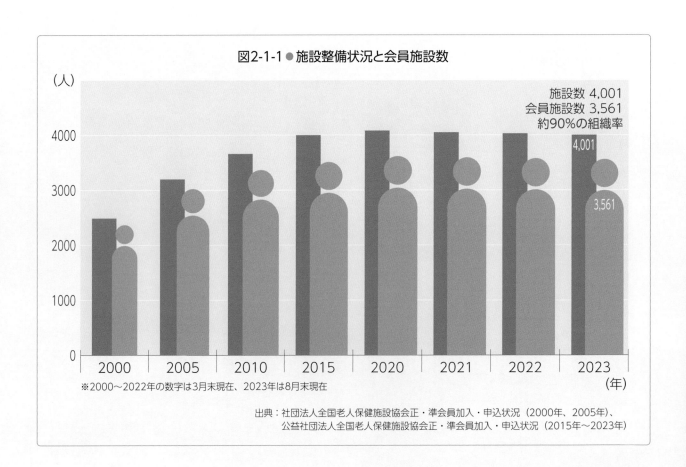

図2-1-1 ● 施設整備状況と会員施設数

（人）

施設数 4,001
会員施設数 3,561
約90%の組織率

※2000～2022年の数字は3月末現在、2023年は8月末現在

出典：社団法人全国老人保健施設協会正・準会員加入・申込状況（2000年、2005年）、公益社団法人全国老人保健施設協会正・準会員加入・申込状況（2015年～2023年）

第Ⅱ部

第2章 全老健の活動

※第 12 回定時社員総会で承認された「令和 4 年度事業実績報告書」を抜粋して収載しています。詳細は、全老健ホームページをご覧ください。（https://www.roken.or.jp/kyokai/kokai-list/jisseki-hokoku）

令和 4 年度事業計画に則り、老健施設がケアの質の向上をはかり、地域の社会資源としての役割を果たしていくことができるよう、各種事業を実施したほか、令和 3 年度介護報酬改定後の対応、各種調査研究事業等の実施、その成果等について広報活動を行った。

新型コロナウイルス感染症の感染拡大防止のために、全国大会を現地参加とオンライン配信を併用したハイブリッド形式で開催したほか、会議、研修等はオンラインを活用して実施した。また、新型コロナウイルス感染症の対応を厚生労働省等と連携して行ったほか、感染が発生した会員施設に衛生材料を配付した。

当期中における主要事業の概要は、以下のとおりである。なお、事業の詳細は、機関誌『老健』において「協会の活動」の「芝公園だより」等に掲載した。

1 会議

(1) 社員総会

(2) 理事会

(3) 支部長会

(4) 正副会長会

(5) 常務理事会

2 大会事業

大会名：第 33 回全国介護老人保健施設大会兵庫

日　程：現地開催：令和 4 年 9 月 22 日（木）〜 23 日（金）

録画配信：令和 4 年 10 月 7 日（金）〜 11 月 4 日（金）

テーマ：「新たな時代をいきぬくために〜今、老健ができること〜」

大会会長：公益社団法人全国老人保健施設協会兵庫県支部長　森村安史

会　場：神戸ポートピアホテル、神戸国際会議場（兵庫県神戸市）

参加者数（ハイブリッド方式）：

会場参加　2,478 名

ライブ配信　　　3,286 アクセス

録画視聴　3,651 アクセス

演題数：口演発表　471 演題

後　援：厚生労働省、兵庫県、神戸市等計 87 団体

全国介護老人保健施設大会兵庫大会ランチョンセミナー

3　教育事業

(1)　職員基礎研修事業

(2)　実地研修事業

(3)　管理者（職）研修事業

(4)　中堅職員研修事業

(5)　リハビリテーション研修事業

(6)　管理医師総合診療研修事業

(7)　認知症ケア研修事業

(8)　看護職員研修事業

(9)　通所リハビリテーション研修事業

(10)　看取り研修事業

(11)　新規加入施設研修事業

(12)　老健施設経営セミナー事業

4　制度対策事業

(1)　関連情報の提供等

(2)　関連調査等

(3)　介護老人保健施設のあり方に関する各種要望等

(4)　令和4年度診療報酬改定に伴う他科受診について

(5)　介護老人保健施設におけるインボイス制度について

5　認定資格制度事業

(1)　認知症ケア研修事業

(2)　リスクマネジャー資格認定事業

(3)　管理医師総合診療研修事業

6　調査研究事業

(1)　介護保険制度と老健施設のあり方に関する調査研究事業

令和4年度老人保健事業推進費等補助金（老人保健健康増進等事業分）を受け、調査研究事業班を実施。

①介護老人保健施設の目的・特性を踏まえた施設の在り方に関する調査研究事業

②介護老人保健施設における効果的なリハビリテーションのための評価指標にかかる研究

(2)　介護老人保健施設における感染症に関する状況調査

(3)　2022年介護老人保健施設の現状と地域特性等に関する調査

(4)　老人保健施設における転倒等老年症候群に伴うリスク説明と家族・本人におけるその理解に関する調査

(5)　新型コロナウイルス感染症 感染状況報告

(6)　医療・介護・保育分野における有料職業紹介「適正認定事業者」のサービス品質に関する調査

(7)　老健施設におけるサイバーセキュリティに関する調査

7　広報出版事業

(1)　機関誌『老健』の刊行

(2)　ニュースペーパーの発行

(3)　メールマガジンの配信

(4)　ホームページ等を活用した広報活動

(5)　全老健FAXニュースの配信

(6)　LINE公式アカウントによるメッセージの配信

(7)　Facebook公式ページでの配信

(8)　『介護白書』の編集

(9)　その他の出版物の刊行

(10)　「ROKENくんフォトコンテスト」開催

8　ICT関連事業

9　老健施設人材確保・育成対策事業

(1)　2022年度介護老人保健施設人材マネ

　　　　ジメント塾
(2) 医療・介護・保育分野における有料職業紹介「適正認定事業者」のサービス品質に関する調査について
(3) 国が開催する会議等への参画について
(4) 介護老人保健施設求人情報サイト
(5) 老健施設職員のためのこころの相談事業

10　安全推進事業

11　災害対策事業

12　常設委員会事業
(1) 総務・企画委員会

(2) 管理運営委員会
(3) 研修委員会
(4) 学術委員会
(5) 社会保障制度委員会
(6) 名誉・倫理諮問会議
(7) 学術倫理委員会
(8) 広報情報委員会
(9) 人材対策委員会
(10) 大会検討委員会
(11) 事故検討会

13　山口昇先生お別れの会

14　正会員の加入動向

第 2 節　全老健の研修・全国大会

研修会

■主な研修会

　全老健では、老健施設におけるサービスの質の維持・向上を図り、利用者やご家族に良質なサービスを提供することを目的として、協会設立時よりさまざまな研修会を実施しています。

　研修会では、老健施設の理念と役割等の基礎的な教育をはじめ、各職種の専門性や技術の向上、施設の安定経営等のために役立つカリキュラムを組み、老健施設で働くさまざまな職種の職員などが受講しています。

　2020 年度からは、新型コロナウイルス感染症の感染拡大防止のために、オンラインを中心に開催しています。

図 2-2-1 ● 2023 年度の研修会

4月	●都道府県 BCP 支援セミナー（〜 11 月）	10月	●リハビリテーション研修会 ●看取り研修会（〜 11 月）
7月	●第 1 回認知症短期集中リハビリテーション研修 ●介護老人保健施設リスクマネジャー資格認定・更新試験	12月	●管理者（職）研修会 ●看護職員研修会
8月	●老人保健施設管理医師総合診療研修会 ●職員基礎研修 ●中堅職員研修	1月	●第 2 回認知症短期集中リハビリテーション研修
9月	●新規加入施設研修 ●安全推進セミナー	2月	●介護老人保健施設リスクマネジャー養成講座

2023 年 9 月 29 日現在の日程。開催日等は変更になる可能性があります。最新情報は全老健ホームページをご確認ください。
https://www.roken.or.jp/archives/category/kenshu

2023年度BCP支援セミナーの模様

■認定資格制度

　全老健が開催する研修会のなかでも、以下の研修会は資格認定制度事業として位置付け、国の介護報酬上の加算要件でも認められています。

　カリキュラムなどの詳細は、全老健ホームページ「研修のご案内」をご確認ください。
https://www.roken.or.jp/kenshu

認知症短期集中 リハビリテーション研修（医師対象）

　全老健は認知症リハビリの有効性に早くから着目し、2006年に新設された「認知症短期集中リハビリテーション実施加算」の算定要件となる「認知症短期集中リハビリテーション研修（医師対象）」（以下、認知症短期集中リハビリ研修という）を実施しています。

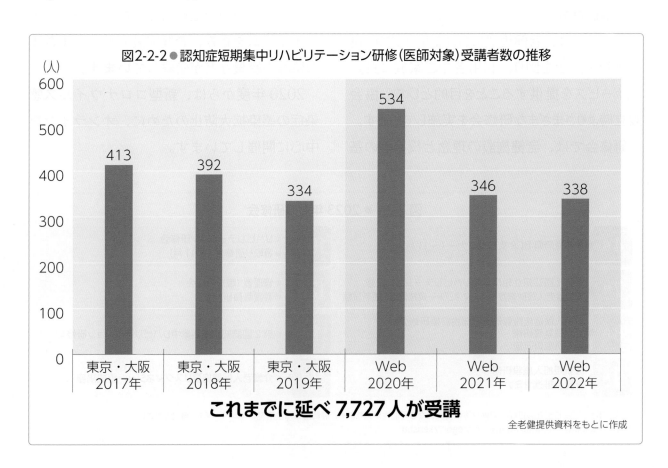

図2-2-2 ● 認知症短期集中リハビリテーション研修（医師対象）受講者数の推移

（人）

	東京・大阪 2017年	東京・大阪 2018年	東京・大阪 2019年	Web 2020年	Web 2021年	Web 2022年
受講者数	413	392	334	534	346	338

これまでに延べ 7,727人が受講

全老健提供資料をもとに作成

認知症短期集中リハビリ研修は、2014年より診療報酬上の「認知症患者リハビリテーション料」の施設基準となる「認知症に対するリハビリテーションに関する専門的な研修」としても位置付けられ、公益社団法人日本医師会との共催、国立研究開発法人国立長寿医療研究センターの協力により、毎年実施しています。

**介護老人保健施設
リスクマネジャー養成講座**

全老健では、2007年度に初の資格認定制度「介護老人保健施設リスクマネジャー」(以下、リスクマネジャーという)を創設しました。リスクマネジャーは、老健施設の内外において発生するリスクを包括的に把握し対応する専門資格です。これまでに延べ約4,800名のリスクマネジャーが誕生し、約3,700名が現在も現場で活躍しています。

リスクマネジャー資格を取得する教育プロ

グラムの一つとして「介護老人保健施設リスクマネジャー養成講座」(以下、養成講座)を開催しています。グループワークを含む合計約30時間の全課程を修了し、後日実施される学科試験に合格することでリスクマネジャー資格が付与されます。ただし、リスクマネジャー資格は、介護報酬改定等に伴うさまざまな動向に対応するため、5年ごとの更新制となっており、リスクマネジャー資格を維持するためには資格更新試験を受験し、合格する必要があります。

また、養成講座は、令和3年度介護報酬改定において新設された「安全対策体制加算」の算定要件となる研修会としても認められています。

**老人保健施設管理医師
総合診療研修会**

「老人保健施設管理医師総合診療研修会」は、2014年に初めて開催されました(当時

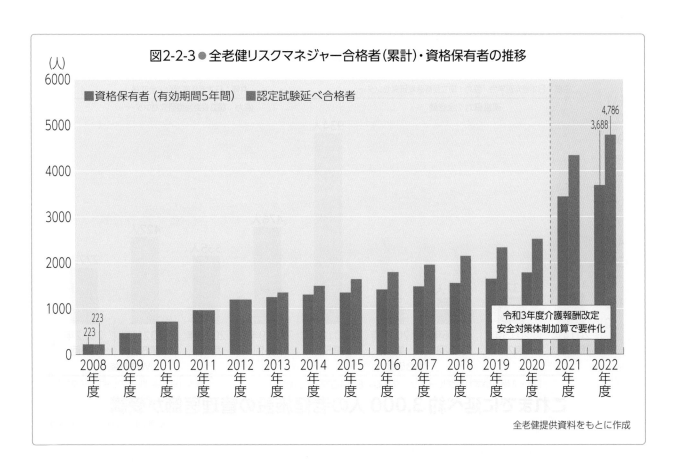

図2-2-3 ● 全老健リスクマネジャー合格者(累計)・資格保有者の推移

全老健提供資料をもとに作成

は「老人保健施設管理医師研修会」)。

　老健施設利用者の医療ニーズの変化にあわせてカリキュラム等を更新し、日々状態が変化する高齢者の医学管理に対応できる老健施設管理医師の養成を行っています。

　2016年度より診療報酬上の加算要件として認められ、介護報酬上では2018年度に所定疾患施設療養費（Ⅱ）の「感染症対策に関する研修」、2021年度にはかかりつけ医連携薬剤調整加算の「高齢者の薬物療法に関する研修」としても位置付けられました。

生活行為向上リハビリテーション研修会

　「生活行為向上リハビリテーション研修会」は、平成27年度の介護報酬改定で新設された「生活行為向上リハビリテーション実施加算」の算定要件となる研修会です。

　全老健では同加算の新設時より実施してお

◎老人保健施設管理医師研修制度の理念

　本研修会は、日本老年医学会、国立長寿医療研究センターおよび全老健の連携協力により、高齢者の心と体の自立を促進し、健康長寿社会の構築に貢献するため、以下の管理医師の養成を行うことにより、老年医学の進歩・発展に寄与することを目的とする。

1）高齢者の心身および環境の問題を把握し、病気を持っていても生きがいをもち、その人らしく過ごすための援助を行う老人保健施設管理医師の養成
2）多職種協働による医療介護が実施できる老人保健施設管理医師の養成

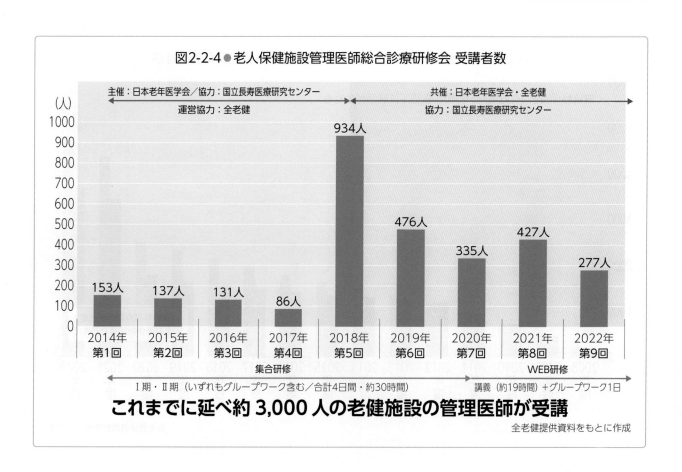

図2-2-4 ● 老人保健施設管理医師総合診療研修会 受講者数

これまでに延べ約3,000人の老健施設の管理医師が受講

全老健提供資料をもとに作成

り、現在は関係団体との共催で開催しています（一般社団法人全国デイ・ケア協会主催、公益社団法人日本医師会、全老健、一般社団法人日本慢性期医療協会、一般社団法人日本リハビリテーション病院・施設協会共催）。

■実地研修

実地研修は、全老健が指定した施設において、専門実技の修得を目的として実施しています。「在宅復帰・在宅支援」「リハビリテーション」等の各コースを設定し、原則、老健施設の勤務年数が2年以上の職員を対象としています。

実地研修のカリキュラム等は各指定施設により検討され、各施設の特色を活かした内容となっています。

実際の現場におけるさまざまな取り組みを実技習得する貴重な機会として、多くの職員が参加しています。

全国介護老人保健施設大会 ||||||||||||||||||||||

全国介護老人保健施設大会は、1990年の第1回山梨大会から始まり、2023年の宮城大会で34回目となりました。毎年、老健施設の職員をはじめ、関係する多くの方々が参加しています。

開催地ごとに多彩なプログラムが展開され、多くの演題が発表されています。

兵庫大会開会式（2022年9月22日）

兵庫大会 演題発表の様子

正会員数 3,568 名 （令和 5 年 3 月 31 日現在）

1 都道府県別加入状況

No.	都道府県	協会会員 正会員	協会会員 準会員	未加入施設	開設施設数	※協会加入率	正会員施設入所定員数	
1	北海道	159	0	23	182	87.4	14,515	
2	青森県	55	0	3	58	94.8	4,959	
3	岩手県	62	0	2	64	96.9	5,919	
4	宮城県	77	0	17	94	81.9	7,720	①
5	秋田県	50	0	3	53	94.3	4,894	
6	山形県	42	0	2	44	95.5	4,011	
7	福島県	66	0	16	82	80.5	6,235	
8	茨城県	106	0	22	128	82.8	9,759	
9	栃木県	57	0	6	63	90.5	5,131	
10	群馬県	74	0	7	81	91.4	6,076	
11	埼玉県	137	0	26	163	84.0	14,482	②
12	千葉県	130	0	24	154	84.4	13,012	
13	東京都	178	0	22	200	89.0	19,628	
14	神奈川県	161	0	24	185	87.0	17,742	
15	新潟県	87	0	8	95	91.6	9,070	
16	富山県	42	0	4	46	91.3	4,072	
17	石川県	36	0	6	42	85.7	3,613	③
18	福井県	31	0	2	33	93.9	3,001	
19	山梨県	30	0	1	31	96.8	2,790	②
20	長野県	81	0	11	92	88.0	7,180	
21	岐阜県	69	0	4	73	94.5	6,125	
22	静岡県	103	0	16	119	86.6	11,241	③
23	愛知県	156	0	23	179	87.2	16,269	
24	三重県	64	0	6	70	91.4	6,332	
25	滋賀県	31	0	3	34	91.2	2,555	
26	京都府	59	0	8	67	88.1	6,468	
27	大阪府	177	0	46	223	79.4	17,119	④
28	兵庫県	135	0	27	162	83.3	12,711	
29	奈良県	52	0	1	53	98.1	4,972	
30	和歌山県	31	0	11	42	73.8	2,861	
31	鳥取県	36	0	3	39	92.3	2,819	
32	島根県	34	0	1	35	97.1	2,520	
33	岡山県	77	0	4	81	95.1	6,323	
34	広島県	96	0	8	104	92.3	7,760	
35	山口県	58	0	6	64	90.6	4,275	⑤
36	徳島県	51	0	1	52	98.1	4,090	
37	香川県	49	0	0	49	100.0	3,750	
38	愛媛県	63	0	2	65	96.9	5,051	
39	高知県	27	0	3	30	90.0	1,872	
40	福岡県	148	0	18	166	89.2	13,501	
41	佐賀県	33	0	5	38	86.8	2,625	
42	長崎県	54	0	5	59	91.5	4,661	
43	熊本県	88	0	4	92	95.7	6,403	
44	大分県	57	0	6	63	90.5	4,274	⑥
45	宮崎県	43	0	0	43	100.0	3,223	
46	鹿児島県	74	0	5	79	93.7	6,120	
47	沖縄県	42	0	1	43	97.7	3,906	
	合計	3,568	0	446	4,014	88.9	333,635	

※協会加入率 ＝ 正会員施設 /（正会員施設＋未加入施設）× 100

2 ブロック別加入状況

都道府県	正会員施設	未加入施設	開設施設数	協会加入率
②北海道・東北	511	66	577	88.6
②関東甲信越	1,041	151	1,192	87.3
③東海・北陸	501	61	562	89.1
④近畿	485	96	581	83.5
⑤中国・四国	491	28	519	94.6
⑥九州	539	44	583	92.5
合計	3,568	446	4,014	88.9

3 正会員施設・設置主体状況

設置主体	施設数	構成比(%)	入所定員数	平均定員数
医療法人	2,670	74.8	252,903	94.7
社会福祉法人	545	15.3	51,055	93.7
済生会	27	0.8	2,123	78.6
財団法人	59	1.7	5,786	98.1
社団法人	40	1.1	3,594	89.9
一部事務組合	40	1.1	3,291	82.3
市町村	115	3.2	8,261	71.8
地域医療機能推進機構	26	0.7	2,462	94.7
日本赤十字社	6	0.2	475	79.2
厚生連	23	0.6	2,029	88.2
健康保険組合	4	0.1	416	104.0
共済組合	3	0.1	300	100.0
その他	10	0.3	940	94.0
合計	3,568	100.0	333,635	93.5

4 正会員施設・設置形態状況

設置主体	施設数	構成比(%)	入所定員数	平均定員数
独立	1,844	51.7	181,108	98.2
病院併設	1,021	28.6	90,822	89.0
診療所併設	485	13.6	41,361	85.3
老人福祉施設併設	119	3.3	11,198	94.1
病・福祉併設	25	0.7	2,376	95.0
診・福祉併設	13	0.4	1,002	77.1
その他併設	61	1.7	5,768	94.6
合計	3,568	100.0	333,635	93.5

5 正会員施設・入所定員規模状況

入所定員規模	施設数	構成比(%)	入所定員数	平均定員数
49 床以下	105	2.9	3,404	32.4
50〜99 床	1,485	41.6	111,997	75.4
100〜149 床	1,760	49.3	182,851	103.9
150〜199 床	200	5.6	31,132	155.7
200 床以上	18	0.5	4,251	236.2
合計	3,568	100.0	333,635	93.5

第4節　令和5年度事業計画（令和5年4月1日〜令和6年3月31日）

※令和4年度第1回臨時社員総会で承認された「令和5年度事業計画」の総則とその他の掲載項目を抜粋して収載しています。諸事業の詳細は、全老健ホームページをご覧ください。(https://www.roken.or.jp/kyokai/kokai-list/jigyokeikaku)

【総則】

全国の介護老人保健施設（以下、老健施設）の一致協力によって、高齢者等が自立して生活できるよう、地域社会の健全な発展を図るとともに、保健医療サービス及び福祉サービスの質の向上に資する調査研究を行い、もって高齢者等の保健医療の向上及び福祉の増進に寄与することを目的に、各種事業を実施する。

新型コロナウイルス感染症は感染症法上の2類相当から5類へ引き下げられるが、その収束には至っておらず、感染対策に関する費用等により、医療機関・介護事業所は厳しい環境下での経営を強いられている。加えて、水道光熱費、食材料費等の高騰によって、施設運営に甚大な影響を及ぼしている。

このような中で、令和6年度の診療報酬、介護報酬、障害福祉サービス等報酬のトリプル改定に向け、長引く感染症対策で疲弊し、経営状態への影響が多大である老健施設の実情が的確に反映されるよう各種調査データに基づく要望等を行う。

さらに、令和5年度も引き続き、各種会議や研修事業等についてはオンラインによる実施を併用し、出席者の利便性の向上に努める。

この他、今回のコロナ禍や大規模自然災害に対応する全老健災害相互支援プロジェクトDMSPの整備や、施設における業務継続計画（BCP）策定の推進、継続課題である人材確保・育成と離職対策、施設内事故対策等についても取り組みを進めていく。

また、会員管理基幹システムを構築・運用することにより、会員施設、各支部の事務手続きの効率化等を進める。

あわせて関係機関及び関係団体との調整と協議を積極的に図り、医療と介護の連携を強化する。

以上を達成するため、次に掲げる諸事業を多角的に実施していく。

1　会議
(1)　社員総会

(2)　理事会

(3)　支部長会

(4)　正副会長会

(5)　常務理事会

(6)　支部事務担当者会

(7)　常設委員会及び特別委員会

2　第34回全国介護老人保健施設大会 宮城
開　催　地：宮城県仙台市

実施時期：令和5年11月21日（火）
　　　　　　　〜11月22日（水）

大会テーマ：地域共生社会の復権と老健
　　　　　　　〜デジタル化時代の絆〜

発表演題数：650演題

参加予定人員：2,500人

3　教育事業
(1)　職員基礎研修事業

(2)　実地研修事業

(3) 管理者（職）研修事業（独立行政法人
　　福祉医療機構の後援予定）

(4) 中堅職員研修事業

(5) リハビリテーション研修事業

(6) 管理医師総合診療研修事業

(7) 認知症ケア研修事業

(8) 看護職員研修事業

(9) 看取り研修事業

(10) 老健施設経営セミナー事業 (独立行政
　　法人福祉医療機構との共催予定)

(11) 新規加入施設研修事業

4　制度対策事業

5　認定資格制度事業

(1) 認知症ケア研修事業

(2) リスクマネジャー資格認定事業

(3) 管理医師総合診療研修事業

6　調査研究事業

(1) 介護保険制度と老健施設のあり方、老
　　健施設の運営に資する調査研究事業

(2) その他

7　広報出版事業

(1) 機関誌『老健』出版事業

(2) ICT を利用した広報活動

(3) 『介護白書』出版事業

(4) その他

8　ICT 関連事業

9　老健施設人材確保・育成対策事業

10　安全推進事業

11　災害対策事業

12　高齢者ケア懇話会

13　会員支援事業

14　老健施設未来ビジョンワークショップ

15　常設委員会事業

(1) 総務・企画委員会

(2) 管理運営委員会

(3) 研修委員会

(4) 学術委員会

(5) 社会保障制度委員会

(6) 名誉・倫理諮問会議

(7) 学術倫理委員会

(8) 広報情報委員会

(9) 人材対策委員会

(10) 大会検討委員会

(11) 事故検討会

16　特別委員会事業

第 5 節　全老健の研究事業

令和 4 年度（2022 年度）研究事業

　令和 4 年度に全老健が実施した老人保健健康増進等事業における調査研究事業の概要を抜粋して掲載します。事業目的、事業の概要、事業結果等について、それぞれの報告書を基に収載しているため、文体、年号表記など本書本文と異なる部分があります。なお、令和 3 年度以前の研究事業の詳細は、全老健ホームページを参照してください。
https://www.roken.or.jp/about_roken/kenkyu

介護老人保健施設の目的・特性を踏まえた施設の在り方に関する調査研究事業

【目的】

　老健施設や地域包括ケア病棟（床）（以下、地ケアという）、回復期リハビリテーション病棟（以下、回リハという）といった、急性期の受け皿となる医療機関・介護施設を対象に、コロナ禍の対応状況や利用者の状態像について調査した。また、高齢者がより適切なケアを受け、在宅復帰するための方策について検討を行い、老健施設のさらなる機能強化に資する基礎資料を作成することを目的として実施した。

【調査対象・方法】

　令和 4 年 11 月～令和 5 年 1 月の間、地ケア、回リハ、老健施設を対象に、施設調査と、退院（所）予定者の個別調査を、郵送で実施。回収率は、①地ケア 7.3%（201 施設・462人分）、②回リハ 7.1%（119 施設・316 人分）、③老健施設 17.5%（624 施設・1,210 人分）。

【結果】

　施設調査では、「新型コロナウイルス感染症罹患後の患者を、自施設内で、リハビリ目的で受け入れている」との回答は、①地ケア 65.7%、②回リハ 74.8%、③老健施設 54.5%。「退院基準を満たして他院を退院した新型コロナ患者を療養目的で受け入れている」が、①地ケア 61.2%、②回リハ49.6%、③老健施設 45.8% などの結果であった。

　個別調査のうち入院／入所時の疾患では、①地ケア、②回リハは骨折や脳梗塞等の急性期疾患の割合が高いのに対し、③老健施設では認知症、心不全、肺炎、腎不全、悪性腫瘍が一定数みられた。

　個別調査の ADL 変化（FIM、BI の入退院（所）時の変化）では、①地ケアは「変化なし」と改善双方の変化が見られ、②回リハは改善方向の変化が大きかった。③老健施設は「変化なし」をピークとした正規分布の機能維持型で、各施設種別が機能通りの結果を示していた。

　今回の調査を通じて、新型コロナウイルス感染拡大による医療ひっ迫のなかで、老健施設は地ケアや回リハと比べても遜色なく対応できており、新興感染症発生時に医療機能を十分に発揮できていたことが確認できた。また、個別調査のデータを通じて、老健施設が、

認知症を有し複数の疾患を持つ入所者に対して総合的に対応できる機能を有していることが示されたほか、それらの入所者のADLを低下させることなく在宅復帰へと繋げていることが読み取れ、生活期の医療ニーズに対応する医療提供施設としての可能性を示した。

一方、老健施設と地域の医療機関、特に診療所との連携はまだまだ十分ではないことから、医療機関における老健施設の認知度向上を図り、地域の病院・診療所との連携をいっそう強めていくことの重要性が示唆された。

医療機能を有する介護保険施設である老健施設を一層活用するため、入所に際する諸手続きの簡素化や、医療・介護ネットワークの活用による効率化、地ケアや回リハを退院した高齢者が老健施設を経て円滑に在宅復帰できるような制度面の整備が望まれる。

介護老人保健施設における効果的なリハビリテーションのための評価指標にかかる研究

【目的】

老健施設における効果的なリハビリテーションを推進する観点から、質の高いリハビリテーションの提供を反映するアウトカム評価指標について検討することを目的として実施した。

【調査対象・方法】

老健施設入所者を対象として、短期集中リハビリテーションまたは短期集中リハビリテーション実施加算を算定した期間（以下、A：介入群）と、算定していない期間のうち任意の3カ月間（以下、B：対照群）について、ICFステージング（以下、ICF-S）と、Barthel Index（以下、BI）の2指標の評価データ等を収集し、短期集中リハビリの介入により状態に変化があった場合、指標がその変化を捉えているか、また、短期集中リハビリの介入が無く状態の変化が少ない場合には変化が少なかったことを正しく捉えているか、指標の感度と特異度を検証した。

【結果】

● 事前調査により調査対象施設を抽出して実施した本調査では、123施設から1,012人分の評価データを含む個別調査票（A：介入群・526名、B：対照群・486名）を回収した。A群・B群の調査対象者の属性は、「平均入所期間」を除き大きな差は見られなかった。

● 短期集中リハビリ・認知症短期集中リハビリの介入期間（A：介入群）は、3カ月の間にICF-SとBIの双方で、評価データが改善を示しており、両指標ともリハビリテーションの効果を把握できていると考えられた。また、短期集中リハビリテーションを調査対象期間中に行っていない群（B：対照群）では、2指標とも改善の効果が得られず、3カ月間ほぼ変わらない状態を維持していることが示された。

● 指標の感度と特異度の検証では、調査対象期間前後で対象者の状態に変化があったかを職員の「印象」で回答してもらった結果と、指標の対象期間前後の差を使

用して、感度と特異度を求めた。その結果、「感度」は、改善の感度（BI:69.9%、ICF-S:74.6%）、悪化の感度（BI:64.3%、ICF-S:70.0%）のいずれもICF-Sの方が高かった。また、「特異度」は、改善の特異度（BI:86.1%、ICF-S:79.7%）、悪化の特異度（BI:90.6%、ICF-S:88.1%）のいずれもBIの方が高かった。

● 今回の調査で得られたサンプルは「悪化」が極端に少なく、「不変」が多く、偏りがあったが、指標の感度と特異度の結果によれば、ICF-SもBIもリハビリテーションの提供を反映するADLのアウトカム評価指標として適切といえる可能性が高いことが示された。

【考察】

● 指標の「感度」については、総合指標である ICF-S の方が、ADL 単体を評価する BI より感度が高い結果となった。利用者の自立支援、生活支援を目的とするケアマネジメントの視点で考えた場合、ICF-S に代表される総合指標の方が利用者の小さな変化を捉えやすく、介護現場に適している可能性が高いと考えられた。

● 今後、LIFE で全サービス横断的にデータを集約し、科学的介護を推進するにあたり、ADL 評価に習熟していないスタッフでも効率的に評価できる指標が求められる。「行っている」か「行っていないか」を目視で判断し二者択一で評価する簡便な ICF-S は、LIFE のようなシステムや画像解析との親和性も高く、介護現場の生産性向上に寄与するものと思料する。

　全老健は、関係団体などと一致団結し、厚生労働省などに対して各種要望書を提出しています。詳細は全老健ホームページを参照してください。(https://www.roken.or.jp/archives/category/youbou)

全老健第 4-152 号
令和 4 年 9 月 12 日

厚生労働省老健局
　老人保健課長　　古　元　重　和　殿

公益社団法人全国老人保健施設協会
会　長　　東　　憲　太　郎

令和 5 年度税制改正要望書

消　費　税

1. 介護保険サービスの提供にかかる消費税について抜本的に解決すること

(理由)

　平成元年 4 月 1 日施行の消費税法においては、社会政策的配慮から、介護保険サービスの提供及び社会保険医療の給付等は原則非課税取引とされました。そのため、各事業者が支払った消費税については、仕入税額控除が認められず、事業者が消費税の負担者になるという、多段階課税方式をとる消費税法に沿わない取扱いがされてきました。介護保険サービスの提供や社会保険医療の給付等は、その価格が公定とされており、消費者に消費税相当額の転嫁をすることが出来ず、発生した控除対象外消費税等が事業者のコストとなり、これが経営上の大きな問題となっています。当協会による介護老人保健施設における消費税負担額調査でも、控除対象外消費税等の負担が経営に大きな圧迫をもたらすとの結果が認められました。
　そこで、介護保険サービスの提供に係る消費税の取扱いについて、介護老人保健施設の適正な経営が維持されるよう原則課税とするなど抜本的解決を強く要望いたします。なお、その場合、利用者本人の負担が増加しないような措置も合せて要望いたします。

法　人　税

2. 介護老人保健施設用建物等の耐用年数の短縮をすること

(理由)

　平成 10 年度税制改正で、平成 10 年 4 月 1 日以後に取得する建物について、定率法による償却方法が認められなくなり定額法による償却方法のみとされました。更に平成 28 年度税制改正で、建物附属設備及び構築物の償却方法も定額法のみとされたことから、設備投資の初期段階での減価償却費が従前に比べ小さくなり、設備投資の回収速度が低下しています。そのため、介護老人保健施設を建設する際の借入金の返済能力が低下して、経営を圧迫する要因となっています。そこで、介護老人保健施設の用に供される建物等（鉄骨鉄筋コンクリート又は鉄筋コンクリート造）の耐用年数を 39 年から 31 年に短縮することを要望いたします。
　また、上記 1. で掲げた介護保険サービスの提供にかかる控除対象外消費税問題に関連して、控除対象外消費税の補填を公定価格の見直しにより行う場合には、それをより精緻化する観点から、介護老人保健施設用建物等（鉄骨鉄筋コンクリート又は鉄筋コンクリート造）の耐用年数を 39 年から 31 年に短縮して計算された減価償却費相当額に、建物等に係る大規模修繕等の修繕費相当額を加算して算定することを要望いたします。

3. 地域包括ケアシステム実現に資する建物等の投資減税がされること

（理由）

　平成31年度税制改正において、「地域医療構想に向けた再編等の推進」の観点で、「構想適合病院用建物等」について2年間の時限措置として8%の特別償却が認められ、その後令和5年3月31日まで延長されています。介護老人保健施設においても、地域包括ケアシステム実現の立場から、建物等を新築・改築、増築、転換することが見込まれます。そこで、介護老人保健施設用建物等についても、病院用建物等と同等の特別償却制度が創設されることを要望いたします。

4. 新型コロナウイルス感染症等関連の下記取引につき税制措置がされること

　　①介護老人保健施設が受け取る補助金等につき法人税非課税とすること
　　②介護老人保健施設になされた寄附につき、寄附者の所得控除、損金算入枠の拡大、介護老人保健施設の受贈益を法人税非課税とすること
　　③介護老人保健施設が行う設備投資につき、税額控除、即時償却又は特別償却を可能とすることとし、固定資産税等を非課税とすること

（理由）

　新型コロナウイルス感染症が猛威を振るい、利用者及び職員に感染者が出ないよう、必要な物資の購入や設備投資を行い、細心の注意を払いながら運営を行っています。それでも利用率の低下など、経営環境が悪化しています。介護老人保健施設が地域の中でサービス提供を維持するためにも、介護老人保健施設に対する税制上の支援が求められます。また今後も新たな感染症が発生する恐れもあります。そこで、新型コロナウイルス感染症及び今後発生する恐れのある感染症対策としてなされた補助金等、寄附、設備投資等について税制措置を要望いたします。

事　業　税

5. 食事及び居住に要する費用に係る事業税非課税の明確化がされること

（理由）

　介護保険制度見直しの一環として、平成17年10月から、食費は利用者の全額自己負担、居住費の一部が自己負担化されました。この食費・居住費は、平成18年3月31日厚生労働省告示第249号「厚生労働大臣の定める利用者等が選定する特別な居室等の提供に係る基準等」によらない利用料、すなわち利用者が選定できない介護サービスであって、介護保険適用外となっても、その性格は、いわゆる「自費」とは明らかに性格を異にするものです。
　介護保険制度施行前の平成11年度まで、食費が利用者の全額自己負担であった時期においても、この食費にかかる収入は社会保険診療として計算し、事業税の課税対象ではありませんでした。
　食費が全額自己負担化されたこと、また、居住費の一部が自己負担化されたことをもって、事業税の対象範囲が変更されたと判断されることがないよう、地方税法第72条の23第3項第4号「同法の規定により定める金額に相当する部分」の次に、括弧書きで（相当する部分には、食事の提供に要する費用、居住に要する費用を含む）を追加し、事業税の計算の明確化を要望いたします。

6. 地域包括ケアシステム構築を担う介護老人保健施設用建物及び設備等に係る固定資産税、償却資産税及び不動産取得税の減額措置が創設されること

（理由）

　高齢者の尊厳の保持と自立生活の支援の目的のもとで、可能な限り住み慣れた地域で、自分らしい暮らしを人生の最期まで続けることができるよう、地域の包括的な支援・サービス提供体制（地域包括ケアシステム）の構築が求められています。

　この地域包括ケアシステム構築において、在宅医療・介護の場となるサービス付き高齢者向け住宅の供給促進が必要との観点から、新築のサービス付き高齢者向け住宅に係る固定資産税及び不動産取得税については、一定の要件のもと減額措置が時限的に設けられています。これと同等に、地域の拠点として地域包括ケアシステム構築の一翼を担う介護老人保健施設用建物及び設備等についても、新築の際、固定資産税、償却資産税及び不動産取得税について減額措置が創設されることを要望いたします。

以上

令和4年10月21日

厚生労働省
　老健局長　　大西　証史　様

公益社団法人全国老人福祉施設協議会
　　　　　　　会　長　　平石　　　朗
公益社団法人全国老人保健施設協会
　　　　　　　会　長　　東　　憲太郎
公益社団法人日本認知症グループホーム協会
　　　　　　　会　長　　河﨑　　茂子
一般社団法人日本介護支援専門員協会
　　　　　　　会　長　　柴口　　里則
公益社団法人日本介護福祉士会
　　　　　　　会　長　　及川　ゆりこ
日本ホームヘルパー協会
　　　　　　　会長代行　境野　みね子
全国ホームヘルパー協議会
　　　　　　　会　長　　田尻　　　亨
全国社会福祉法人経営者協議会
　　　　　　　会　長　　磯　　　彰格

軽度者への生活援助サービス等に関する在り方について（要望）

　時下ますますご清栄のこととお慶び申し上げます。
　介護予防・日常生活支援総合事業（以下「総合事業」という。）は、主に要支援者又は基本チェックリストに基づき判定された高齢者を対象に、要介護状態又は要支援状態となることを予防し、社会に参加しつつ、地域において自立した日常生活を営むことができるよう支援することを目的として実施されています。
　一方、要介護度1、2の方は、ADLが自立している方が殆どである要支援者とは異なり、認知機能が低下し、排泄、着脱、洗身など介護給付サービスがなければ在宅での自立生活が困難な状態像にあります。要介護度1、2の方に対する訪問介護、通所介護を目的や対象の異なる総合事業に移行することは、要介護者に対して、自立支援に向けた適切な専門的サービスが提供できないことによって、自立を阻害し重度化を招くおそれがあります。さらに、総合事業の提供体制が十分ではない地域があるなかで、要介護度1、2の方々を移行するこ

とは、すでに総合事業を利用している方々にとっても大きな影響を及ぼしかねません。

　また、総合事業のサービス単価が廉価に抑えられることによって、地域包括ケアシステムを支える事業者において、介護職や専門職の継続的な処遇改善を困難にするばかりか、採算が取れず人件費を圧縮することや、経営不振で撤退することもあり得、その結果、地域に要介護者の在宅生活を支えるサービスの担い手がなくなる可能性もあります。

　要介護者にとって必要な介護サービスが受けられなくなる見直しは、要介護者本人の自立を阻害するだけでなく、そのしわ寄せが家族介護の負担増となり、介護離職など更なる問題へと繋がりかねません。地域包括ケアシステムの推進と正反対の結果を招来することが懸念されます。

　令和元年12月27日の社会保障審議会介護保険部会による「介護保険制度の見直しに関する意見」では、軽度者への生活援助サービス等に関する給付の在り方について、「総合事業の実施状況や（略）等を踏まえながら引き続き検討を行うことが適当」とされていますが、総合事業の実施状況をみると2018年から2020年の3年間でほとんど従前相当以外のサービス事業所数が増えておらず、受け皿ができている状況とはいえません。現行の地域支援事業の拡充を図ることが先決であり、総合事業によるサービスの質の効果検証もないまま、総合事業へ移行する議論は時期尚早であると言わざるを得ません。

　日本の高齢者介護サービスは、医療、介護、行政、住民が力を合わせて、超高齢化を乗りきるために世界有数のサービス提供体制を整えてきました。このような見直しは、過去の積み上げを破壊し、医療、介護にかかわる先人たちの努力を踏みにじる制度改革であり、介護保険サービスや要介護認定のあり方など、制度の根幹にかかわる問題を多く抱えています。

　以上のことから、要介護度1、2の方への訪問介護、通所介護を総合事業に移行する見直しに反対いたします。

令和4年10月28日

厚生労働省
老健局長
大西　証史　様

一般社団法人日本介護支援専門員協会
公益社団法人全国老人保健施設協会
公益社団法人全国老人福祉施設協議会
公益社団法人日本介護福祉士会
公益社団法人日本認知症グループホーム協会
一般社団法人全国コープ福祉事業連帯機構
一般社団法人
『民間事業者の質を高める』全国介護事業者協議会
一般社団法人日本在宅介護協会
認定特定非営利活動法人市民福祉団体全国協議会
JA高齢者福祉ネットワーク

（順不同）

居宅介護支援費、介護予防支援費における現行給付の維持継続について
（要望）

　居宅介護支援に係る保険給付については、「指定居宅介護支援等の事業の人員及び運営に関する基準について」（平成11年7月29日老企第22号厚生省老人保健福祉局企画課長通知）において、「介護保険制度においては、要介護者である利用者に対し、個々の解決すべき課題、その心身の状況や置かれている環境等に応じて保健・医療・福祉にわたる指定居宅サービス等が、多様なサービス提供主体により総合的かつ効率的に提供されるよう、居宅介護支援を保険給付の対象として位置づけたものであり、その重要性に鑑み、保険給付率についても特に10割としているところである。」とされています。

　居宅介護支援を10割給付としている所以である「要介護者である利用者に対し、個々の解決すべき課題、その心身の状況や置かれている環境等に応じて保健・医療・福祉にわたる指定居宅サービス等が、多様なサービス提供主体により総合的かつ効率的に提供される」ことの重要性は、今日の利用者に対しても薄らぐことはありません。

　居宅介護支援・介護予防支援は介護サービスを利用するために行う支援であり、相談援助を中心に、居宅の要介護者・要支援者が居宅サービス等を適切に利用できるよう、心身の状況、置かれている環境、要介護者・要支援者の希望等を勘案し、ケアプランを作成するとともに、サービス事業者等との連絡調整を行うものです。居宅介護支援・介護予防支援によってケアプランが作成され、利用者に必要な介護サービスを受ける環境が整い、そのケアプランに沿って、各介護サービス事業者等が相互調整を行い効率的に介入することで、自立支援の効果が発生します。

よって、それに至るための居宅介護支援・介護予防支援は「多様なサービス提供主体により総合的かつ効率的に提供される」ためのセーフティネットとして、全ての利用者が公平に過不足なく支援を受けられる環境を維持していくことが重要です。このことは、介護保険制度の理念であり、この理念に照らし合わせて、居宅介護支援・介護予防支援における現行給付の維持継続を要望いたします。

以上

全老健第 4-271 号
令和 5 年 2 月 7 日

厚生労働大臣
　加藤　勝信　殿

公益社団法人全国老人保健施設協会
会　長　　東　憲太郎
（公印省略）

新型コロナウイルスの感染症法上の位置付け変更に関する意見（要望）書

　日頃より新型コロナウイルス感染症に関する対応について、多大なるご支援、ご尽力を賜り心より御礼申し上げます。

　さて、政府（新型コロナウイルス感染症対策本部）においては、本年 5 月 8 日から感染症法上「季節性インフルエンザ」と同様の 5 類感染症に位置付けられることが決定されました。

　しかしながら、ハイリスク者である高齢者が集団で療養する介護施設の現場においては、感染症法上の位置づけが「季節性インフルエンザ」と同類に変更になったとしても、新型コロナウイルスの方が、感染力・重症化率・致死率等が非常に高いため、これまで通りの徹底した感染防止対策を実施せざるを得ません。加えて、類型の見直しにより地域における感染対策が緩和されるため、施設内で感染者が発生するリスクはこれまでよりも高くなると想定されることから、高齢者施設入所者の生命を守るためには、必要な取組みを維持することが不可欠です。

　また、施設内に陽性者が出るとクラスター発生の頻度は高く、現場スタッフはその感染拡大防止対策に追われ疲弊しているのが現状です。加えて、施設内療養を余儀なくされますと、他入所者への感染拡大を防ぐためのゾーニングや、陽性者の症状悪化を防ぐための業務・経費負担は甚大なものになることが報告されています。さらには、ひとたびクラスターが発生しますと、単月で 1 千万円（定員 100 床の老健施設）程度の損失の可能性が想定されており、これまでのコロナ禍における各種支援（かかりまし経費、施設内療養等）は欠かせないものとなっております。

　そこで、上記を前提としつつ、ハイリスク者である高齢者の命を守り、国民生活において欠かすことができないサービスを提供している介護保険施設が、患者・利用者等に安心・安全で質の高いサービスを持続的に提供できるよう、以下の点について要望します。

1.「入院対象者の範囲」
　　　基礎疾患の程度や脱水等の有無により、老健施設の管理医師が重症化リスクが高いと判断した陽性者については、コロナ重症度に関わらず原則入院を継続すべきである。

2.「入院調整のあり方」
　　　管理（配置）医師がいない高齢者施設においては、これまで通りの行政（保健所等）による入院調整、移送（搬送）の支援は必要と考えるが、管理医師がいる老健施設に

おいても、協力医療機関等との柔軟な入院調整を基本としつつ、行政による入院調整及び移送（搬送）の支援は必要である。

3.「高齢者施設へのメッセージ」

ハイリスク者である高齢者の命を守る重要な施設であるので、高齢者施設においては、これまで通りのサポート（支援）を継続するというメッセージをお願いしたい。

4.「高齢者施設への各種支援」

感染症法の位置付けが変わっても高齢者施設の現場においては、これまで通りの感染症対策は必須であることから、必要な支援（かかりまし経費、施設内療養、診療報酬上の特例、介護報酬上の人員緩和・類型維持の特例等）の継続を要望する。

5.「感染予防、感染拡大防止対策」

これまで通りの対策を継続できるようにサポートをお願いしたい。面会については、各地域の感染状況や医療資源の状況等を踏まえ各施設の判断に任せるべきである。検査についても、全職員・入所者等に対する機械的（定期的）な検査を実施するのではなく、その施設の感染状況や建物の構造等を考慮した、その施設の判断による適時適切な時点での検査実施をサポートしていただきたい。

6.「退院患者の受入れ」

医療機関における受入れ体制の確保のためにも、老健施設においては引き続き協力をしていきたい。

以上

令和5年3月17日

厚生労働大臣
　加藤　勝信　殿

公益社団法人日本医師会　会　長　松本　吉郎
一般社団法人日本病院会　会　長　相澤　孝夫
公益社団法人全日本病院協会　会　長　猪口　雄二
一般社団法人日本医療法人協会　会　長　加納　繁照
公益社団法人日本精神科病院協会　会　長　山崎　學
公益社団法人全国老人保健施設協会　会　長　東　憲太郎
公益社団法人全国老人福祉施設協議会　会　長　平石　朗
公益社団法人日本認知症グループホーム協会　会　長　河﨑　茂子
一般社団法人日本介護支援専門員協会　会　長　柴口　里則
一般社団法人日本福祉用具供給協会　理事長　小野木孝二
（公 印 省 略）

医療機関・介護事業所等における光熱費等の物価高騰に対する支援に関する要望

　日頃から医療機関及び介護事業所等への支援について様々な対策を講じていただいております
ことに、深く感謝申し上げます。
　今般の光熱費等をはじめとする物価高騰により、国が定める公定価格により経営する医療機関・
介護事業所等においては、価格転嫁ができないことから、経営に大きな影響が生じています。
　コロナ禍の医療・介護の現場では、特に換気が必要であり、医療用機器にも電力を使用するこ
とから、節電には限界があります。
　また、医療従事者等が諸物価の上昇に対応し生活を維持するための処遇の改善も喫緊の課題と
なっています。しかし現在の経営環境での対応は困難であり、人材の確保にも支障が出かねない
状況となっています。もはや、経営努力のみでは対応することが困難な状況です。
　つきましては、物価高騰下においても国民に安心・安全で質の高い医療・介護サービスを提供
できるよう、医療機関・介護事業所等に行き渡る対策として、以下を要望します。

1. 医療機関・介護事業所等が光熱費含む医療と介護の提供に必要なコストの上昇に対応できるよ
　う、必要な財政措置を予備費の活用を含め早急に講じること

2. 医療機関・介護事業所等が医療・介護従事者に対して物価高騰下においても適切に処遇を改善
　できるよう、必要な財政措置を予備費の活用を含め早急に講じること

令和 5 年 4 月 28 日

都道府県知事　様
市区町村長　様

公益社団法人　全国老人福祉施設協議会
会　長　平　石　　　朗
（公印省略）

公益社団法人　全国老人保健施設協会
会　長　東　　憲太郎
（公印省略）

公益社団法人　日本認知症グループホーム協会
会　長　河﨑　茂子
（公印省略）

物価高騰に対する高齢者福祉・介護施設等への支援について（要望）

時下ますますご清栄のこととお慶び申し上げます。

日頃より高齢者福祉・介護施設等への支援についてご高配を賜り厚く御礼申し上げます。また、昨年 9 月に創設された「電力・ガス・食料品等価格高騰重点支援地方交付金」（以下「重点交付金」という）につきましては特段のご配慮をいただいていることに深く感謝申し上げます。

物価高騰は、昨年度の重点交付金の規模では電気・ガス・食料品等の上昇分の全てをカバーできず、なお経営に大きな影響を与えています。また、各産業界における賃上げの動きは大企業だけでなく中小企業にも波及してきており、高齢者福祉・介護施設等においても更なる賃上げを実施しなければ、人材確保が一層困難となり、事業継続が脅かされることが懸念されます。

このような中、令和 5 年度の物価高騰への支援については、令和 5 年 3 月 22 日に「第8 回物価・賃金・生活総合対策本部」が開催され、物価高騰に対する追加策等が示されました。高齢者福祉・介護施設に関連するものは、予備費を活用して重点交付金を積み増しし、電気・ガス・食料品等の物価高騰への対応により重点的に活用されるよう、効果的と考えられる推奨事業メニューを地方自治体へ提示することとされ、推奨事業メニューとして引き続き「医療・介護・保育施設、学校施設、公衆浴場等に対する物価高騰対策支援」が挙げられています。また、厚生労働省からも 3 月 29 日付け介護保険主管部局あて事務連絡により、今般の積み増し等を踏まえ、引き続き物価高騰における介護サービス事業所・施設等の負担の軽減に向け、重点交付金の積極的な活用を検討いただきたいとする旨が示されております。

このことについてご賢察を賜り、高齢者福祉・介護施設等への緊急的な支援について、一日も早い実現を図っていただきますようお願い申しあげます。

なお、本要望書と行き違いに、既に、高齢者福祉・介護施設等に対する支援策に係る予算計上をいただいていた場合は、失礼をお詫びするとともに感謝の言葉に代えさせていただきたく存じます。

※同時に提出した参考資料はホームページ参照
https://www.roken.or.jp/archives/32194

令和5年5月16日

内閣総理大臣
　岸田　文雄　様

公益社団法人全国老人保健施設協会　会　長　　東　　憲太郎
公益社団法人全国老人福祉施設協議会　会　長　　平石　　朗
公益社団法人日本認知症グループホーム協会　会　長　　河﨑　茂子
一般社団法人日本慢性期医療協会　会　長　　橋本　康子
公益社団法人日本介護福祉士会　会　長　　及川ゆりこ
一般社団法人日本介護支援専門員協会　会　長　　柴口　里則
一般社団法人日本福祉用具供給協会　理事長　　小野木孝二
一般社団法人全国介護事業者連盟　理事長　　斉藤　正行
高齢者住まい事業者団体連合会　代表幹事　　市原　俊男
一般社団法人全国介護事業者協議会　理事長　　座小田孝安
一般社団法人日本在宅介護協会　会　長　　森　　信介
（公 印 省 略）

物価・賃金高騰対策に関する要望書

　日頃より介護事業所等への支援について対策を講じていただいておりますことに、深く感謝申し上げます。

　さて、今般の春闘では、岸田総理より「インフレ率を超える賃上げの実現をお願いしたい」との発言を受け、一般企業においては30年ぶりの高水準の賃上げが報じられております。

　しかしながら、介護事業所の現場では、日常の業務に加えて、新型コロナ感染者の対応や感染症対策に追われるとともに、物価高騰の影響から、過去にないほどの厳しい経営状況に追い込まれています。一般企業と違って、国で定める公定価格（介護報酬）により経営するため、その改定を待たなければ、賃金が上げられない状況です。先般、国において処遇改善等の対策を講じていただきましたが、それでもなお、全産業平均との格差がわずかしか縮まっていないのが現状です。（介護分野の職員29.3万円/月、全産業で36.1万円/月：令和4年賃金構造基本統計調査）。

　今般、介護関係団体で緊急に実施した調査では、令和4年度の電気・ガス代等が前々年度比約120～180%と上昇していることが明らかになりました。物価高騰については臨時交付金の積み増しが行われており、団体としても各自治体に働きかけを行ってまいりますが、賃金引き上げまで行う余裕はありません。前述の調査では、令和5年度の賃上げ率が1.42%（ベースアップ分0.54%）と、春闘の賃上げ率3.69%を大きく下回っていることもわかりました。その結果、令和4年度の離職者は前年より増加（約105.2%）し、異業種への離職も前年度比約30%の増加と介護業界からの人材の流出を招いている状況です。

　介護事業所の就業者数約460万人（総務省労働力調査）は、我が国の就業者数の約7%に相当致します。その就業者の賃金を他業種並みに上げること、さらに国民生活において欠かすことができないサービスを提供する介護事業所が、利用者等に安心・安全で質の高いサービスを持続的に提供できるよう、以下を緊急に要望します。

介護事業所において一般企業と同程度以上の賃金引き上げができるよう、令和5年度における緊急的な措置や令和6年度の介護報酬改定における対応を実施すること

※同時に提出した「介護現場における物価高騰および賃上げの状況」はホームページ参照
　https://www.roken.or.jp/archives/32338

※令和5年4月28日に同じ文面の要望書を自由民主党政務調査会社会保障制度調査会の田村憲久会長宛に提出しています。

医療・介護における物価高騰・賃金上昇への
対応を求める合同声明

令和 5 年 5 月 25 日

　エネルギー価格の高騰や、それと相まって人件費の上昇をはじめとする急激な物価・賃金高騰の状況にあります。しかしながら、公定価格により運営する医科歯科医療機関、薬局、介護施設等は、価格に転嫁することができず、物価高騰と賃上げへの対応には十分な原資が必要です。

　一方で、こども・子育て、少子化対策の財源を捻出するため、診療報酬・介護報酬の抑制、医療機関収支の適正化等を行うべきとの意見もあります。こども・子育て、少子化対策は大変重要な政策ですが、病や障害に苦しむ方々のための財源を切り崩してはなりません。

　国民の生命と健康を守るため、全就業者の約 12%（約 800 万人）を占める医療・介護分野の就業者がしっかりと役割を果たせるよう、医療・介護分野における物価高騰・賃金上昇に対する取組を進める必要があります。

　国民に不可欠な医療・介護を確保するため、「骨太の方針」に、令和 6 年度のトリプル改定での物価高騰と賃上げへの対応を明記していただき、必要財源を確保することを医療・介護界全体で強く求めます。

公益社団法人日本医師会
　　　　　会　長　　松本　吉郎
公益社団法人日本歯科医師会
　　　　　会　長　　堀　　憲郎
公益社団法人日本薬剤師会
　　　　　会　長　　山本　信夫
公益社団法人日本看護協会
　　　　　会　長　　福井トシ子

四病院団体協議会
　一般社団法人日本病院会
　　　　　会　長　　相澤　孝夫
　公益社団法人全日本病院協会
　　　　　会　長　　猪口　雄二
　一般社団法人日本医療法人協会
　　　　　会　長　　加納　繁照
　公益社団法人日本精神科病院協会
　　　　　会　長　　山崎　學
　一般社団法人全国医学部長病院長会議
　　　　　会　長　　横手幸太郎
　公益社団法人全国老人保健施設協会
　　　　　会　長　　東　憲太郎
　公益社団法人全国老人福祉施設協議会
　　　　　会　長　　平石　朗
　公益社団法人日本認知症グループホーム協会
　　　　　会　長　　河﨑　茂子

全老健第 5-155 号
令和 5 年 8 月 29 日

厚生労働省老健局
　　老人保健課長　　古元　重和　殿

公益社団法人全国老人保健施設協会
会長　東　憲太郎

令和 6 年度税制改正要望書

> 消 費 税

1.　介護保険サービスの提供にかかる消費税について抜本的に解決すること

（理由）

　平成元年 4 月 1 日施行の消費税法においては、社会政策的配慮から、介護保険サービスの提供及び社会保険医療の給付等は原則非課税取引とされました。そのため、各事業者が支払った消費税については、仕入税額控除が認められず、事業者が消費税の負担者になるという、多段階課税方式をとる消費税法に沿わない取扱いがされてきました。介護保険サービスの提供や社会保険医療の給付等は、その価格が公定とされており、消費者に消費税相当額の転嫁をすることが出来ず、発生した控除対象外消費税等が事業者のコストとなり、これが経営上の大きな問題となっています。当協会による介護老人保健施設における消費税負担額調査でも、控除対象外消費税等の負担が経営に大きな圧迫をもたらすとの結果が認められました。

　そこで、介護保険サービスの提供に係る消費税の取扱いについて、介護老人保健施設の適正な経営が維持されるよう原則課税とするなど抜本的解決を強く要望いたします。なお、その場合、利用者本人の負担が増加しないような措置も合せて要望いたします。

> 法 人 税

2.　介護老人保健施設用建物等の耐用年数の短縮をすること

（理由）

　平成 10 年度税制改正で、平成 10 年 4 月 1 日以後に取得する建物について、定率法による償却方法が認められなくなり定額法による償却方法のみとされました。更に平成 28 年度税制改正で、建物附属設備及び構築物の償却方法も定額法のみとされたことから、設備投資の初期段階での減価償却費が従前に比べ小さくなり、設備投資の回収速度が低下しています。そのため、介護老人保健施設を建設する際の借入金の返済能力が低下して、経営を圧迫する要因となっています。そこで、介護老人保健施設の用に供される建物等（鉄骨鉄筋コンクリート又は鉄筋コンクリート造）の耐用年数を 39 年から 31 年に短縮することを要望いたします。

　また、上記 1. で掲げた介護保険サービスの提供にかかる控除対象外消費税問題に関連して、控除対象外消費税の補塡を公定価格の見直しにより行う場合には、それをより精緻化する観点から、介護老人保健施設用建物等（鉄骨鉄筋コンクリート又は鉄筋コンクリート造）の耐用年数を 39 年から 31 年に短縮して計算された減価償却費相当額に、建物等に係る大規模修繕等の修繕費相当額

を加算して算定することを要望いたします。

3. 地域包括ケアシステム実現に資する建物等の投資減税がされること

（理由）

　平成31年度税制改正において、「地域医療構想に向けた再編等の推進」の観点で、「構想適合病院用建物等」について2年間の時限措置として8%の特別償却が認められ、その後令和7年3月31日まで延長されています。介護老人保健施設においても、地域包括ケアシステム実現の立場から、建物等を新築・改築、増築、転換することが見込まれます。そこで、介護老人保健施設用建物等についても、病院用建物等と同等の特別償却制度が創設されることを要望いたします。

4. 新型コロナウイルス感染症を含めた新興感染症対策関連の下記取引につき税制措置がされること

　　①介護老人保健施設が受け取る補助金等につき法人税非課税とすること
　　②介護老人保健施設になされた寄附につき、寄附者の所得控除、損金算入枠の拡大、介護老人保健施設の受贈益を法人税非課税とすること
　　③介護老人保健施設が行う設備投資につき、税額控除、即時償却又は特別償却を可能とすることとし、固定資産税等を非課税とすること

（理由）

　2類相当とされていた新型コロナウイルス感染症が感染症法上5類に移行されましたが、施設では利用者及び職員に感染者が出ないよう、必要な物資の購入や設備投資を行い、細心の注意を払いながら運営を行っています。それでも利用率の低下など、経営環境が悪化しています。介護老人保健施設が地域の中でサービス提供を維持するためにも、介護老人保健施設に対する税制上の支援が求められます。また今後も新たな感染症が発生する恐れもあります。そこで、新型コロナウイルス感染症を含めた新興感染症対策としてなされた補助金等、寄附、設備投資等について税制措置を要望いたします。

事　業　税

5. 食事及び居住に要する費用に係る事業税非課税の明確化がされること

（理由）

　介護保険制度見直しの一環として、平成17年10月から、食費は利用者の全額自己負担、居住費の一部が自己負担化されました。この食費・居住費は、平成18年3月31日厚生労働省告示第249号「厚生労働大臣の定める利用者等が選定する特別な居室等の提供に係る基準等」によらない利用料、すなわち利用者が選定できない介護サービスであって、介護保険適用外となっても、その性格は、いわゆる「自費」とは明らかに性格を異にするものです。
　介護保険制度施行前の平成11年度まで、食費が利用者の全額自己負担であった時期においても、この食費にかかる収入は社会保険診療として計算し、事業税の課税対象ではありませんでした。
　食費が全額自己負担化されたこと、また、居住費の一部が自己負担化されたことをもって、事業税の対象範囲が変更されたと判断されることがないよう、地方税法第72条の23第3項第4号「同法の規定により定める金額に相当する部分」の次に、括弧書きで（相当する部分には、食事の提供に要する費用、居住に要する費用を含む）を追加し、事業税の計算の明確化を要望いたします。

固定資産税、償却資産税及び不動産取得税

6. 地域包括ケアシステム構築を担う介護老人保健施設用建物及び設備等に係る固定資産税、償却資産税及び不動産取得税の減額措置が創設されること

（理由）

　高齢者の尊厳の保持と自立生活の支援の目的のもとで、可能な限り住み慣れた地域で、自分らしい暮らしを人生の最期まで続けることができるよう、地域の包括的な支援・サービス提供体制（地域包括ケアシステム）の構築が求められています。

　この地域包括ケアシステム構築において、在宅医療・介護の場となるサービス付き高齢者向け住宅の供給促進が必要との観点から、新築のサービス付き高齢者向け住宅に係る固定資産税及び不動産取得税については、一定の要件のもと減額措置が時限的に設けられています。これと同等に、地域の拠点として地域包括ケアシステム構築の一翼を担う介護老人保健施設用建物及び設備等についても、新築の際、固定資産税、償却資産税及び不動産取得税について減額措置が創設されることを要望いたします。

7. 介護老人保健施設における介護ＤＸへの対応及び省エネルギー対策への設備投資等に係る固定資産税、償却資産税の非課税措置が創設されること

（理由）

　介護業界における人材不足の解消は喫緊の課題です。その解消のためにも介護ＤＸ（デジタル・トランスフォーメーション）の実現は国が推進する重要な施策であります。この施策へ対応するために介護現場では、ＩＣＴ機器や介護ロボット等の導入時に大きな負担が生じています。国の推進する施策であるならば、本来その費用は全額国費とすべきと考えます。現在、地域医療介護総合確保基金等による介護ロボット・ICT機器導入の補助金が交付されていますが、その補完する施策として介護現場におけるデジタル化等に資する設備投資並びにシステム投資を支援する税制措置を要望します。

　また、近年の電気・ガス等のエネルギー価格の高騰によって必要コストが上昇し、国が定める公定価格により経営する介護老人保健施設は、経営状況が大変厳しい現状があります。このような状況において、施設が行う省エネルギー効果の高い設備投資（建物附属設備、構築物、器具備品）について、固定資産税、償却資産税について非課税措置の創設を要望いたします。

以上

令和 5 年 10 月 5 日

厚生労働大臣
武見　敬三　殿

公益社団法人日本医師会
　　　　　　　　　会　長　松本　吉郎
一般社団法人日本病院会
　　　　　　　　　会　長　相澤　孝夫
公益社団法人全日本病院協会
　　　　　　　　　会　長　猪口　雄二
一般社団法人日本医療法人協会
　　　　　　　　　会　長　加納　繁照
公益社団法人日本精神科病院協会
　　　　　　　　　会　長　山崎　學
一般社団法人全国医学部長病院長会議
　　　　　　　　　会　長　横手幸太郎
公益社団法人全国老人保健施設協会
　　　　　　　　　会　長　東　憲太郎
公益社団法人全国老人福祉施設協議会
　　　　　　　　　会　長　大山　知子
公益社団法人日本認知症グループホーム協会
　　　　　　　　　会　長　河﨑　茂子
一般社団法人日本慢性期医療協会
　　　　　　　　　会　長　橋本　康子
　　　　　　　　　（公 印 省 略）

食材料費・光熱費等の物価高騰に対する財政支援に関する要望

　今般の食材料費、光熱費等の物価高騰は、賃金の上昇とも相まって広く国民に大きな影響を及ぼしているのみならず、医療機関・介護事業所等にも大きな影響を及ぼしております。

　「経済財政運営と改革の基本方針 2023」においても「物価高騰・賃金上昇、経営の状況、支え手が減少する中での人材確保の必要性、患者・利用者負担・保険料負担への影響を踏まえ、患者・利用者が必要なサービスを受けられるよう、必要な対応を行う。」とされており、診療報酬、介護報酬という公定価格により運営する医療機関・介護事業所等が、物価高騰・賃上げに対応するには十分な原資が必要です。

　物価高騰への対応については、地方創生臨時交付金（電力・ガス・食料品等価格高騰重点支援地方交付金）による措置も講じられたところですが、都道府県等の対応によって地域でばらつきがあり、手元に届くまでに一定の期間を要する等、十分なものとは言えず、足下の物価高騰・賃金上昇に対応するには、さらに緊急の支援が必要です。特に、入院中の食事療養費は、約 30 年間据え置かれ、もはや、経営努力のみでは食事療養の提供が極めて困難な状況であり、別途、補助金で特段の支援が必要です。

　そこで、物価・賃金の上昇下においても、患者・利用者の負担に配慮しつつ、安心・安全で質の高いサービスの提供を継続できるよう、緊急の経済対策として以下の支援を要望します。

1. 入院患者・入所者への食事療養等に対する補助金での財政支援
2. 医療機関・介護事業所等における光熱費等の物価高騰に対する交付金での財政支援の継続

令和5年10月19日

内閣総理大臣
　　岸田　文雄　殿

公益社団法人全国老人保健施設協会	会　長	東　　憲太郎
公益社団法人全国老人福祉施設協議会	会　長	大山　知子
公益社団法人日本認知症グループホーム協会	会　長	河﨑　茂子
一般社団法人日本慢性期医療協会	会　長	橋本　康子
公益社団法人日本介護福祉士会	会　長	及川ゆりこ
一般社団法人日本介護支援専門員協会	会　長	柴口　里則
一般社団法人日本福祉用具供給協会	理事長	小野木孝二
一般社団法人全国介護事業者連盟	理事長	斉藤　正行
高齢者住まい事業者団体連合会	代表幹事	市原　俊男
一般社団法人全国介護事業者協議会	理事長	座小田孝安
一般社団法人日本在宅介護協会	会　長	森　　信介
全国社会福祉法人経営者協議会	会　長	磯　　彰格

（公印省略）

物価高騰対策および介護現場で勤務する職員の処遇改善に関する緊急要望

　日頃より介護現場に対し様々な支援策を実施していただいておりますことに、深く感謝申し上げます。

　現在、介護の現場は、光熱水費や食材料費（給食の委託費）の高騰の影響から、過去にないほどの厳しい経営環境にあり、事業の運営に支障を来す事態が生じています。

　また、これまで、先生方には累次の処遇改善に取り組んでいただき、さらには介護事業所としても自助努力による処遇改善にも取り組んできたところですが、公定価格である以上処遇の改善には限界があります。

　その結果として、介護関係団体が緊急に実施した調査では、令和5年度の賃上げ率が1.42％と、春闘の賃上げ率3.58％を大きく下回っている状況です。

　またこうした中、介護現場からの離職者が顕著に増加していることがわかりました。特に経験を有する中堅の人材の離職率は50％近く増加し、他業種への流出も多くみられ、今までにない、待ったなしの危機的な状況が生じています。

　つきましては、介護事業所が引き続き、国民にとって欠かすことのできない質の高い介護サービス提供を継続することができるよう、以下を緊急要望いたします。

　加えて、介護人材を確保し、質の高い介護サービスを継続的に提供することができるよう、来春の介護報酬改定においても適切な対応をお願いいたします。

緊急要望事項

現下の危機的な状況を鑑み、令和5年度の緊急経済対策・補正予算において、光熱水費、食材費の物価高騰へのさらなる対応、および介護現場で勤務する職員の処遇改善を緊急にお願いしたい。

※令和5年10月6日に同じ文面の要望書を自由民主党の麻生太郎副総裁に、10月19日に自由民主党の萩生田光一政務調査会長宛に提出しています。
※同時に提出した別添資料はホームページ参照
　https://www.roken.or.jp/archives/33498

図で見る
介護保険等の状況

1. 日本の人口動態

●高齢化の推移と将来推計

2021年の総人口は1億2,550万人。このうち65歳以上の人口は3,321万人で、高齢化率は28.9%に達しました。65歳以上の人口を性別に見ると、男性1,572万人、女性2,049万人で、男性3対女性4の比率でした。

将来推計では、65歳以上の人口は、2025年には3,621万人に達し、2040年に3,920万人となり、2042年頃にピークを迎えると予想されています。総人口が減少する中で高齢化率はさらに上昇し、2036年には、3人に1人が65歳以上の高齢者になると見込まれています。

一方、65歳以上の人口と15～64歳の現役世代人口の比率を見ると、65歳以上の者1人に対して、1950年には現役世代は12.1人でしたが、2040年には1.5人の比率になると推計されています。

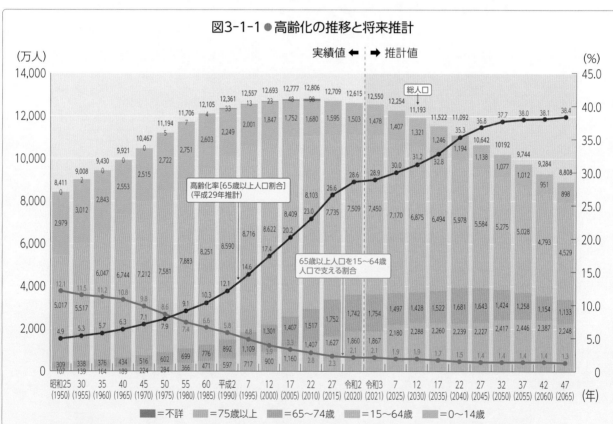

図3-1-1 ●高齢化の推移と将来推計

資料：棒グラフと実線の高齢化率については、2020年までは総務省「国勢調査」（2015年及び2020年は不詳補完値による。）、2021年は総務省「人口推計」（令和3年10月1日現在（令和2年国勢調査を基準とする推計値））、2025年以降は国立社会保障・人口問題研究所「日本の将来推計人口（平成29年推計）」の出生中位・死亡中位仮定による推計結果

（注1）2015年及び2020年の年齢階級別人口は不詳補完値によるため、年齢不詳は存在しない。2021年の年齢階級別人口は、総務省統計局「令和2年国勢調査」（不詳補完値）の人口に基づいて算出されていることから、年齢不詳は存在しない。2025年以降の年齢階級別人口は、総務省統計局「平成27年国勢調査　年齢・国籍不詳をあん分した人口（参考表）」による年齢不詳をあん分した人口に基づいて算出されていることから、年齢不詳は存在しない。なお、1950～2010年の高齢化率の算出は分母から年齢不詳を除いている。ただし、1950年及び1955年において割合を算出する際には、（注2）における沖縄県の一部の人口を不詳には含めないものとする。

（注2）沖縄県の昭和25年70歳以上の外国人136人（男55人、女81人）及び昭和30年70歳以上23,328人（男8,090人、女15,238人）は65～74歳、75歳以上の人口から除き、不詳に含めている。

（注3）将来人口推計とは、基準時点までに得られた人口学的データに基づき、それまでの傾向、趨勢を将来に向けて投影するものである。基準時点以降の構造的な変化等により、推計以降に得られる実績や新たな将来推計との間には乖離が生じ得るものであり、将来推計人口はこのような実績等を踏まえて定期的に見直すこととしている。

（注4）四捨五入の関係で、足し合わせても100.0%にならない場合がある。

出典：『高齢社会白書（令和5年版）』内閣府、p.4

●死亡数および死亡率の推移

2022年の死亡数は156万8,961人で、前年より12万9,105人増加しました。

死亡数は1980年代から増加傾向となり、2003年に100万人を超えました。2020年は11年ぶりに減少しましたたが、再び増加に転じています。

75歳以上の高齢者の死亡数は1980年代から増加しており、2012年からは全死亡数の7割を超えています。

死亡率（人口千対）も1980年代を底に上昇しており、2022年の死亡率は12.9で、前年の11.7より大きく上昇しました。

死因別に見ると、第1位は悪性新生物（腫瘍）、第2位が心疾患（高血圧性を除く）、第3位が老衰となっています。

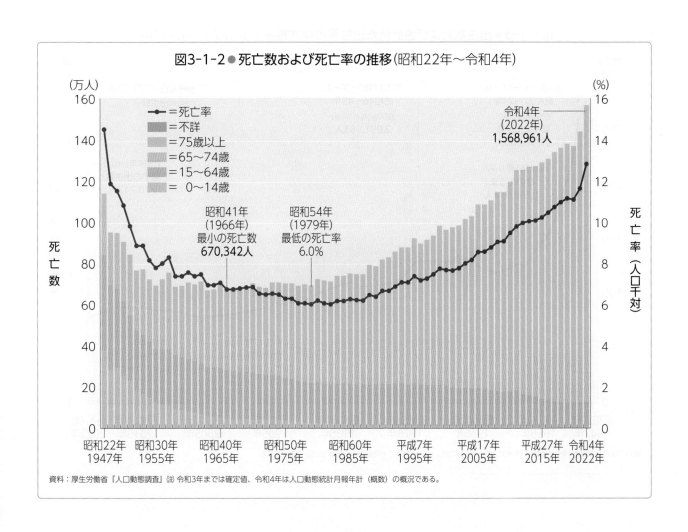

図3-1-2 ● 死亡数および死亡率の推移（昭和22年〜令和4年）

資料：厚生労働省『人口動態調査』(注)令和3年までは確定値、令和4年は人口動態統計月報年計（概数）の概況である。

● 出生数および合計特殊出生率の年次推移

　2022年の出生数は77万747人で、前年より4万875人減少しました。

　出生数のピークは1949年で269万6,638人。1975年以降は減少と増加を繰り返しつつも、減少傾向が続いています。2015年に5年ぶりに増加しましたが、翌年から再び減少しています。

　合計特殊出生率（1人の女性が生涯に産む子どもの数の平均）は1.26で、前年の1.30より低下しました。出生率低下（少子化）の背景としてさまざまな要因が指摘されていますが、子育てにかかる苦労や費用の面も大きく、このため、国は少子化対策を重要政策の一つとして掲げています。

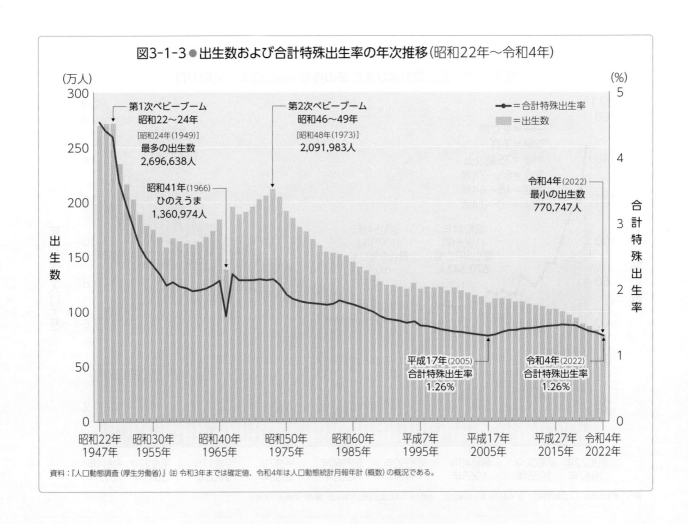

図3-1-3 ● 出生数および合計特殊出生率の年次推移（昭和22年〜令和4年）

資料：『人口動態調査（厚生労働省）』（注）令和3年までは確定値、令和4年は人口動態統計月報年計（概数）の概況である。

2. 労働力人口の推移

●我が国の労働力人口の推移

労働力人口は、就業者と完全失業者を合計した人口です。

　2022年の労働力人口は、6,902万人で、前年に比べ5千人減少しました。一方、就業者数（年平均）は6,723万人と、前年に比べて10万人増加しています。増加は2年連続です。一方、職に就いていないが就職の意思があったり、就職活動中といった完全失業者は179万人で前年より16万人減少しています。経済指標の一つである完全失業率は2.6％で、前年より0.2ポイント低下しました。

　労働力人口に占める65歳以上の割合の上昇が続いています。2014年には10％を超え、2022年には、13.4％となっています。特に70歳以上の労働力人口は一貫して上昇しており、2022年には、532万人となりました。

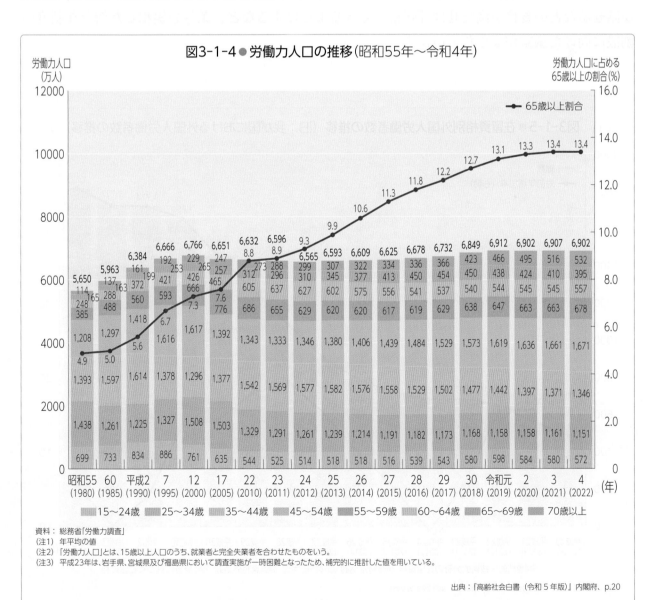

図3-1-4 ●労働力人口の推移（昭和55年〜令和4年）

資料： 総務省「労働力調査」
（注1） 年平均の値
（注2） 「労働力人口」とは、15歳以上人口のうち、就業者と完全失業者を合わせたものをいう。
（注3） 平成23年は、岩手県、宮城県及び福島県において調査実施が一時困難となったため、補完的に推計した値を用いている。

出典：『高齢社会白書（令和5年版）』内閣府、p.20

●我が国における外国人労働者数の推移

　在留資格を有する外国人労働者の増加が続いています。2022年の在留資格を有する外国人労働者は182.7人で、前年に比べて10万人増加しました。対前年比増加率は、2016年をピークに減少傾向にありましたが、2022年度には再び上昇に転じました。介護職員は2023年度には233万人、2025年度には243万人、2040年度には280万人必要とする推計が出されており、我が国の少子化や人手不足を背景に、今後も外国人の労働力に期待が寄せられています。

　在留資格の内訳を見ると、「専門的・技術的分野の在留資格」の伸びが目立ち、2022年には前年比で8万5千人増加しており、「身分に基づく在留資格」に次ぐ数となっています。「身分に基づく在留資格」とは、我が国において有する身分または地位に基づくもので、永住者や定住者（主に日系人）、日本人の配偶者などが該当します。

　なお、「外国人技能実習制度」は現在の制度を廃止し、就労から1年経ち、一定程度日本語が話せるなどの要件を満たせば「転籍」できるようにするなど、条件を緩和した新たな制度の創設に向けた議論がなされています。

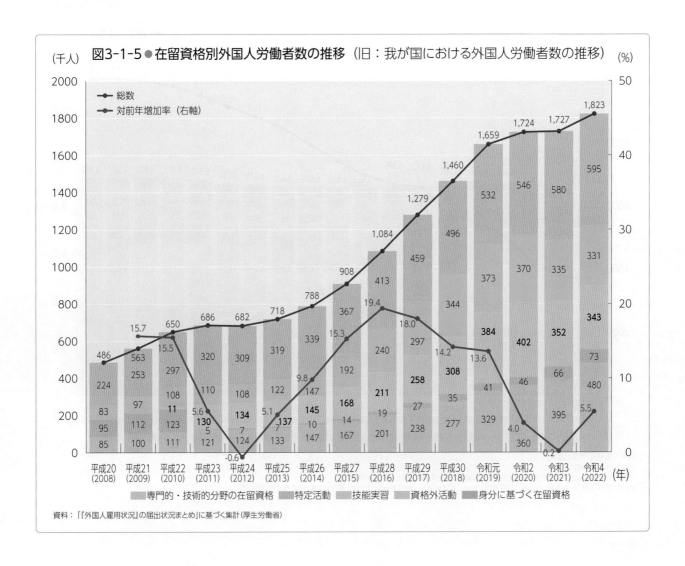

図3-1-5●在留資格別外国人労働者数の推移（旧：我が国における外国人労働者数の推移）

資料：「『外国人雇用状況』の届出状況まとめ」に基づく集計（厚生労働省）

3. 高齢者の生活環境と現状

●65歳以上の者のいる世帯数および構成割合

　2021年現在、65歳以上の人がいる世帯は2,580.9万世帯となっており、全世帯の49.7%に当たり、約半数を占めています。

　1980年には三世代世帯が最も多く、425.4万世帯で約半数を占めていましたが減少傾向が続き、2019年に10%を下回り、2021年には9.3%となりました。

　一方、2021年には夫婦だけの世帯が32.0%、単独世帯が28.8%となり、65歳以上の人がいる世帯の約6割を占めるようになりました。ともに上昇が続いており、今後もこの傾向は続くと見込まれます。

　65歳以上の一人暮らしも増加しています。1980年には10.7%でしたが、2021年には、28.8%になり、18.1ポイント上昇しています。

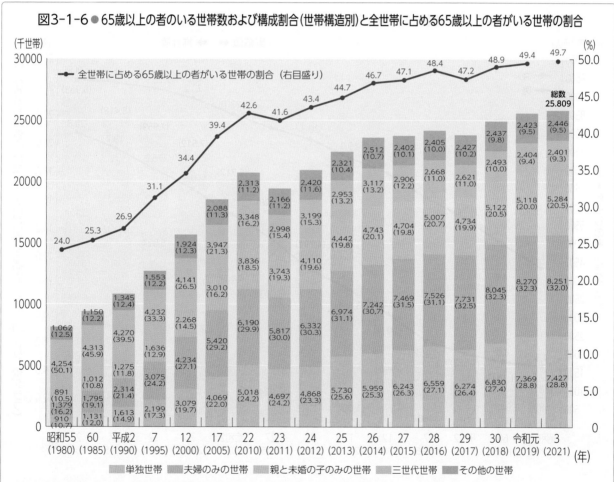

図3-1-6 ●65歳以上の者のいる世帯数および構成割合（世帯構造別）と全世帯に占める65歳以上の者がいる世帯の割合

資料：昭和60年以前の数値は厚生省『厚生行政基礎調査』、昭和61年以降の数値は厚生労働省『国民生活基礎調査』による。
（注1）　平成7年の数値は兵庫県を除いたもの、平成23年の数値は岩手県、宮城県及び福島県を除いたもの、平成24年の数値は福島県を除いたもの、平成28年数値は熊本県を除いたものである。
（注2）　（　）内の数字は、65歳以上の者のいる世帯総数に占める割合（%）
（注3）　四捨五入のため合計は必ずしも一致しない。
（注4）　令和2年は調査中止。

出典：『高齢社会白書（令和5年版）』内閣府、p.9

●65歳以上の一人暮らしの者の動向

　65歳以上の一人暮らしの人は男女共に増加傾向にあります。1980年時点で、人口に占める割合は男性4.3%、女性11.2%にすぎませんでしたが、2020年には男性15.0%、女性22.1%へと増加しています。孤立死が社会的な問題となる中で、一人暮らし高齢者への救いの手をどう差し伸べるのか。地域住民による見守り、医療・介護を含めた地域におけるケアが重要視されています。

　将来推計に目を転じると、2025年には、751.2万世帯となり、2030年には800万世帯に迫り、2040年には896.3万世帯に増加することが見込まれています。生産年齢人口が急激に減少する中、高齢者の一人暮らしへの支援は、将来的な大きな課題です。

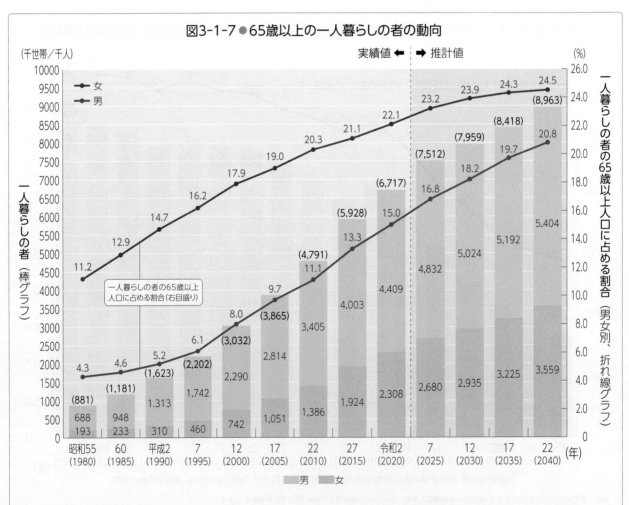

図3-1-7 ●65歳以上の一人暮らしの者の動向

資料：令和2年までは総務省「国勢調査」による人数、令和7年以降は国立社会保障・人口問題研究所『日本の世帯数の将来推計（全国推計）』［2018（平成30）年推計］による世帯数。
（注1）「一人暮らし」とは、上記の調査・推計における「単独世帯」又は「一般世帯（1人）」のことを指す。
（注2）棒グラフの（　）内の数字は、65歳以上の一人暮らしの者の男女計。
（注3）四捨五入のため合計は必ずしも一致しない。

出典：『高齢社会白書（令和5年版）』内閣府、p.10

第2章 | 介護保険制度の実施状況

1. 第1号被保険者（65歳以上）の要介護度別認定者数の推移

　介護保険で要介護または要支援の認定を受けた人は、2022年度で694.4万人となり、前年より4.8万人ほど増えています。12年前の2010年度と比較すると203.7万人の増加です。介護保険法が施行された2000年度は256.2万人でしたので、22年間で438.2万人増えていることになります。伸び率にすると271%の増加です。

　2022年度の要介護認定者は499.9万人、要支援認定者は197.0万人でした。認定者数の最も多い要介護（要支援）度は、要介護1の144.6万人で、要介護2の116.0万人、要支援1および要支援2の98.5万人の順となっています。

　2010年度から12年間の要介護度別の伸び率を比較すると、要介護1が164%と最も高く、要支援1が151%、要支援2が148%と続き、軽度な人の伸び率が高くなっています。

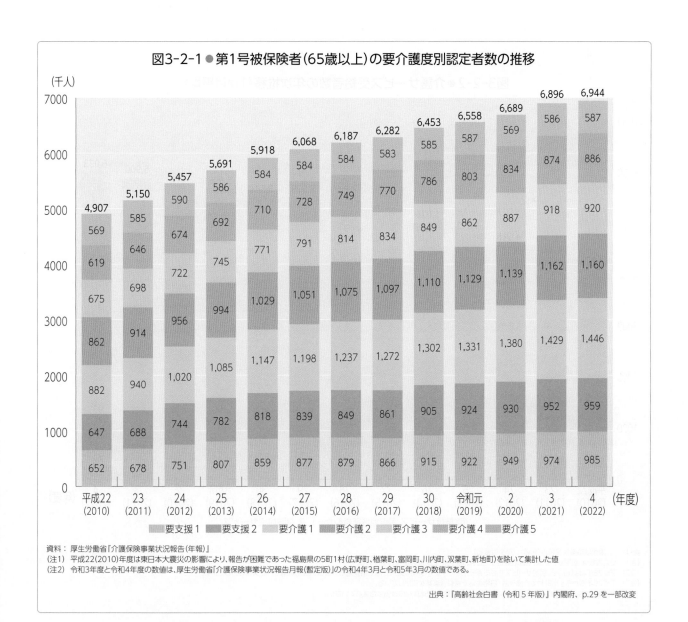

図3-2-1 ● 第1号被保険者（65歳以上）の要介護度別認定者数の推移

資料： 厚生労働省『介護保険事業状況報告（年報）』
(注1)　平成22（2010）年度は東日本大震災の影響により、報告が困難であった福島県の5町1村(広野町、楢葉町、富岡町、川内町、双葉町、新地町)を除いて集計した値
(注2)　令和3年度と令和4年度の数値は、厚生労働省「介護保険事業状況報告月報(暫定版)」の令和4年3月と令和5年3月の数値である。

出典：『高齢社会白書（令和5年版）』内閣府、p.29を一部改変

2. 介護サービス受給者の年次推移

　介護サービス受給者は、2022年度は603.3万人で、前年より13.3万人増加しました。ここ12年間で見ると、2016年度に大きく伸びた影響を受け、2017年度に一旦減少したものの、他の年度は上昇が続いています。介護保険法が施行された2000年度末は184.0万人でしたので、22年間で419.3万人増えていることになります。伸び率にすると327％の増加です。

　2022年度の内訳では、受給者数が最も多いのが居宅サービスで416.8万人。施設サービスは95.7万人、地域密着型サービスは90.8万人となっています。

　2010年度から12年間のサービス別の伸び率を比較すると、在宅サービス1.38倍、地域密着型サービス3.44倍、施設サービス1.14倍で、地域密着型サービスの伸び率が高くなっています。

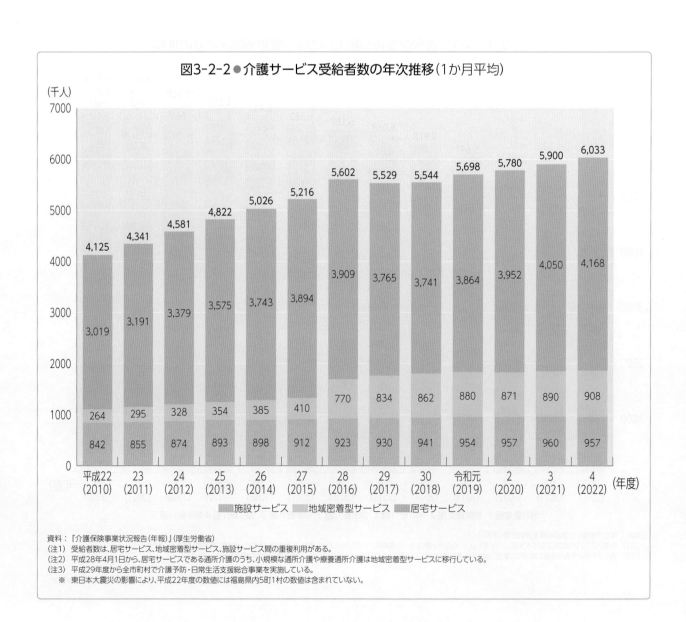

図3-2-2 ● 介護サービス受給者数の年次推移（1か月平均）

資料：『介護保険事業状況報告（年報）』（厚生労働省）
(注1)　受給者数は、居宅サービス、地域密着型サービス、施設サービス間の重複利用がある。
(注2)　平成28年4月1日から、居宅サービスである通所介護のうち、小規模な通所介護や療養通所介護は地域密着型サービスに移行している。
(注3)　平成29年度から全市町村で介護予防・日常生活支援総合事業を実施している。
　※　東日本大震災の影響により、平成22年度の数値には福島県内5町1村の数値は含まれていない。

3. 介護サービス受給者数サービス種類

　2022年5月審査分で各サービスの受給者数を見ると、最も多いのが居宅介護支援で291.3万人で、居宅サービスでは福祉用具貸与が204.3万人、通所介護が116.8万人、訪問介護が108.7万人と続いています。

　施設サービスでは、介護福祉施設サービスが57.1万人で最も多く、介護保健施設サービスは34.7万人となっています。

図3-2-3 ● 介護サービス受給者数サービス種類別（総数）

令和5年5月審査分
受給者数（単位：千人）

総　数				4646.3
居宅サービス				3397.6
	訪問通所			2858.4
		訪問介護		1087.8
		訪問入浴介護		69.7
		訪問看護		630.5
		訪問リハビリテーション		117.1
		通所介護		1168.8
		通所リハビリテーション		415.4
		福祉用具貸与		2043.7
	短期入所			330.1
		短期入所生活介護		292.7
		短期入所療養介護（老健）		38.7
			特定治療・特別療養費（再掲）	0.1
		短期入所療養介護（病院等）		0.6
			特定診療費（再掲）	0.3
		短期入所療養介護（医療院）		0.3
			特別診療費（再掲）	0.3
	居宅療養管理指導			1020.9
	特定施設入居者生活介護（短期利用以外）			237.9
	特定施設入居者生活介護（短期利用）			0.9
居宅介護支援				2913.7
地域密着型サービス				916
	定期巡回・随時対応型訪問介護看護			38.7
	夜間対応型訪問介護			7.4
	地域密着型通所介護			422.1
	認知症対応型通所介護			48.6
	小規模多機能型居宅介護（短期利用以外）			102.1
	小規模多機能型居宅介護（短期利用）			0.4
	認知症対応型共同生活介護（短期利用以外）			213.6
	認知症対応型共同生活介護（短期利用）			0.4
	地域密着型特定施設入居者生活介護（短期利用以外）			8.4
	地域密着型特定施設入居者生活介護（短期利用）			0
	地域密着型介護老人福祉施設入所者生活介護			64.4
	複合型サービス（看護小規模多機能型居宅介護・短期利用以外）			19.8
	複合型サービス（看護小規模多機能型居宅介護・短期利用）			0.3
施設サービス				965.9
	介護福祉施設サービス			571.8
	介護保健施設サービス			347.8
		特定治療・特別療養費（再掲）		4.6
	介護療養施設サービス			5.5
		特定診療費（再掲）		5.5
	介護医療院サービス			44.1
		特別診療費（再掲）		43.2

注：総数には、月の途中で要介護から要支援に変更となった者を含む。
資料：月報 第2表 介護サービス受給者数・費用額, 要介護状態区分・サービス種類別

4. 保険料水準別構成割合の推移

　第8期（2021～2023年度）の介護保険料の全国平均は6,014円となりました。保険料基準額の構成割合を見ると、5,501円以上～6,000円以下が最も多く31.1%でした。以下、6,001円以上～6,500円以下が23.3%、5,001円以上～5,500円以下が18.3%と続いています。また、最も低い保険者が3,001円以上～3,500円以下であるに比べ、最も高い保険者は9,001円以上と大きなバラツキも見られます。

　介護保険料の全国平均を第1期（2000～2002年度）の2,911円と比較すると、第8期は3,103円も高くなっています。また、第1期には1,501円以上～2,000円以下の保険者がありましたが、第8期の最低は3,001円以上～3,500円以下の保険者となっています。

図3-2-4 ● 保険料水準別構成割合の推移

令和3年5月現在

保険料基準額	第1期 (2000～2002年度) 保険者数 (割合)	第2期 (2003～2005年度) 保険者数 (割合)	第3期 (2006～2008年度) 保険者数 (割合)	第4期 (2009～2011年度) 保険者数 (割合)	第5期 (2012～2014年度) 保険者数 (割合)	第6期 (2015～2017年度) 保険者数 (割合)	第7期 (2018～2020年度) 保険者数 (割合)	第8期 (2021～2023年度) 保険者数 (割合)
9,001円以上							1 (0.1%)	1 (0.1%)
8,501円以上～9,000円以下							2 (0.1%)	0 (0.0%)
8,001円以上～8,500円以下						2 (0.1%)	6 (0.4%)	4 (0.3%)
7,501円以上～8,000円以下						3 (0.2%)	13 (0.8%)	18 (1.1%)
7,001円以上～7,500円以下						8 (0.5%)	25 (1.6%)	35 (2.2%)
6,501円以上～7,000円以下					3 (0.2%)	47 (3.0%)	148 (9.4%)	205 (13.0%)
6,001円以上～6,500円以下			1 (0.1%)	0 (0.0%)	15 (1.0%)	155 (9.8%)	331 (21.1%)	366 (23.3%)
5,501円以上～6,000円以下		3 (0.1%)	15 (0.9%)	13 (0.8%)	155 (9.9%)	456 (28.9%)	475 (30.2%)	488 (31.1%)
5,001円以上～5,500円以下		6 (0.2%)	39 (2.3%)	47 (2.9%)	333 (21.3%)	457 (28.9%)	344 (21.9%)	288 (18.3%)
4,501円以上～5,000円以下		46 (10.5%)	177 (10.5%)	230 (14.1%)	532 (34.0%)	334 (21.2%)	183 (11.6%)	144 (9.2%)
4,001円以上～4,500円以下	1 (0.0%)	142 (5.1%)	397 (23.6%)	504 (31.0%)	348 (22.2%)	91 (5.8%)	34 (2.2%)	15 (1.0%)
3,501円以上～4,000円以下	97 (3.4%)	536 (19.4%)	607 (36.2%)	559 (34.3%)	142 (9.1%)	20 (1.3%)	6 (0.4%)	4 (0.3%)
3,001円以上～3,500円以下	673 (23.2%)	842 (30.5%)	315 (18.8%)	217 (13.3%)	28 (1.8%)	4 (0.3%)	2 (0.1%)	3 (0.2%)
2,501円以上～3,000円以下	1,422 (49.1%)	906 (32.8%)	114 (6.8%)	53 (3.3%)	10 (0.6%)	2 (0.1%)	1 (0.1%)	
2,001円以上～2,500円以下	617 (21.3%)	263 (9.5%)	14 (0.8%)	5 (0.3%)				
1,501円以上～2,000円以下	85 (2.9%)	18 (0.7%)						
全国平均（月額・加重平均）	2,911円	3,293円 対前年比 (+13%)	4,090円 (+24%)	4,160円 (+1.7%)	4,972円 (+20%)	5,514円 (+11%)	5,869円 (+6.4%)	6,014円 (+2.5%)
合　　計	2,895	2,762	1,679	1,628	1,566	1,579	1,571	1,571

注：本資料における保険料額は、保険者ごとの保険料基準額を平均したものである（月額・加重平均）。
　　保険料を経過的に複数設定している保険者については、加重平均により1保険者につき1保険料として計上している。
　　東日本大震災の影響により、暫定的に第4期と同額の保険料基準額に据え置いた13保険者（宮城県4保険者・福島県9保険者）及び平成24年3月末時点で第5期保険料基準額が決定していない1保険者を除く1,566保険者を対象として算出している。
資料：厚生労働省調べ

第3章 介護保険施設の実施状況

1. 1施設当たりの定員、在所者数、利用率

2021年の介護保険施設の種類ごとの1施設当たり定員を見ると、介護老人福祉施設が69.6人、介護老人保健施設が87.0人、介護医療院が62.5人、介護療養型医療施設が32.5人で、介護老人保健施設が最も多くなっています。

一方、2021年9月末現在の利用率は、2023年度末で廃止される予定の介護療養型医療施設を除くと、介護老人保健施設が88.3%と低く、介護老人福祉施設は95.5%、介護医療院は92.9%となっています。なお、利用率を2020年9月末と比較してみると、3施設ともに減少しています。

図3-3-1 ● 1施設当たり定員、在所者数、利用率 (詳細票)

各年10月1日現在

	1施設当たり定員 (人) [1]		1施設当たり在所 (院) 者数 (人) (9月末)		利用率 (%) [2] (9月末)	
	令和3年 (2021)	令和2年 (2020)	令和3年 (2021)	令和2年 (2020)	令和3年 (2021)	令和2年 (2020)
介護老人福祉施設	69.6	69.3	66.5	66.6	95.5	96.0
介護老人保健施設	87.0	86.9	76.9	76.9	88.3	88.5
介護医療院	62.5	63.0	58.1	59.1	92.9	93.9
介護療養型医療施設 [3]	32.5	34.4	27.0	29.3	83.2	85.2

注：1) 詳細票における施設数及び定員から算出しており、基本票における施設数及び定員から算出した数値とは一致しない場合がある。
　　2)「利用率」は、定員に対する在所 (院) 者数の割合である。
　　3) 介護療養型医療施設における「定員」は、介護指定病床数である。

2. 職種別に見た従事者数（詳細票）

　2021年10月1日現在の介護サービスに携わる従事者を施設・事業所ごとの総数で見ると、訪問介護、介護老人福祉施設、通所介護、短期入所生活介護の順に多くなっています。ただし、地域密着型を加えると通所介護に携わる従業員数が最も多くなります。

　介護保険施設の職種別従業員数では、いずれの施設も介護職員が最も多く、介護老人福祉施設が295,957人、介護老人保健施設が127,611人、介護医療院が11,529人となっています。

図3-3-2 ● 職種別に見た従事者数（詳細票）

（単位：人）　　　　　　　　　　　　　　　　　　　　　　　　　　　　　令和3年10月1日現在

	介護保険施設				訪問系			通所系		通所リハビリテーション			その他		
	介護老人福祉施設	介護老人保健施設	介護医療院	介護療養型医療施設[1]	訪問介護	訪問入浴介護	訪問看護ステーション	通所介護	地域密着型通所介護	介護老人保健施設	介護医療院	医療施設	短期入所生活介護[2]	特定施設入居者生活介護	認知症対応型共同生活介護
総　数	486,697	273,797	31,748	16,541	544,439	24,671	148,885	475,775	223,182	67,109	897	57,069	354,179	191,428	257,267
医師	12,615	8,406	3,747	2,554	…	…	…	336	140	5,236	117	6,966	12,269	…	…
看護師[3]	27,418	29,732	6,072	3,346	…	5,993	92,139	38,225	16,593	3,903	86	4,330	20,658	16,123	＊5,596
准看護師	16,515	19,344	3,987	2,246	…	3,748	8,437	25,845	10,392	2,310	35	1,955	13,354	7,119	＊3,359
機能訓練指導員	11,920	…	…	…	…	…	…	59,989	33,504	…	…	…	12,012	6,905	…
看護師（再掲）	3,153	…	…	…	…	…	…	24,009	13,011	…	…	…	3,744	2,342	…
准看護師（再掲）	3,071	…	…	…	…	…	…	16,342	8,519	…	…	…	3,759	1,408	…
柔道整復師（再掲）	1,018	…	…	…	…	…	…	4,890	4,801	…	…	…	806	672	…
あん摩マッサージ指圧師（再掲）	599	…	…	…	…	…	…	1,714	1,838	…	…	…	452	278	…
はり師・きゅう師（再掲）	87	…	…	…	…	…	…	553	650	…	…	…	55	58	…
理学療法士	＊2,391	14,857	1,610	982	…	…	22,579	＊8,067	＊3,179	11,257	137	13,269	＊1,985	＊1,382	…
作業療法士	＊1,305	9,346	862	429	…	…	9,706	＊3,853	＊1,290	6,461	62	4,056	＊1,034	＊636	…
言語聴覚士	＊296	2,572	461	179	…	…	2,750	＊561	＊217	1,579	16	1,133	＊178	＊131	
介護支援専門員	14,060	8,542	1,100	584	…	…	…	…	…	…	…	…	7,124	…	＊＊15,464
計画作成担当者	…	…	…	…	…	…	…	…	…	…	…	…	…	6,589	24,745
生活相談員・支援相談員	13,602	10,965	…	…	…	…	…	57,288	37,859	…	…	…	14,186	8,553	…
社会福祉士（再掲）	3,833	3,657	…	…	…	…	…	4,727	2,620	…	…	…	3,288	993	…
介護職員（訪問介護員）	295,957	127,611	11,529	4,820	512,890	13,568	…	223,488	95,132	33,518	402	24,279	205,945	119,225	212,499
介護福祉士（再掲）	176,896	83,675	6,721	2,047	236,487	4,924	…	93,781	31,847	21,841	233	13,435	122,434	54,420	90,203
実務者研修修了者（再掲）	…	…	…	…	29,937	744	…	…	…	…	…	…	…	…	…
旧介護職員基礎研修課程修了者（再掲）	…	…	…	…	6,838	48	…	…	…	…	…	…	…	…	…
旧ホームヘルパー1級研修課程修了者（再掲）	…	…	…	…	13,932	124	…	…	…	…	…	…	…	…	…
初任者研修修了者（再掲）	…	…	…	…	218,340	2,397	…	…	…	…	…	…	…	…	…
生活援助従事者研修修了者（再掲）	…	…	…	…	895		…	…	…	…	…	…	…	…	…
障害者生活支援員	96	…	…	…	…	…	…	…	…	…	…	…	…	…	…
管理栄養士	9,974	5,927	903	536	…	…	…	2,174	456	2,289	32	793	7,767	…	…
栄養士	2,286	1,037	171	116	…	…	…	1,378	371	339	7	132	2,860	…	…
歯科衛生士	798	693	132	61	…	…	…	616	249	216	4	156	…	…	…
調理員	23,788	8,656	…	…	…	…	…	21,018	8,309	…	…	…	20,532	…	…
その他の職員	48,466	22,432	…	…	31,549	1,362	13,276	45,418	20,176	…	…	…	37,472	26,914	20,023

注：従事者数は実人員数である。
従事者数は調査した職種分のみであり、調査した職種以外は「…」とした。
介護予防を一体的に行っている事業所の従事者を含む。
介護予防のみを行っている事業所は対象外とした。
従事者数不詳の事業所を除いて算出した。
事業所については、一部のサービスの抜粋である。
介護保険施設の職種については抜粋である。

「※」は機能訓練指導員の再掲である。
「＊」は介護職員の再掲である。
「＊＊」は計画作成担当者の再掲である。
1）「介護療養型医療施設」は、介護療養病床を有する病棟の従事者を含む。
2）「短期入所生活介護」は、空床利用型の従事者を含まない。
3）「看護師」は、保健師及び助産師を含む。

第 IV 部

参考資料

第1章 関係用語集

あ

アウトカム

成果、結果。医療では治療や予防による臨床上の成果、介護ではケアの実施による利用者の状態改善を言う。アウトカムは数値で表され、目標の達成度を評価するのが、アウトカム評価である。老健施設における「在宅復帰・在宅療養支援機能加算」では、在宅復帰率やベッド回転率などアウトカムが評価される。

アウトリーチ

「手を伸ばす」という意味。介護・福祉の分野においては、援助が必要であるのにもかかわらず社会福祉サービス等につながっていない人に、訪問による相談などを通じて、援助の利用を促すことを言う。

アクティビティケア

アクティビティとは、趣味をはじめ、歌やゲーム、手芸、陶芸など、心身を活性化するのに役立つさまざまな活動を指す。入所施設や通所施設などで実施される。こうした活動を提供するのがアクティビティケアで、アメリカでは専門的なワーカーによって行われている。

アセスメント

事前評価、初期評価のこと。出発点は、道路や空港、ダムなどを建設する前に環境への影響を調査するという仕組み。介護分野では、利用者が直面している生活上の困難を解決するために、必要な情報を集めて分析して関連付けをし、利用者にとっての課題を明らかにすることを言う。

アセッサー

評価・査定をする人、評価者。介護プロフェッショナルキャリア段位制度では、施設・事業所内において、評価の対象者である介護職員の「できる（実践的スキル）」の度合いを評価するとともに、OJT を行いながら介護職員のキャリアアップを支援する。介護キャリア段位制度レベル４以上の者、介護福祉士として３年以上の実務経験があり介護福祉士実習講習会を修了した者ほか、所定の条件を満たした者が一般社団法人シルバーサービス振興会が行っているアセッサー講習を修了し、アセッサーとなることができる。

➡介護プロフェッショナルキャリア段位制度の項参照

アルツハイマー型認知症

認知症で最も多い原因疾患で、記憶障害や学習の低下から始まり、徐々に症状が進行する病気。脳の海馬周辺から萎縮が認められる。症状としては、初期から記憶・記銘障害（もの忘れ）が目立ち、外界に対する注意力低下がみられる。中期には失行、失認。末期には人格変化、無言・無動となる。進行を遅らせる薬はあるが、根本治療薬は開発されていない。

➡血管性認知症、認知症、レビー小体型認知症、レカネマブの項参照

維持期リハビリテーション

急性期、回復期のリハビリテーションで回復した心身の機能を、維持するために行われるリハビリテーション。病状や障害の状態が比較的安定しているときに実施される。広くは、生活環境の整備などを含む。生活期リハビリテーション、慢性期リハビリテーションとも言う。

➡回復期リハビリテーション、急性期リハビリテーションの項参照

異食

食べ物以外を食べたり、飲み込んだりする行為。BPSD の一つ。

➡ BPSD の項参照

一般病棟入院基本料

療養病棟、結核病棟、精神病棟以外の一般病棟が算定する。急性期一般入院基本料と地域一般入院基本料とに大別され、看護師配置、平均在院日数、重症患者の割合などにより細分化されている。

医療ショート ＊

老健施設が提供する短期入所療養介護のうち、医療ニーズに応じる場合の通称。老健施設における在宅支援機能の一つで、要件を満たした場合に「総合医療管理加算」が７日間を限度に算定できる。

➡短期入所療養介護の項参照

胃ろう

口腔からの飲食物の摂取が十分にできない場合や長期間にわたって栄養管理を必要とする場合に行われる経管栄養法。胃の内腔と腹壁の間にろう孔という穴を造り、チューブを通して設置する。

インテーク

健康や生活上の課題を抱えていたり、困り事があったりする人の家庭を訪問して行う初回面接。介護施設では、利用を希望する人と施設側が出会って面接を行うことを言う。援助の入り口に位置づけられる。利用者側の主訴や要望を聞き取り、自施設で援助を開始することがふさわしいかどうかの判断も含む。

院内感染 *

病院内で感染症が発生すること。病院外で発生する感染症（市中感染症）とは病原体が異なることもある。新型コロナウイルス感染症では、総合病院を含む医療機関で院内感染が起きた。

インフォーマルケア

インフォーマルサービスとも言う。家族、友人、地域住民、ボランティアなどが行う支援。公的な制度（介護保険制度など）に基づくフォーマルサービスと区別される。

インフォームドコンセント

以前から「説明と同意」と訳されてきた。説明だけにとどまらず、医療を受ける人が医師らから十分な説明を受けた上で理解し、同意のうえで治療法などを選択することを意味する。より患者側に立った考え方として、「インフォームドチョイス」がある。
➡シェアドディシジョンの項参照

エアロゾル感染

空中に浮遊するウイルスを含むエアロゾルを吸い込むことで起こる感染。エアロゾルとは、気体中に浮遊する微小な液体または微粒子のこと。

エビデンス

証拠や根拠のこと。医療・介護の分野では、この治療法やケアの方法がよいと言える証拠のこと。科学的根拠とも言われる。

嚥下、嚥下障害

嚥下は食べ物や飲み物を飲み込み、食道から胃へと送り込む一連の動作を指す。この動作がうまくいかないのが嚥下障害。水分を摂る時にむせやすかったり、食事が喉につかえたり、食事に時間がかかったりする。
※一般社団法人日本耳鼻咽喉科頭頸部外科学会などによる。

エンゼルケア

亡くなった人に行う死後の処置。遺体の保清、更衣、メイクなどを行う。

応益負担、応能負担

「応益負担」は、所得に関係なく、受ける利益に応じた負担をすること。消費税がこれにあたる。「応能負担」は、所得に応じて負担すること。所得税がこれにあたる。介護保険制度のサービス利用は、応益負担であるが、所得の低い人に対しては、減免措置がある。

音楽療法

音楽の持つ特性を効果的に活用して行う療法。メンタルケア、認知症のケア、緩和ケアなどに取り入れられている。発達障害、精神疾患、終末期の患者、認知症、その他の要介護高齢者などを対象に、病院、介護保険施設、障害者施設、通所施設などで実施されている。

か

介護医療院

介護保険施設の一つ。介護療養型医療施設に代わる施設として2018年から開設が始まった。日常的な医学管理、看取り機能、生活施設としての機能を提供する。なお、介護療養型医療施設は、2024年3月末に全面廃止となる。

介護記録

要介護者にかかわる情報を介護職や医療専門職らが共有し、質の高い介護を行うために定型化された記録。書式の違いから「利用者台帳」や「ケース記録」などとも呼ばれる。記録の電子化により、介護職の負担軽減が期待されている。

外国人技能実習制度

開発途上国への人材育成を通じた「国際貢献」のために、日本で学んだ技能・技術・知識を出身国に役立てることを目的とする制度。受け入れ期間は最長5年。2017年11月に外国人の技能実習の適正な実務及び技能実習生の保護に関する法律（技能実習法）が施行され、受け入れ可能な職種に「介護」が追加された。

介護サービス情報の公表

介護サービス事業者が行うサービス内容を、事業者が自らの責任において公表し、利用者が主体的に事業所を選択できるようにする仕組み。情報提供は都道府県が行い、「介護サービス情報システム」を使って、インターネットで情報を入手することができる。

介護福祉士

1987年に5月に公布された「社会福祉士及び介護福祉士法」によって定められた介護を行う専門職。身体

や精神上の障害があるために日常生活に支障がある人に
その状況に応じた介護を行うとともに、家族介護者らに
対して指導を行う。介護福祉士は、介護にかかる一定の
知識や技能を習得していることを証明する国家資格であ
る。
➡認定介護福祉士の項参照

介護プロフェッショナルキャリア段位制度

2012年秋から始まった職業能力のレベル認定制度の
一つ。キャリア段位制度とは、成長分野における実践的
な職業能力の評価・認定制度である。「わかる（知識）」
と「できる（実践的スキル）」の両面で評価する。介護
福祉士の資格取得や介護職員実務者研修・介護職員初任
者研修の修了などを通じて「わかる（知識）」を評価し
つつ、アセッサーにより「できる（実践的スキル）」の
能力評価を行う。エントリーレベルからプロレベルまで
7段階でレベル認定が行うが、介護プロフェッショナル
キャリア段位制度では、当面レベル1～4までのレベル
認定を行っている。
➡アセッサーの項参照

介護報酬

事業者が利用者に介護サービスを提供した場合に、そ
の対価として事業者に払われる報酬のこと。原則として、
利用者は1～3割を自己負担し、残りの7～9割が介護
保険から支払われる。サービスごとに要介護度などに応
じた介護報酬が決められている。また、サービス提供体
制や利用者の状況に応じて加算・減算がある。

介護保険事業計画

介護保険の保険者である市町村が介護保険の保険給付
を円滑に実施するために定める計画。介護サービスを提
供する体制の確保や地域支援事業の実施に関する事項、
サービスの種類ごとの見込量や確保するための施策など
を定める。第6期計画（平成27～29年度）以降は、「地
域包括ケア計画」の性格が加味された。また、都道府県
は「介護保険事業支援計画」を定める。1期（3年）ご
とに策定される。

介護予防・日常生活支援総合事業

市町村で行う地域支援事業の一つで「総合事業」と呼
ばれる。地域の高齢者を対象に、それぞれの状態や必要
性に合わせた事業を提供する。要支援認定を受けた人と
基本チェックリストで事業対象と認定された人が利用で
きる「介護予防・生活支援サービス事業」と、65歳以
上の全ての人が利用できる「一般介護予防事業」がある。
要支援認定者に提供される訪問型サービスと通所型サー
ビスは、介護予防・生活支援サービス事業に含まれる。
➡地域支援事業の項参照

介護老人福祉施設

介護保険施設の一つで「特別養護老人ホーム」のこと。
施設サービス計画に基づいて、入浴、排泄、食事等の介
護その他の日常生活上の世話、機能訓練、健康管理およ
び療養上の世話を行う施設。2015年より新規入所者が
原則要介護3以上に限定されることになった。

介護老人保健施設（本書では老健施設と表記）

介護保険施設の一つ。介護を必要とする高齢者の自立
を支援し、在宅における生活を営むための支援を必要と
する要介護者ために、医師による医学的管理の下、看護・
介護といったケアはもとより、作業療法士や理学療法士
等によるリハビリテーション、また、栄養管理・食事・
入浴などの日常サービスまで併せて提供する施設。利用
できるのは、病状が安定していて入院治療の必要がなく、
リハビリテーションを必要とする要介護1～5の人。在
宅復帰率やベッド回転率その他の評価指標により、「超
強化型」「在宅強化型」「加算型」「基本型」「その他型」
の5類型がある。

疥癬（かいせん）

ヒゼンダニ（疥癬虫）が皮膚の角質層に寄生し、人
から人へ感染する皮膚の疾患。非常に多数（100万～
200万）のダニの寄生が認められる「角化型疥癬（ノ
ルウェー疥癬）」と、少数寄生（数十匹以上）の「通常
疥癬」とがある。通常感染は、かゆみが強いが感染力は
それほど強くない。角化型疥癬のかゆみは不定だが、角
質の増殖が特徴的な症状で、感染力がとても強い。病院
や介護施設などでは集団発生が起こり、患者（利用者）
だけではなく職員にも感染する。
※国立感染研究所などによる。

回想法

アメリカの精神科医のロバート・バトラーが1960
年代に提唱した認知症高齢者などへの心理療法。昔懐か
しい写真、道具、音楽などを材料にして、思い出を語り
合ってもらう。例えば行事、遊び、学校、仕事、子育て、
旅行、季節、出来事などテーマを設定し、訓練された職
員やセラピストが媒介して、昔の思い出を語り合う。コ
ミュニケーション力の改善、非言語的表現の豊かさの増
進、意欲の向上、集中力の増大、社会的交流の促進など
の効果がある。グループ回想法と個人回想法がある。

回復期リハビリテーション

急性期を脱した後、症状が安定に向かっているときに
行うリハビリテーション。回復能力が高いのがこの時期
の特徴で、密度の濃いリハビリテーションを集中的に行
うことで、その後の安定した日常生活の維持につながる。
歩行訓練、関節可動域の訓練、日常生活動作の練習のほ

か、言語障害がある場合は言語訓練などが行われる。
➡維持期リハビリテーション、急性期リハビリテーションの項参照

回復期リハビリテーション病棟

急性期病院での治療を終えた後、脳血管疾患、脊髄損傷、頭部外傷、大腿骨頸部骨折などの患者に対して、社会や家庭への復帰を目指して集中的にリハビリテーションを行うための病棟。厚生労働省が入院できる疾患や入院期間（180日、90日、60日）を定めている。

科学的介護情報システム
(LIFE：Long-term care Information system For Evidence)

介護施設・事業所が行っているケア計画やケアの実施内容を利用者の状態とともに一定の書式で入力し、インターネットで厚生労働省へ送信すると、入力内容が分析されてフィードバックが行われる情報システム。フィードバック情報の活用だけではなく、介護施設・事業所内でのデータの収集・蓄積により、多職種協働での利用者へのアプローチ改善が期待できる。

かかりつけ医

内科や耳鼻科、整形外科など、普段からかかわりのある身近な医師が地域の医療において果たす役割は大きく、「主治医」となることも多い。病状を適格に判断して専門的な医療機関への橋渡しをしたり、地域包括ケアにつなげたりするなど重要性が高まっている。

管理栄養士

病気で療養する人などのために、高度で専門的な栄養指導などを行う。栄養士法に基づく資格で、栄養士免許を取得後に、国家試験に合格する必要がある。病院や介護施設など多くの入院患者や入居者らの体の状況や栄養状態などを勘案し、場合によっては食事を変えるなどの特別な配慮をすることもある。

緩和ケア

生命を脅かす疾患による問題に直面する患者とその家族に対して、疾患の早期より、痛み、身体的問題、心理社会的問題、スピリチュアルな問題に関して適切な評価を行い、それが障害とならないように予防したり対処したりすることで、QOLを改善するためのアプローチ。終末期だけではなく、がんなどの生命を脅かす疾患と診断されたときから、治療とともに行われる。
※WHO（世界保健機関）の定義などによる。

急性期リハビリテーション

脳卒中やけがなどの急な傷病の発症から数日後～1カ月くらいの期間で行われるリハビリのこと。急性期の治療中に行われるのが特徴で、できるだけ早い段階からリハビリを実施することで、寝たきりの防止や後遺症の軽減効果があるとされている。筋萎縮、関節拘縮、骨萎縮、心機能低下、褥瘡、精神的な落ち込み、見当識障害などの廃用症候群の防止・軽減が目的。全身状態が安定していないことが多いので、負担の少ないリハビリを中心に実施する。
➡維持期リハビリテーション、回復期リハビリテーションの項参照

区分支給限度基準額

介護保険の在宅サービスなどを利用する際に介護保険から給付される1カ月あたりの上限額。要介護（要支援）状態区分別にサービスを利用できる額が決められている。区分内であれば、サービスを利用した費用の1～3割が自己負担となる。介護保険施設、認知症グループホーム、居宅療養管理指導などのサービスは区分支給限度基準額に含まれない。

クライエント（クライアント）

「依頼人」と訳される。広告代理店の顧客、弁護士の依頼人、カウンセリングなどの心理療法を受ける人、ソーシャルワークにおける相談者のこと。介護分野では利用者を指す。

クラスター、クラスター感染

クラスターは群れや集団を意味する言葉。医療・介護面では、限られた空間やある施設内で感染症が広がる状態を言う。持病を抱える高齢者にとってクラスター感染を防ぐことは極めて重要である。新型コロナウイルス感染症により、介護施設などは入居者への面会を制限するなどの措置を講じた。

グループホーム

知的障害者や精神障害者、認知症高齢者などが、専門職員の支援のもとに、共同で地域生活を送る住居形態。知的障害者や精神障害者は「障害者総合支援法」、認知症高齢者は「介護保険法」の給付対象サービスとなっている。

ケアカンファレンス

介護や医療現場で行われる会議のこと。介護の現場では、援助に関わる多職種の担当者が集まり、利用者情報、課題分析、ケア計画、ケア目標、ケア方針、モニタリングなどの共有や検討などを行う。

ケアハウス

家庭環境や住宅事情などの理由により、家庭での生活が困難な人に、食事の提供や日常生活のサポートを行う施設。軽費老人ホームの一種で、「軽費老人ホームC型」

がケアハウスにあたる。「一般（自立）型」と「介護型」があり、一般（自立）型ケアハウスは、60歳以上（夫婦の場合はどちらかが60歳以上）が利用できる施設で、介護サービスの利用は外部事業者との契約となる。介護型ケアハウスは、特定施設入居者生活介護の指定を受けている施設で、65歳以上で要介護1以上が入居できる。

ケアマネジメント

相談援助を行いながら、利用者と一緒に生活課題を明確にし、その課題を解決していこうとするプロセス総体のこと。インテーク、アセスメント、ケアプラン作成、サービス調整、ケアプランの実施、利用者およびサービス提供状況のモニタリング、再アセスメントといったプロセスを循環させながら、利用者の福利を実現する。介護保険では、介護支援専門員がケアマネジャーとしてケアマネジメントを行う。

経管栄養

口から食物を摂ることができない場合にチューブを通して胃や腸に直接栄養剤を送る。鼻からチューブを挿入する「経鼻経管栄養法」、胃に小さな穴を開ける「胃ろう」、腸に小さな穴を開ける「腸ろう」、栄養剤を注入するときだけ口からチューブを食道まで通す「間欠的口腔食道栄養法」がある。

経口感染

病原体を含む食物や水を口から摂取した結果起こる感染。病原体を含む糞が手指を介して口に入る「糞口感染」も経口感染の一種。

血管性認知症　　　　　　　　　　　　　　＊

脳梗塞、脳出血、くも膜下出血など、動脈硬化などの血管の病変により引き起こされる。脳血管疾患により、脳細胞に血液が届かなくなり、脳の機能が失われることによって認知症が発生する。症状は脳の障害部位や障害の程度によって異なる。記憶力や思考力の低下以外にも、手足の麻痺、言語障害、嚥下障害、失禁など、さまざまな症状が見られる。再発を繰り返すことが多い。
➡ アルツハイマー病、認知症、レビー小体型認知症の項参照

健康寿命

以前の平均寿命を重視する考え方から、寝たきりなどにならず、できるだけ介護を必要としなくて生活できる人生の期間が重視されるようになった。超高齢化社会では、平均寿命と健康寿命との差を縮めることが課題になっている。2019年時点の健康寿命は、男性は72.68歳、女性は75.38歳である。
➡ 平均寿命の項参照

言語聴覚士
(ST：Speech-Language-Hearing Therapist)

言葉によるコミュニケーション、聴覚、嚥下に困難を抱える人に対し、問題の種類や程度、困難が発生する仕組みを評価（機能評価）し、その結果に基づいて訓練、指導、助言を行う国家資格。1998年9月に施行された言語聴覚士法によれば、「厚生労働大臣の免許を受けて、言語聴覚士の名称を用いて、音声機能、言語機能又は聴覚に障害のある者についてその機能の維持向上を図るため、言語訓練その他の訓練、これに必要な検査及び助言、指導その他の援助を行うことを業とする者」と定義されている。
➡ 作業療法士、理学療法士の項参照

高額介護サービス費

介護保険の被保険者が介護サービスを利用した際に、支払った1カ月あたりの自己負担額が一定の額を超えた場合に支給される介護給付。施設サービスを利用した場合の食費、住居費は対象とならない。また、介護と医療の1年間の自己負担額が一定の額を超えた場合には、「高額介護合算療養費」が支給される。

抗原検査

病気やアレルギーを引き起こす「抗原」を検出するための検査。体内で免疫反応を引き起こす抗原には、ウイルスや細菌のほか、アレルギーを引き起こす花粉などがある。新型コロナウイルス感染症の流行以前からインフルエンザや肺炎などの抗原の有無の確認に抗原検査は使われてきた。PCR検査に比べて精度では劣るが、短時間で結果が分かるメリットもある。
➡ PCR検査の項参照

高次脳機能障害

事故によるけがや脳血管障害による脳損傷などによって発生する認知障害全般を指す。感染症や中毒疾患も原因となる。記憶障害、注意障害、遂行機能障害、社会的行動障害により、生活に支障を来すようになる。最も現れやすいのが失語症で、注意障害、記憶障害、半側空間無視なども多い。認知症と間違われやすいが、認知症は徐々に、または段階的に進行するのが特徴。高次脳機能障害は基本的に進行しない。

控除対象外消費税

企業が消費税を計算する際、課税売上高に応じて控除できない仮払消費税のこと。例えば、介護報酬は非課税であり、利用者から消費税を徴収できない。一方、サービスを提供するための設備や物品などの仕入れには消費税がかかっている。そのため、仕入れ分にかかる消費税は、仕入れ税額控除を行わないため損金とな

る。こうした控除対象外消費税の問題に対して、「その税負担分は介護報酬で手当てされている」としている〔社会保障審議会 介護費給付費分科会第164回（平成30年11月12日）参考資料1〕。

高齢化率

総人口に占める65歳以上人口の割合。2023年9月15日現在の推計では、高齢化率は29.1%となり、前年に比べて0.1%上昇し過去最高となった。

高齢者虐待

2006年4月1日に施行された「高齢者虐待の防止、高齢者の養護者に対する支援等に関する法律（平成17年法律第124号）」（高齢者虐待防止法）によると、養護者（家族など）による高齢者虐待として、「身体的虐待」「介護・世話の放棄・放任」「心理的虐待」「性的虐待」「経済的虐待」の5つの類型が挙げられている。また、養介護施設（介護保険施設や有料老人ホームなど）または養介護事業所（居宅サービス事業所など）の職員が行う上述の5つの類型も高齢者虐待であるとされている。高齢者虐待を防止するため、保険者である市町村は、地域支援事業の一つとして、「被保険者に対する虐待の防止及びその早期発見のための事業その他の被保険者の権利擁護のため必要な援助を行う事業」の実施が義務づけられている。

➡地域支援事業の項参照

誤嚥性肺炎

加齢などにより嚥下機能が低下すると、食べかすや胃液などが誤って気管に入りやすくなる。これにより発症する肺炎のこと。高齢者の死因は肺炎が上位を占めるため、肺炎球菌感染の予防とともに誤嚥性肺炎の予防が課題となっている。
※厚生労働省、長寿科学振興財団などによる。

➡摂食・嚥下障害の項参照

さ

在留資格「介護」

外国人が介護施設で介護職として働くための在留資格。2017年9月1日に就労ビザとして認められた。就労内容は、介護福祉士の資格を取得し、介護施設で介護または介護の指導に従事する場合に在留資格が与えられる。「養成施設ルート」と「実務経験ルート」の2つがある。養成施設ルートは、外国人留学生として入国し、介護福祉士養成施設で学び、介護福祉士国家試験に合格する方法。実務経験ルートは、技能実習生等として入国し、介護施設等で就労・研修を行い、介護福祉士国家試験に合格する方法である。なお、養成施設ルートでは、

2027年3月末までの卒業生に限り経過措置が適用されるため、養成施設を卒業することで介護福祉士の資格が取得できることになっている。

在留資格「特定技能」

国内人材の確保が困難な「介護」などの14分野において、一定の専門性・技能を有し、即戦力となる外国人人材を労働者として受け入れるための新たな在留資格として「特定技能」が創設され、2019年4月から受け入れが可能となった。特定技能は、「特定技能1号」と「特定技能2号」の2種類があり、介護分野は「特定技能1号」のみの受け入れとなっている。特定技能1号とは、相当程度の知識または経験を必要とする技能を要する業務に従事する外国人向けの在留資格である。なお、2022年5月から14分野のうちの3分野が統合され、11分野となっている。
※公益財団法人国際人材協力機構による。

作業療法士 (OT：Occupational Therapist)

身体や精神に障害がある人に作業療法を行う国家資格。一般社団法人日本作業療法士協会は、作業療法を「作業療法は、人々の健康と幸福を促進するために、医療、保健、福祉、教育、職業などの領域で行われる、作業に焦点を当てた治療、指導、援助である。作業とは、対象となる人々にとって目的や価値を持つ生活行為を指す」と定義している。また、「作業には、日常生活活動、家事、仕事、趣味、遊び、対人交流、休養など、人が営む生活行為と、それを行うのに必要な心身の活動が含まれる」としている。
※一般社団法人日本作業療法士協会による。

サービスコード

正式名称は、「介護給付費単位数サービスコード」。介護給付費等の請求の際に用いられるサービス種類コードとサービス項目コードから構成される6桁のコードである。

サービス付き高齢者向け住宅

2011年の「高齢者の居住の安定確保に関する法律（高齢者住まい法）」の改正により創設された登録制度。同年10月から登録が開始された。高齢者単身・夫婦世帯が居住できる賃貸等の住まいで、バリアフリー構造、一定の面積・設備、ケアの専門家による安否確認や生活相談サービスを備えることが要件となっている。

サルコペニア

加齢によって筋肉量や筋力が低下する老化現象。立ち上がることや歩くことが段々おっくうになり、放っておくと歩行困難な状態に陥ることもある。厚生労働省はフレイルや要介護との関連を重視している。

社会的入院

医学的には入院の必要性がないにもかかわらず、家庭の事情などの生活上の都合で入院生活を余儀なくされている状態。

社会福祉士

1987年5月に公布された「社会福祉士及び介護福祉士法」で位置づけられた国家資格。同法によれば「専門的知識及び技術をもって、身体上もしくは精神上の障害があること、または環境上の理由により日常生活を営むのに支障がある者の福祉に関する相談に応じ、助言、指導、福祉サービスを提供する者又は医師その他の保健医療サービスを提供する者その他の関係者との連携及び調整その他の援助を行うことを業とする者」とされている。公益社団法人日本社会福祉士会の倫理綱領の前文には、「われわれ社会福祉士は、すべての人が人間としての尊厳を有し、価値ある存在であり、平等であることを深く認識する。われわれは平和を擁護し、社会正義、人権、集団的責任、多様性尊重および全人的存在の原理に則り、人々がつながりを実感できる社会への変革と社会的包摂の実現をめざす専門職であり、多様な人々や組織と協働することを言明する」とある。
※公益社団法人日本社会福祉士会による。

集団免疫

人口の一定割合以上の人が免疫を持つと、感染患者が出ても、他の人に感染しにくくなることで、感染症が流行しなくなる状態のこと。
※厚生労働省、新型コロナワクチンQ&Aによる

償還払い（しょうかんばらい）

費用の全額を自費でいったん立て替えて払い、申請により規定の額が払い戻される仕組みのこと。介護保険償還払いの対象となるのは、ケアプランを作成しないで指定事業者を利用した場合、要介護認定申請から認定までの間に指定事業者を利用した場合、介護保険料滞納で償還払いとされている場合、福祉用具購入費、住宅改修費、高額介護サービス費がある。なお、福祉用具購入費と住宅改修費については、「受領委任払い」が可能になる場合がある。受領委任払いとは、1～3割を利用者が事業者に支払い、保険給付対象の7～9割分を利用者からの委任に基づき保険者（市町村）が事業者に支払う制度。

小規模多機能型居宅介護

介護保険における地域密着型サービスの一つ。「通い」「宿泊」「訪問」を組み合わせて利用できるサービス。そのバランスなどについて、厚生労働省は、「利用者の選択に応じて、施設への『通い』を中心として、短期間の『宿泊』や利用者の自宅への『訪問』を組合せ、家庭的な環境と地域住民との交流の下で日常生活上の支援や機能訓練を行う」としている。
➡看護小規模多機能型居宅介護、地域密着型サービスの項参照

常勤換算従業者数

「常勤」とは、従業員の勤務時間数が、事業所において定められている常勤の従業員が勤務すべき時間数に達していることを言う。常勤換算従業者数は、従業者の勤務延時間数を、事業所において常勤の従業者が勤務すべき時間数（週32時間を下回る場合は週32時間を基本とする）で除することにより計算する。

褥瘡（じょくそう）

「床ずれ」とも言う。寝たきりなどによって、体重で圧迫されている場所の血流が悪くなったり滞ることで、皮膚の一部が赤い色味をおびたり、ただれたり、傷ができてしまうこと。
※一般社団法人日本褥瘡学会による。

所定疾患施設療養費

老健施設による入所者への医療提供に関する加算の一つ。肺炎等により治療を必要とする状態となった入所者に対し、治療管理として投薬、検査、注射、処置等が行われた場合に、1回に連続する7日（所定疾患施設療養費Ⅰ）または10日（所定疾患施設療養費Ⅱ）を限度とし、月1回に限り算定できる。対象疾患は、肺炎、尿路感染症、帯状疱疹（抗ウイルス剤の点滴注射を必要とする場合に限る）、蜂窩織炎の4つ。

新型コロナウイルス感染症

➡ COVID-19の項参照

人生会議

ACP（アドバンス・ケア・プランニング）の愛称。
➡ ACPの項参照

診療報酬

医療保険証が使える保険医療機関および保険薬局が保険医療サービスに対する対価として保険者から受け取る報酬のこと。診療報酬のうち、自己負担分（原則3割で年齢や所得に応じて異なる）は患者が、残りは患者が加入している医療保険者が医療機関に支払う。

スタンダードプリコーション
(Standard precautions)

CDC（米国疾患予防センター）が提唱する標準予防策。「すべての人は病原体を保有している」と考え、患者（利

用者）および周囲の環境に触れるときは手指衛生を行い、血液、湿性生体物質、粘膜などに曝露（ばくろ：体がさらされること）する恐れがあるときは個人防護具（PPE）を用いることを言う。

➡ PPE の項参照。

生産性向上

生産性とは、労働力や設備・機器・原材料などを投入（インプット）したことで得られる生産量・付加価値・利益などの量（アウトプット）の指標のこと。アウトプット÷インプットで計算される。生産性には、投入した資本の視点から見る「資本生産性」や労働の視点から見る「労働生産性」などいくつかの種類がある。介護分野における生産性は、「労働生産性」を指し、一般的に、職員1人あたり、あるいは、就業1時間あたりの付加価値として計算される。海外主要国の生産性と比較し、日本の労働生産性が決して高くないことが昨今の話題になっているが、介護分野における厳しい人材確保の現状から考えると、生産性の向上は喫緊の課題となっている。厚生労働省は、「介護サービス事業における生産性向上に資するガイドライン」を作成し、生産性向上を呼びかけている。

成年後見制度

認知症を患う高齢者や知的障害者、精神障害者など、意思・判断能力が不十分になった人に対して、金銭管理や契約の補助・代理などをする制度。成年後見制度は大きく「法定後見」と「任意後見」に分けられる。法定後見は本人の能力が不十分な場合に利用する制度で、補助、保佐、後見の3種類があり、それぞれの援助者が行えることは補助人、保佐人、成年後見人の順に多くなる。一方、任意後見は、本人の判断能力があるうちに自ら後見人になってくれる人と契約しておく制度である。

摂食嚥下障害（せっしょくえんげしょうがい）

口から食べこと（摂食）、飲み込むこと（嚥下）の障害のこと。高齢者においては、老化による機能低下、脳血管障害、パーキンソン病、脳外傷などで発生する。摂食嚥下障害があると、体重の減少、低栄養、脱水、飲み込んだものが気管に入る誤嚥、窒息などが起こる恐れがある。

➡誤嚥性肺炎の項参照

せん妄

突然に発生する脳機能の乱れのこと。脱水、炎症、貧血、手術、薬剤の服用などで発生する。高齢者の場合、認知症と誤認されることがあるが、認知症と異なり、せん妄は一般的に一過性である。ただし、認知症と合併することもある。言葉が乱れる、落ち着かずじっとしていられない、性格が変わる、忘れっぽくなる、昼夜が逆転するなどの諸症状が起こる。

全老健版ケアマネジメント方式 ～R4システム～

全老健が開発した多職種協働に資する施設におけるケアマネジメント方式。入所前の利用目的の把握からはじまり、プラン実行によるケアの質の担保、ICFを用いた身体・認知機能の評価、多職種協働のケアマネジメントなどが盛り込まれている。施設ケアだけではなく通所ケアなどにも活用できる。

➡ ICF の項参照

ゾーニング

区域を分けること。感染症流行時の施設ケアでは、病原体により汚染されている区域（汚染区域）と汚染されてない地区（清潔区域）を区分けすることを指す。新型コロナウイルス感染症流行時には、グリーンゾーン（清潔区域）、レッドゾーン（汚染区域）、イエローゾーン（清潔・汚染の接点区域）に分けるなどして、感染対策が行われた。

た

ターミナルケア

終末期の医療・看護・介護を指す。末期がんなど治癒する見込みがない患者に対して、延命中心の治療を行うのではなく、患者の人格を尊重して身体的・精神的苦痛を取り除き、残された人生をその人らしく生きられるように援助を行うケアのこと。

➡ ACP、人生会議の項参照

体位　　　　　　　　　　　　　　　＊

体が静止している時の構えや姿勢の状態のこと。「立位」、長座位、半座位、椅座位、端座位などの「座位」、側臥位、仰臥位、腹臥位などの「臥位」などに分かれる。

第1号被保険者、第2号被保険者

年金や介護保険で使われる被保険者の分け方。介護保険においては、65歳以上の人を第1号被保険者、40歳から64歳までの介護保険加入者を第2号被保険者と言う。

多死社会

人口構成の超高齢化がもたらす「死亡者増加」「人口減少」による社会問題のこと。

短期入所生活介護（ショートステイ）

介護保険における居宅サービスの一つ。利用者が可能な限り自宅で生活できるように、介護老人福祉施設や短期入所施設に短期間入所して、入浴、排泄、食事等の介

護その他の日常生活上の世話及び機能訓練を行う（介護
保険法）。連続利用日数は 30 日まで。

短期入所療養介護（ショートステイ）

介護保険における居宅サービスの一つ。利用者が可能
な限り自宅で生活できるように、介護老人保健施設や介
護医療院などに短期間入所して、看護、医学的管理の下
における介護及び機能訓練その他必要な医療並びに日
常生活上の世話を行う（介護保険法）。連続利用日数は
30 日まで。短期入所生活介護に比べて医療ニーズの高
い利用者を受け入れられるのが特徴で、「総合医学管理
加算」（利用中に 7 日を限度）が加算できるいわゆる「医
療ショート」のサービスが提供できる。
➡医療ショートの項参照

地域共生社会

国が進める地域社会改革を包括する概念。2016 年 6
月に閣議決定された「ニッポン一億総活躍プラン」に盛
り込まれた。制度・分野ごとの「縦割り」や「支え手」「受
け手」という関係を超えて、地域住民や地域の多様な主
体が参画し、人と人、人と資源が世代や分野を超えてつ
ながることで、住民一人ひとりの暮らしと生きがい、地
域をともに創っていく社会を指す。地域包括共生社会実
現のための法整備も進んでおり、2020 年 6 月には、「地
域共生社会の実現のための社会福祉法等の一部を改正す
る法律」が成立した。
※厚生労働省「地域共生社会のポータルサイト」による。

地域支援事業

介護保険の保険者である市町村が行う事業の一つ。市
町村が被保険者の要介護状態・要支援状態の防止、要介
護状態の軽減・悪化の防止などを目的として実施する事
業。「介護予防・日常生活支援総合事業」「包括的支援事
業」他の事業がある。
➡介護予防・日常生活支援総合事業の項参照

地域包括ケアシステム

国が構築をめざす地域社会の基盤となる概念。2019
年 6 月に成立した「地域における医療及び介護の総合的
な確保の促進に関する法律」では、地域包括ケアシステ
ムを「地域の実情に応じて、高齢者が、可能な限り、住
み慣れた地域でその有する能力に応じ自立した日常生活
を営むことができるよう、医療、介護、介護予防（略）、
住まい及び自立した日常生活の支援が包括的に確保され
る体制をいう」と定義している。

地域包括ケア病棟

急性期治療を経過し、病状が安定した患者に対して、
住み慣れた地域での療養（在宅や介護施設への復帰）を
支援する病棟のこと。入院期間は 2 カ月まで。2014（平

成 26）年度の診療報酬改定で新設された。

地域包括支援センター

介護保険法改正により 2006 年度から運用が始まっ
た機関。介護保険法には「市町村が設置主体となり、保
健師・社会福祉士・主任介護支援専門員等を配置して、
住民の健康の保持及び生活の安定のために必要な援助を
行うことにより、地域の住民を包括的に支援することを
目的とする施設」（第 115 条の 46 第 1 項）と規定され
ている。市町村直営または委託で運営される。「総合相
談支援業務」「介護予防ケアマネジメント業務」「権利擁
護業務」「包括的・継続的ケアマネジメント業務」その
他を行う。

地域密着型サービス　　　　　　　　　　＊

介護保険で提供されるサービスの類型。介護保険サー
ビスのうち、いくつかのサービスについて、事業所の指
定が都道府県から市町村に移管され、2006 年度から始
まった。その後新設されたサービスを含め、12 種類の
サービスがある。
➡看護小規模多機能型居宅介護、小規模多機能型居宅介
　護、定期巡回・随時対応型訪問介護看護の項参照

地域連携診療計画（地域連携パス）

「地域連携パス」が一般的な呼び方。「地域連携クリティ
カルパス」とも言う。急性期病院から回復期病院を経て
早期に自宅に帰れるような診療計画を作成し、治療に
あたるすべての医療機関で共有して用いるもの。診療に
あたる複数の医療機関が、役割分担を含め、あらかじめ
診療内容を患者に提示・説明することにより、患者が安
心して医療を受けることができる。2006 年の厚生労働
省「医療制度改革大綱による改革の基本的な考え方」に
おいて「医療機能の分化・連携の推進による切れ目のな
い医療の提供」のツールとして「地域連携パス」が取り
上げられ、2006 年度の診療報酬改定で、大腿骨頸部骨
折の地域連携パスが診療報酬上に評価に組み入れられた
のが最初。2008 年には脳卒中が加わった。その後、地
域包括システムの推進の中で積極的に評価されるように
なった。

通所介護（デイサービス）

介護保険における居宅サービスの一つ。デイサービス
センターなどに日帰りで通い、入浴、食事などの介護サー
ビス、健康状態の確認、機能訓練を行う。要支援者向け
の介護予防通所介護は廃止され、市町村が実施する介護
予防・日常生活支援総合事業から要支援者向けの通所型
サービスが提供されている。
➡お泊まりデイサービス、日常生活支援総合事業の項参
　照

通所リハビリテーション（デイケア）

介護保険における居宅サービスの一つ。介護老人保健施設、介護医療院、病院・診療所において、医師の医学管理の下で、利用者の心身回復や日常生活の自立を目指してリハビリテーションを行う。要支援者向けには、介護予防通所リハビリテーションが提供される。

定期巡回・随時対応型訪問介護看護

介護保険における地域密着型サービスの一つ。介護職員などによる「定期巡回」、利用者や家族などの通報に答えて相談員が訪問の要否などを判断する「随時対応」、随時対応を受けて介護職員が訪問する「随時訪問」、看護師などが医師の指示に基づき訪問する「訪問看護」を適切に組み合わせたサービス。
➡地域密着型サービスの項参照

デスカンファレンス

利用者が亡くなった後で、その利用者にかかわったスタッフで行う会議のこと。ケアを振り返ることで、今後の、特に終末期ケアの質を高めるとともに、スタッフの精神的な健康を保つ目的もある。

特定疾病

介護保険の第2号被保険者（40歳から64歳までの医療保険加入者）が介護保険の要介護認定を受けるための要件として定められた疾病のこと。がん末期、関節リウマチ、筋萎縮性側索硬化症、後縦靱帯骨化症、骨折を伴う骨粗鬆症、初老期における認知症、進行性核上性麻痺・大脳皮質基底核変性症及パーキンソン病（パーキンソン病関連疾患）、脊髄小脳変性症、脊柱管狭窄症、早老症（ウェルナー症候群等）、多系統萎縮症、糖尿病性神経障害・糖尿病性腎症・糖尿病性網膜症、脳血管疾患、閉塞性動脈硬化症、慢性閉塞性肺疾患、両側の膝関節・股関節に著しい変形を伴う変形性関節症の16の疾患。

な

ナーシングホーム

老化や心身の障害などにより、介護や看護を必要とする医療と介護を提供する施設。アメリカで発達した。日本では、介護だけでなく、看護師を中心とした医療の提供や看取りを行う有料老人ホームなどを指す。

尿失禁 ＊

尿失禁の原因は、脳や脊髄疾患、前立腺疾患、尿路感染などの排尿機能の異常によるものと、ADLの障害や認知症などにより排尿動作に支障が生じるものとに分けられる。後者は看護・介護によって改善できるが、方法や

用具、場所とともに、プライバシーに留意する必要がある。

認知症

病気や障害によって脳の神経細胞の働きが徐々に低下し、記憶や判断力などの認知機能が低下して社会生活に支障を来した状態をいう。高齢化の進展とともに認知症の人が増加し、2012年には65歳以上の高齢者の7人に1人程度が認知症とされた。2025年には5人に1人程度に達すると見込まれている。認知症の種類はさまざまだが、アルツハイマー型認知症、血管性認知症、レビー小体型認知症、前頭側頭型認知症が代表的。
➡アルツハイマー型認知症、血管性認知症、レビー小体型認知症の項参照

認知症基本法 ＊

「共生社会の実現を推進するための認知症基本法（令和5年法律第65号）」（認知症基本法）が2023年6月14日に成立した。この法律は、認知症の人が社会の一員として尊厳を保ちつつ生活できる社会の実現を目指すことを目的としている。ここでは、認知症の人がその個性と能力を十分発揮できるようにすること、国民が認知症について正しい知識と理解を深め、共生社会の実現を推進することなど、7つの基本理念が示されたほか、国や地方公共団体の責務として、認知症施策の策定・実施することなどが定められた。
➡認知症施策推進大綱の項参照

認知症高齢者の日常生活自立度判定基準

高齢者の認知症の程度を踏まえた日常生活の自立度の程度を表すもので、Ⅰ、Ⅱ、Ⅱa、Ⅱb、Ⅲ、Ⅲa、Ⅲb、Ⅳ、Mの9ランクが設定されている。介護保険の要介護認定では、認定調査や主治医意見書でこの指標が用いられており、要介護認定の際の参考として利用される。この他にも、高齢者の寝たきり度を示す指標として、「障害高齢者の日常生活自立度（寝たきり度）判定基準」がある。
➡寝たきり度判定基準の項参照

認知症施策推進総合戦略（新オレンジプラン）

認知症の人の意思が尊重され、できる限り住み慣れた地域のよい環境で自分らしく暮らし続けることができる社会の実現を目指すために、厚生労働省が関係省庁と共働して2015年1月に策定したもの（2017年に改定）。七つの柱とともに、2016年度～2020年度までの数値目標が設定されている。

認知症施策推進大綱

「認知症施策推進関係閣僚会議」が2019年6月にとりまとめた認知症施策の指針。新オレンジプラン後の5年間（2025年まで）に政府が一体となって取り組むべき認知症施策の方向性が示されている。「認知症の発症

を遅らせ、認知症になっても希望を持って日常生活を過ごせる社会を目指し、認知症の人や家族の視点を重視しながら、『共生』と『予防』を車の両輪として施策を推進していく」が基本的な考え方。2022年12月に数値目標などの進捗状況についての確認結果が公表された。
➡ 認知症基本法の項参照

認知症短期集中リハビリテーション実施加算

介護老人保健施設と通所リハビリテーションで算定できる加算の一つ。全老健が取り組んできた認知症の非薬物療法のエビデンスが認められ、2006年度から老健施設、2009年度から通所リハビリで算定できるようになった。また、2014年度からは、「認知症患者リハビリテーション料」として、施設基準に適合した保険医療機関でも算定が可能となった。

認定介護福祉士

認定介護福祉士とは、居住・施設系サービスを問わず、多様な利用者・生活環境、サービス提供形態等に対応して、より質の高い介護実践や介護サービスマネジメント、介護と医療の連携強化、地域包括ケア等に対応するための考え方や知識、技術等を認定介護福祉士養成研修で修得した介護福祉士である。「認定介護福祉士認証・認定機構」が2015年12月から認証・認定を開始した民間資格。介護福祉士の資格取得後のキャリアパス形成にもなっている。
※認定介護福祉士認証・認定機構による。
➡ 介護福祉士の項参照

ネグレクト (neglect)

幼児・児童・高齢者・障害者などに対し、保護、世話、養育、介護などを怠り、放任する行為のことで「虐待」の一つ。
➡ 高齢者虐待の項参照

寝たきり度判定基準

寝たきりとは、1日中ベッドで過ごす期間が6カ月以上に及び、食事や排泄、着替えなど日常生活全般にわたり介助を必要とする状態を指す。国がまとめた「障害高齢者の日常生活自立度（寝たきり度）判定基準」では、ほぼ自立しており独力で外出できる状態を「ランクJ（生活自立）」、屋内での生活は概ね自立しているが、介助なしには外出できない状態を「ランクA（準寝たきり）、屋内での生活は何らかの介助を要し、日中もベッド上での生活が主体であるが、座位を保つ状態を「ランクB（寝たきり）」、日中ベッド上で過ごし、食事、排泄、着替えにおいて介助を要する状態を「ランクC（寝たきり）」の4段階で判定する。
➡ 認知症高齢者の日常生活自立度判定基準の項参照

ノーマライゼーション (normalization)

障害者や高齢者など社会的に弱い立場にある人たちを受け入れ、他の人たちと同等の権利を享受できるようにする考え方。そのための方法や手段などを含む。国連は1976年の総会で1981年を「国際障害者年」とすることを決議し、テーマに「完全参加と平等」を掲げた。

ノロウイルス

経口感染により、食中毒や感染性胃腸炎の原因となるウイルスで、冬季に流行する。嘔吐や下痢、腹痛などの症状を引き起こす。健康な人は2〜3日で回復するが、高齢者や病気で抵抗力が弱っている人、乳幼児らの場合は、重症化する恐れがある。脱水や窒息にも注意が必要。病院や介護施設などでは、入所者の便や吐しゃ物に触れた手指で扱う食品や物品を介して感染が発生する。症状が消失した後も3〜7日間ほど患者の便中にウイルスが排出されるため、2次感染に注意する。

は

ハイムリッヒ法

誤嚥したときに気管内に入った異物を取り除く方法の一つ。介助者が後ろから上腹部に両手を回し、強く押し上げることで肺の中の空気を吐き出させ、異物を吐き出させる。意識がない場合などには、用いてはならない。

廃用症候群

心身を使わないことから生じるさまざまな機能低下のこと。厚生労働省は「生活不活発病」という名称を優先している。関節の拘縮や筋力低下といった身体の一部から心肺機能の低下など全身の症状にまで及ぶ。精神的には、うつ状態、意欲や記憶力の低下などがみられる。

長谷川式認知症スケール
(改訂長谷川式簡易知能評価スケール)
➡ HDS-Rの項参照

働き方改革

日本社会が少子高齢化による生産年齢人口の減少、介護を必要とする高齢者の増加に直面する中で、国が力を入れる基本政策の一つ。働く意欲のある人に対し多様な働き方を提供することで、介護や育児との両立を目指す。長時間労働を是正することで過労死などを防ぐ狙いもある。雇用する側には、ICTの積極的導入などによる環境整備が求められている。2019年4月1日より順次施行されている「働き方改革を推進するための関係法律の整備に関する法律」（働き方改革関連法）により、2024年4月1日からは医師および運送や建設業などで時間外

労働の制限が厳しくなる。

8050問題

8050は「はちまる・ごうまる」と読む。80代の親が、同居している50代の子どもの生活を支えなければならず困窮し、精神的にも追い込まれる社会問題を指す。子どもの引きこもりが長期化することなどが背景にあると指摘されている。90代の親が60代の子どもの面倒をみなければならない「9060問題」では、状況はさらに深刻になる。

バリアフリー法

正式な名称は「高齢者、障害者の移動等の円滑化の促進に関する法律」。2006年12月20日に施行された。公共の建物や鉄道、バスなどでは、高齢者や障害者に配慮した設計や設備が求められる。具体的には、施設内の段差をなくしたり、車いす利用者が乗れるようなエレベーターを設置したりすることなどが挙げられる。

パンデミック

感染症が国内や世界的に大流行すること。「感染爆発」などと訳される。新型コロナウイルス感染症の拡大に伴い、この言葉がメディアなどによく登場するようになった。歴史的には、14世紀のヨーロッパで大流行したペスト（黒死病）、20世紀に大流行したスペイン風邪（インフルエンザ）などがよく知られている。

PCR検査

生物であるウイルスの遺伝子（DNA）を調べることで、そのウイルス感染症にかかっているかどうかを判定する検査。新型コロナウイルス感染症で社会的に注目された。検体サンプルの採取法には、唾液、鼻腔や咽頭の拭い液を取る方法などがある。抗原検査に比べて精度が高い。
➡抗原検査の項参照

飛沫感染

空気中に飛散した感染性の飛沫（分泌物の粒子）を吸い込んだり、これに接触したりして感染すること。この粒子はせきやくしゃみ、会話などでまき散らされる。予防対策は新型コロナウイルスでもインフルエンザウイルスについても、マスク着用や小まめな手洗いなどとなる。一般の人には不織布マスク、医療従事者らについてはサージカルマスクが推奨されている。
➡スタンダードプリコーションの項参照

フレイル

「虚弱」と訳されている。加齢などに伴い、運動するのに支障が生じ、心臓や肺の機能が低下する状態。代表的な特徴は歩行速度の低下である。フレイルは要介護に至る前段階とされ、その改善が重視されている。

平均寿命

0歳における平均余命のこと。厚生労働省が発表した2022年簡易生命表によると、男性の平均寿命は81.05年、女性の平均寿命は87.09年となった。前年と比べて男性は0.42年、女性は0.49年、それぞれ下回った。
➡健康寿命の項参照

訪問リハビリテーション

介護保険における居宅サービスの一つ。症状が安定している居宅の要介護者を対象にしたサービス。医師の指示に基づいて、介護老人保健施設、病院、診療所から理学療法士や作業療法士、言語聴覚士らが自宅を訪問し、心身の機能の維持や回復を図り、日常生活での自立を支援するためにリハビリテーションを行う。

補足給付

所得の低い要介護者が施設サービスなどを利用した場合の食費・滞在費の負担を軽減するために支給されるのが、特定入所者介護サービス費。所得の低い要支援者を対象とした特定入所者介護予防サービス費なども含めて補足給付と呼ばれている。

ポリファーマシー

多剤併用のために副作用などの有害事象を生じること。高齢者は複数の病気を持っていることが多く、75歳以上の人の約4割は5種類以上の薬を服用しているとされる。勝手に服用をやめたりすると症状が悪化することがあり、医師や薬剤師に相談する必要がある。
※一般社団法人くすりの適正使用協議会などによる。

ま

ミールラウンド

食事の観察のこと。しっかりと食事を摂れているかどうかは、高齢者の健康、ひいては寿命に直結する。介護施設においては、利用者が食事する場面を歯科医師や看護師、管理栄養士らが歯の状態や咀嚼、嚥下の能力を観察し、ケアにつなげることが求められている。多職種が参加し、専門的立場から意見交換を行う。

や

ユニットケア

介護保険施設などにおいて、利用者の心身の状況を把握した上で、利用者が自宅に居たときのような暮らしを継続できるように10人程度を1ユニットとして支援する仕組み。建物の特徴を生かしながら、利用者の主体性

を尊重した個別ケアの実施を目指す形態。

ユニバーサルデザイン

　ユニバーサルは「すべてに共通の」という意味。年齢や性別、障害の有無、言語などの違いにかかわらず、誰にとっても使いやすいデザイン（設計）のこと。身近な例としては、自動ドア、多目的トイレ、ノンステップバス、階段の手すり、エレベーターやエスカレーターなどが挙げられる。

横出しサービス

　介護保険給付の対象外となる生活支援を中心としたサービスのこと。給食や移送などが挙げられる。このサービスを提供するためには、介護保険制度内において市町村特別給付や健康福祉事業による給付を行うなどの方策が考えられる。

ら

ラポール

　セラピーや心理学における用語。フランス語で「橋を架ける」という意味からきている。セラピストとクライアントが相互の信頼関係を築き、相手を受け入れることにより、治療を円滑に進めることを指す。介護分野における利用者と職員間の信頼関係の構築にも使われる言葉。ビジネスの世界でも、この考え方が注目されている。

理学療法士 （PT：Physical Therapist）

　医学的リハビリテーションの専門職で、国家資格。病気やけがなどで身体に障害のある人などに対し、立ったり、座ったり、歩いたりする基本的な動作能力の回復や障害の悪化予防を目的として運動療法や物理療法を行う。病院や介護関連施設で活躍するほか、近年は高齢者の介護予防や生活習慣病に関する指導などにおいてもその役割が期待されている。
※公益社団法人日本理学療法士協会などによる。

リスクマネジメント　　　　　　　　　＊

　企業活動や医療、福祉などの分野でリスク（危険）を組織的に管理すること。介護の現場で起きるかもしれない事故やトラブルを把握・分析するとともに、予防方法を検討し、施設・事業所全体に周知する。事故が起きた場合の対応を検討しておくことも含む。

レカネマブ

　日本の製薬会社エーザイと米国の製薬会社バイオジェンが共同開発した軽度認知障害または軽度認知症の患者を対象とした新薬。アルツハイマー型認知症の原因物質であるタンパク質「アミロイドβ（ベータ）」の物質を

除去することにより、進行を遅らせる効果が期待されている。注射あるいは点滴で投薬する。副作用との絡みで、検査体制の充実などが課題となる。
➡ FDA、MCI、認知症の項参照

レクリエーション療法

　介護施設や事業所の利用者の認知機能や身体機能を活性化し、「より生き生きする」するために行われる。簡単なゲームや折り紙、編み物などに加え、七夕などの行事の際に、地域の子どもたちが参加することで利用者の喜びが増す。

レスパイトケア

　高齢者や障害を持つ人を介護している家族の負担は大きい。介護者を一定期間、介護から離れることによって身体や精神的な疲労から解放することを目的とする。結果的に、介護を受ける側にも良い状況をもたらすとされる。

レセプト

　病院をはじめとする保険医療機関が、保険者に医療費を請求するに当たり作成する、診療報酬の明細書。医療費の請求先や保険者の傷病名、診療した月に用いられた（処方された）薬、注射や検査、画像診断などの点数が記されている。月単位で各都道府県の社会保険診療報酬支払基金や国民健康保険団体連合会に請求する。

レビー小体型認知症

　「レビー小体」という異常なタンパク質が大脳皮質にまで広がって起こる認知症。初期には記憶障害は目立たず、リアルな幻視、睡眠障害、パーキンソン病様の運動障害が特徴である。診断には SPECT や MIBG 心筋シンチグラフィが有効である。
➡アルツハイマー型認知症、血管性認知症、認知症の項参照

老老介護

　主として、65 歳以上の高齢者の夫婦や親子などにおいて一方が介護し、一方が介護されるようになった状態を指す。加齢に加えて介護負担の重さからうつになったり、殺人や無理心中といった悲惨な事態を招いたりすることもある。それを防ぐためには、地域包括支援センターなどに相談して介護サービスを利用したり、自治体やボランティア団体の支援を求めることが助けとなる。

ロコモティブシンドローム （ロコモ）

　日本語では「運動器症候群」と言う。骨や筋肉、関節など運動器の障害により、移動機能に低下を来した状態を指す。超高齢化社会を迎えた中で、高齢者が要介護や要支援の状態になる主な原因だとされている。2007 年

に日本整形外科学会が提唱した概念。ロコモかどうかを判定する手段として、下肢の筋肉や歩幅などを調べるロコモ度テストがある。同学会はこのテストを定期的に行い、運動機能をチェックすることを推奨している。

ことができる。生ワクチン、不活化ワクチン、トキソイドの3種類がある。専門家は高齢者に対し、新型コロナウイルスワクチン、インフルエンザワクチン、肺炎球菌ワクチン、帯状疱疹ワクチンの接種を推奨している。

わ

ワクチン　*

ウイルスや細菌の病原性（毒性）を弱めたり、なくしたりした製剤のこと。接種することによって免疫を作る

欧文略語

ACP (Advance Care Planning)

人生の最終段階を迎えるにあたり、将来の変化に備え、医療やケアについて、本人を主体に、家族や親しい人、医療・ケアチームが繰り返し話し合い、最期のときまで本人の意思決定を支援する取り組みのこと。
➡ 人生会議の項参照

ADL (Activities of Daily Living)　*

日常生活動作のこと。ベッドから起きたり、別の部屋に移動したり、食事をしたり、トイレに行ったり、入浴したりするといった日常で必要な動作を指す。医療面でも、薬物療法や手術後などにおける患者のADLが重要視されている。
➡ IADLの項参照

BCP (Business Continuity Plan)

災害やパンデミックなどの緊急事態における企業や団体の事業継続計画のこと。企業等が緊急事態に遭遇したときに、損害を最小限に抑えるともに、重要な業務を継続し、その他の業務についても早期復旧を図る目的がある。厚生労働省は、「業務継続計画」と称している。介護分野では、介護施設・事業所における「自然災害」と「感染症」に関してのBCPの作成が2021年度の介護報酬改定で義務づけられ、入所系、通所系、訪問系、居宅支援サービスごとに作成する必要がある。

BPSD
(Behavioral and Psychological Symptoms of Dementia)

認知症における行動面と心理面の症状のこと。認知症の症状には脳機能の低下による「中核症状」とそれに伴う「周辺症状」がある。BPSDは周辺症状と重なる概念。行動症状としては、暴言や暴力、徘徊、不潔行為など、心理症状としては抑うつや不安、幻覚、妄想などが挙げられる。

CHASE (Care, HeAlth Status & Events)

科学的に裏付けされた介護（科学的介護）の実践を目指し、利用者の状態やケアの内容などを蓄積するデータベース。科学的介護によって、自立支援・重度化防止を図るのが目的。2020年5月に運用が始まり、2021年4月1日にVISITと統合され科学的介護情報システム（LIFE）となった。
➡ VISIT、科学的介護情報システム（LIFE）の項参照

COVID-19 (Coronavirus disease 2019)　*

WHOの国際疾病分類上の疾患名。日本における感染症法では、新型コロナウイルス感染症と呼ばれている。SARS-CoV-2による感染症で2019年12月に中国・湖北省武漢市で発生した原因不明（当時）の肺炎。その後世界中にまん延した。2020年1月30日にWHOはCOVID-19に対して「国際的に懸念される公衆衛生上の緊急事態（PHEIC）」を宣言、同年 3月11日には「パンデミック（世界的な流行）とみなせる」と表明した。2023年1月15日時点の累計感染者数は、6億6,200万人、累計死亡者は670万人を超える。日本では、2021年1月15日に武漢市に滞在歴のある肺炎の患者が国内初症例として神奈川県で報告され、以降全国的に感染が拡大。5類感染症への移行直前の2023年時点の累計患者数は、3,377万2,464人、累計死亡者は7万4,663人に上る。同年5月8日に感染症法上の位置づけが2類相当から5類感染症となった。
※『新型コロナウイルス感染症 COVID-19 診療の手引き 第9.0版』などによる
➡ WHO、新型コロナウイルス感染症、パンデミックの項参照

DX (Digital Transformation)

デジタル技術を活用することで、ビジネスだけではなく人々の生活をよりよく変革していくという概念。経済

産業省は、「企業がビジネス環境の激しい変化に対応し、データとデジタル技術を活用して、顧客や社会のニーズを基に、製品やサービス、ビジネスモデルを変革するとともに、業務そのものや、組織、プロセス、企業文化・風土を変革し、競争上の優位性を確立すること」と定義している。介護業界では「介護DX」による業務変革も喫緊の課題となっている。

EPA (Economic Partnership Agreement)

経済連携協定のこと。「貿易の自由化に加え、投資、人の移動、知的財産の保護や競争政策におけるルール作り、様々な分野での協力の要素等を含む、幅広い経済関係の強化を目的とする協定」（外務省）。医療・介護分野では、2国間のEPA協定に基づき、インドネシア、フィリピン、ベトナムから外国人看護師・介護福祉士候補者を受け入れている。

FDA (Food and Drug Administration) ＊

アメリカ食品医薬品局のこと。法律に基づき、同国内で販売しようとする医薬品や食品、化粧品などの安全性をチェックし、規制する。大市場を抱えるアメリカで製品の承認を得る意味は大きい。アルツハイマー病の治療薬レカネマブについても、2023年にFDAによって承認された後、日本国内の承認手続きが進んだ。
➡ レカネマブの項参照

HDS-R ＊
(Hasegawa Dementia Scale-Revised)

改訂長谷川式簡易知能評価スケール（通称：長谷川式認知症スケール）。認知症かどうかを判定するスクリーニングテストで日本国内で多く使われている。短期の記憶や見当識に対する質問などから成り立つ。20点以下で認知症の疑いと判断される。MMSEに比べ、アルツハイマー型認知症の得点が低くなりやすい傾向がある。実施にあたっては、対象者の人格を傷つけないよう十分に留意する必要がある。
➡ MMSE の項参照

IADL (Instrumental Activities of Daily Living)

手段的日常生活動作と言われる。家の中では、洗濯をしたり、食事の準備などをしたりすること。また、買い物をするために外出ができたりすること。ADLより難しい動作を指す。

ICF
(International Classification of Functioning, Disability and Health)

世界保健機関（WHO）が2001年に採択した国際生活機能分類のこと。前身のICIDH（国際障害分類）が疾病の結果に関する分類だったのに対し、「生きることの全体像」を示すことを目的に生活機能面を重視。「心身機能・構造」、「活動」、「参加」の三つのレベルが相互に影響し、環境や個人の因子からも影響を受けるとする。ICD（国際疾病分類）とともにWHO健康関連国際分類の中心をなす。
➡ WHO の項参照

ICT
(Information and Communication Technology)

情報通信技術のこと。日本ではコンピューター関連技術を中心とするIT（情報技術）という用語が主流になっているが、欧米ではICTが広く使われている。人同士のコミュニケーションや人とモノとのつながりを含めた包括的な概念で、企業活動にとどまらず、教育分野や医療分野への導入が活発になってきた。『情報通信白書』（総務省）は、2005（平成17）年版からITからICTへと用語の変更が行われた。

IoT (Internet of Things)

人を介さずにモノがインターネットとつながる技術。自動運転、スマート家電、工場や農作物の自動管理などに活用される。「モノのインターネット」と呼ばれる。

MCI (Mild Cognitive Impairment)

軽度認知障害のこと。認知症と健常の「中間のような状態」で、同じ年代の人と比べて認知機能に低下を感じているが、日常生活は、ほぼ正常に送ることができるという状態を指す。医療機関でMCIと診断された人が認知症になるのは年間で1割程度であり、そのままMCIの状態にとどまる人や健常の状態に戻る人もいる。
➡ 認知症、レカネマブの項参照

MMSE (Mini Mental State Examination) ＊

ミニメンタルステート検査。認知症かどうかを判定する手段の一つで国際的に使われている。見当識、記録力のほか、言語力や空間認知機能が評価できる。23点以下で認知症の疑いと判断される。HDS-Rに比べ、血管性認知症の得点が低くなりやすい傾向がある。実施にあたっては、対象者の人格を傷つけないよう十分に留意する必要がある。
➡ HDS-R の項参照

QOL (Quality of Life)

「生活の質」のこと。「人生の質」「生命の質」とも訳される。利用者の尊厳を守り、QOLを高めることは、ケアの大きな目標である。

SDGs (Sustainable Development Goals)

エス・ディー・ジーズと読む。「持続可能な開発目標」

と訳される。人類が多くの課題に直面する中で安定して暮らし続けるために、2030年までに達成すべき目標のこと。2015年の国連サミットで採択され、貧困をなくす、飢餓をゼロにする、すべての人に健康と福祉をもたらすことなどが設定されている。

VISIT
(monitoring & eValuation for rehabIlitation ServIces for long-Term care)

科学的に裏付けされた介護（科学的介護）の実践を目指し、通所・訪問リハビリテーションの質を評価するデータ収集システム。事業所がリハビリマネジメントに必要な様式を作成し提出すると、データの分析結果がフィードバックされる。2016年度に運用が始まり、2021年4月1日にVISITと統合され科学的介護情報システム（LIFE）となった。
➡ CHASE、科学的介護情報システム（LIFE）の項参照

WHO (World Health Organization) ✳

世界保健機関のことで、国連の主要な専門機関の一つ。国際的な保健衛生分野におけるリーダー格で、政策的な支援や援助などを行い、伝染病撲滅にも尽力する。2020年、新型コロナウイルス感染症について「公衆衛生上の緊急事態」を宣言し、パンデミックとみなした。
➡ COVID-19、新型コロナウイルス感染症、パンデミックの項参照

第 Ⅳ 部

第 2 章 介護報酬改定の主な視点と改定率

1. 改定時期・改定に当たっての主な視点・改定率

改定時期	改定に当たっての主な視点（基本的な考え方）	改定率
平成 15 年度改定	・自立支援の観点に立った居宅介護支援（ケアマネジメント）確立 ・自立支援を指向する在宅サービスの評価 ・施設サービスの質の向上と適正化	▲ 2.3%
平成 17 年度 10 月改定	・食費・住居費の自己負担化に伴う介護報酬の見直し ・食費・住居費に関連する運営基準等の見直し	
平成 18 年度改定 （診療報酬と同時改定）	・中重度者への支援強化 ・介護予防、リハビリテーションの推進 ・地域包括ケア、認知症ケアの確立 ・サービスの質の向上 ・医療と介護の機能分担・連携の明確化	▲ 0.5% ［▲ 2.4%］ ※［ ］は平成 17 年 10 月改定を含む。
平成 21 年度改定	・介護従事者の人材確保・処遇改善 ・医療との連携や認知症ケアの充実 ・効率的なサービスの提供や新たなサービスの検証	＋ 3.0%
平成 24 年度改定 （診療報酬と同時改定）	・在宅サービスの充実と施設の重点化 ・自立支援型サービスの強化と重点化 ・医療と介護の連携・機能分担 ・介護人材の確保とサービスの質の評価（交付金を報酬に取り込む）	＋ 1.2%
平成 26 年度改定	・消費税の引上げ（8%）への対応 　○基本単位数等の引上げ 　○区分支給限度基準額の引上げ	＋ 0.63%
平成 27 年度改定	・中重度の要介護者や認知症高齢者への対応の更なる強化 ・介護人材確保対策の推進（1.2 万円相当） ・サービス評価の適正化と効率的なサービス提供体制の構築	▲ 2.27%
平成 29 年度改定	・介護人材の処遇改善（1 万円相当）	＋ 1.14%
平成 30 年度改定 （診療報酬と同時改定）	・地域包括ケアシステムの推進 ・自立支援・重度化防止に資する質の高い介護サービスの実現 ・多様な人材の確保と生産性の向上 ・介護サービスの適正化・重点化を通じた制度の安定性・持続可能性の確保	＋ 0.54%
令和元年 10 月改定	・介護人材の処遇改善 ・消費税の引上げ（10%）への対応 　○基本単位数等の引上げ・区分支給限度基準額や補足給付に係る基準費用額の引上げ	＋ 2.13% 　処遇改善　　1.67% 　消費税対応　0.39% 　補足給付　　0.06%
令和 3 年度改定	・感染症や災害への対応力強化 ・地域包括ケアシステムの推進 ・自立支援・重度化防止の取組の推進 ・介護人材の確保・介護現場の革新 ・制度の安定性・持続可能性の確保	介護職員の人材確保・処遇改善にも配慮しつつ、物価動向による物件費への影響など介護事業者の経営を巡る状況等を踏まえ 　　＋ 0.70% ※うち、新型コロナウイルス感染症に対応するための特例的な評価 0.05%（令和 3 年 9 月末まで）
令和 4 年度改定	・介護人材の処遇改善（介護職員等ベースアップ等支援加算［10 月以降］）	※改定率換算 ＋ 1.13% （国費 150 億円程度）

2. 令和4年度改定の老健施設への影響等

新型コロナウイルス感染症の感染拡大が続くなか、2021年11月19日に財政支出55.7兆円、事業規模78.9兆円の「コロナ克服・新時代開拓のための経済対策」が閣議決定されました。この大型経済対策は、①新型コロナウイルス感染症の拡大防止、②「ウィズコロナ」下での社会経済活動の再開と次なる危機への備え、③未来社会を切り拓く「新しい資本主義」の起動、④防災、減災、国土強靭化の推進など安全・安心の確保の4つの柱で構成されています。

この経済対策を踏まえ、令和4年10月から、処遇改善加算（Ⅰ）（Ⅱ）（Ⅲ）を取得している事業所の介護職員（常勤換算）1人当たり月額平均9,000円の賃金引き上げに相当する額が加算されました。なお、賃上げ効果の継続に資するよう、加算額の3分の2は、介護職員等の「基本給」または「決まって支払われる手当」の引き上げに使用することが要件となっています。

資料 令和5年度末で経過措置を終了する令和3年度介護報酬改定事項：一覧
　　　（令和6年度から義務化等が実施される）

1 感染症対策の強化　　　　　　　　　　　　　　　　　　　　対象▶全サービス

◉感染症の発生及びまん延等に関する取組の徹底を求める観点から以下の内容を義務化。
- 施設系サービスについて、現行の委員会の開催、指針の整備、研修の実施等に加え、**訓練（シミュレーション）の実施。**
- その他サービスについて、**委員会の開催、指針の整備、研修の実施、訓練（シミュレーション）の実施等。**

2 業務継続に向けた取組の強化　　　　　　　　　　　　　　　対象▶全サービス

◉感染症や災害が発生した場合であっても、必要な介護サービスが継続的に提供できる体制を構築する観点から以下の内容を義務化。
- **業務継続に向けた計画等の策定、研修の実施、訓練（シミュレーション）の実施等。**

3 認知症介護基礎研修の受講の義務付け　　　　　　　　　　　対象▶全サービス

◉認知症についての理解の下、本人主体の介護を行い、認知症の人の尊厳の保障を実現していく観点から以下の内容を義務化。
- 介護に関わる全ての者の認知症対応力を向上させていくため、介護サービス事業者に、**介護に直接携わる職員のうち、医療・福祉関係の資格を有さない者について、認知症介護基礎研修を受講させるために必要な措置を講じること。**

4 高齢者虐待防止の推進　　　　　　　　　　　　　　　　　　対象▶全サービス

◉利用者の人権の擁護、虐待の防止等の観点から以下の内容を義務化。
- **虐待の発生又はその再発を防止するための委員会の開催、指針の整備、研修の実施、担当者を定めること。**

5 施設系サービスにおける口腔衛生管理の強化　　　　　　　　対象▶施設系サービス

◉口腔衛生管理体制を確保するよう促すとともに、状態に応じた丁寧な口腔衛生管理を更に充実させる観点から以下の内容を義務化。
- 口腔衛生管理体制加算を廃止し、同加算の算定要件の取組を一定緩和した上で、**基本サービスとして、口腔衛生の管理体制を整備し、入所者ごとの状態に応じた口腔衛生の管理を行うこと。**

6 施設系サービスにおける栄養ケア・マネジメントの充実　　　対象▶施設系サービス

◉栄養ケア・マネジメントの取組を一層強化する観点から以下の内容を見直し。
- 「入所者の栄養状態の維持及び改善を図り、自立した日常生活を営むことができるよう、**各入所者の状態に応じた栄養管理を計画的に行わなければならない」**ことを運営基準に規定。

7 事業所医師が診療しない場合の減算の強化　　　　　　　　　対象▶訪問リハビリテーション

◉訪問リハビリテーションについて、リハビリテーション計画の作成にあたって事業所医師が診療せずに「適切な研修の修了等」をした事業所外の医師が診療等した場合に適正化（減算）した単位数で評価を行う診療未実施減算について、事業所の医師の関与を進める観点から以下の内容を見直し。
- 事業所外の医師に求められる**「適切な研修の修了等」**について、**適用猶予措置期間を延長。**

第Ⅳ部

第3章 介護老人保健施設の療養費（給付費）の変遷（主要項目）

Ⅰ 介護老人保健施設

給付費項目	令和元年10月1日改定	令和3年4月1日改定	令和4年10月1日改定
イ 介護老人保健施設サービス費（1日につき）			
（1）介護保健施設サービス費（Ⅰ）			
（一）介護保健施設サービス費（ⅰ）（従来型個室）（旧【従来型】⇒新【基本型】）			
要介護1	701 単位	714 単位	714 単位
要介護2	746 単位	759 単位	759 単位
要介護3	808 単位	821 単位	821 単位
要介護4	860 単位	874 単位	874 単位
要介護5	911 単位	925 単位	925 単位
（二）介護保健施設サービス費（ⅱ）（従来型個室） ●在宅強化型老健施設			
要介護1	742 単位	756 単位	756 単位
要介護2	814 単位	828 単位	828 単位
要介護3	876 単位	890 単位	890 単位
要介護4	932 単位	946 単位	946 単位
要介護5	988 単位	1,003 単位	1,003 単位
（三）介護保健施設サービス費（ⅲ）（多床室）（旧【従来型】⇒新【基本型】）			
要介護1	775 単位	788 単位	788 単位
要介護2	823 単位	836 単位	836 単位
要介護3	884 単位	898 単位	898 単位
要介護4	935 単位	949 単位	949 単位
要介護5	989 単位	1,003 単位	1,003 単位
（四）介護保健施設サービス費（ⅳ）（多床室） ●在宅強化型老健施設			
要介護1	822 単位	836 単位	836 単位
要介護2	896 単位	910 単位	910 単位
要介護3	959 単位	974 単位	974 単位
要介護4	1,015 単位	1,030 単位	1,030 単位
要介護5	1,070 単位	1,085 単位	1,085 単位
（2）介護保健施設サービス費（Ⅱ） ●療養型老健・看護職員を配置			
（一）介護保健施設サービス費（ⅰ）（従来型個室）	726 単位	739 単位	739 単位
要介護1	808 単位	822 単位	822 単位
要介護2	921 単位	935 単位	935 単位
要介護3	998 単位	1,013 単位	1,013 単位
要介護4	1,072 単位	1,087 単位	1,087 単位
要介護5			
（二）介護保健施設サービス費（ⅱ）（多床室） ●療養型老健施設			
要介護1	804 単位	818 単位	818 単位
要介護2	886 単位	900 単位	900 単位
要介護3	1,001 単位	1,016 単位	1,016 単位
要介護4	1,076 単位	1,091 単位	1,091 単位
要介護5	1,150 単位	1,165 単位	1,165 単位
（3）介護保健施設サービス費（Ⅲ） ●療養型老健・看護オンコール体制			
（一）介護保健施設サービス費（ⅰ）（従来型個室）			
要介護1	726 単位	739 単位	739 単位
要介護2	802 単位	816 単位	816 単位
要介護3	895 単位	909 単位	909 単位
要介護4	971 単位	986 単位	986 単位
要介護5	1,045 単位	1,060 単位	1,060 単位
（二）介護保健施設サービス費（ⅱ）（多床室） ●療養型老健施設			
要介護1	804 単位	818 単位	818 単位
要介護2	880 単位	894 単位	894 単位
要介護3	974 単位	989 単位	989 単位

給付費項目	令和元年 10月1日改定	令和3年 4月1日改定	令和4年 10月1日改定
要介護4	1,048 単位	1,063 単位	1,063 単位
要介護5	1,123 単位	1,138 単位	1,138 単位
(4) 介護保健施設サービス費(Ⅳ)			
●特別介護保険施設サービス費　新【その他型】			
(一) 介護保健施設サービス費(ⅰ)(従来型個室)			
要介護1	687 単位	700 単位	700 単位
要介護2	731 単位	744 単位	744 単位
要介護3	792 単位	805 単位	805 単位
要介護4	843 単位	856 単位	856 単位
要介護5	893 単位	907 単位	907 単位
(二) 介護保健施設サービス費(ⅱ)(多床室)			
要介護1	759 単位	772 単位	772 単位
要介護2	807 単位	820 単位	820 単位
要介護3	866 単位	880 単位	880 単位
要介護4	916 単位	930 単位	930 単位
要介護5	968 単位	982 単位	982 単位
※ユニット型、小規模型は省略			
夜勤職員配置加算（20名に1名以上かつ利用者41以上では2、利用者40以下では1を超えること）	24 単位	24 単位	24 単位
リハビリテーションに対する加算（1日）			
(3) 短期集中リハビリテーション実施加算（1日） 　　（入所日から3月以内、1日につき）	240 単位	240 単位	240 単位
(4) 認知症短期集中リハビリテーション実施加算（1日） 　　（入所日から3月以内、1週3日限度、1日につき）	240 単位	240 単位	240 単位
認知症ケア加算（1日）※ユニット型を除く	76 単位	76 単位	76 単位
若年性認知症利用者受入加算	120 単位	120 単位	120 単位
外泊時費用（月6日限度、1日につき）	362 単位	362 単位	362 単位
外泊時在宅サービス利用費用	800 単位	800 単位	800 単位
ターミナルケア加算（従来型老健施設の場合）			
死亡日以前31日以上45日以下		80 単位	80 単位
死亡日以前4日以上30日以下	160 単位	160 単位	160 単位
死亡日前々日及び前日	820 単位	820 単位	820 単位
死亡日※退所した場合、退所日の翌日から死亡日まで算定不可	1,650 単位	1,650 単位	1,650 単位
ターミナルケア加算（療養型老健施設の場合）			
死亡日以前31日以上45日以下		80 単位	80 単位
死亡日以前4日以上30日以下	160 単位	160 単位	160 単位
死亡日前々日及び前日	850 単位	850 単位	850 単位
死亡日※退所した場合、退所日の翌日から死亡日まで算定不可	1,700 単位	1,700 単位	1,700 単位
療養体制維持特別加算(Ⅰ)（1日）	27 単位	27 単位	27 単位
療養体制維持特別加算(Ⅱ)（1日）	57 単位	57 単位	57 単位
在宅復帰・在宅療養支援機能加算(Ⅰ)	34 単位	34 単位	34 単位
在宅復帰・在宅療養支援機能加算(Ⅱ)	46 単位	46 単位	46 単位
初期加算 入所した日から起算して30日以内の期間（1日につき）	30 単位	30 単位	30 単位
再入所時栄養連携加算（入所者1人2月1回を限度）	400 単位	200 単位	200 単位
入所前後訪問指導加算(Ⅰ)（入所前30日～入所後7日以内、1回限度）	450 単位	450 単位	450 単位
入所前後訪問指導加算(Ⅱ)（生活機能の具体的な改善目標を定め、退所後の生活に係る支援計画を策定した場合）	480 単位	480 単位	480 単位
退所時等支援加算			
(1) 退所時等支援加算			
(一) 試行的退所時指導加算	400 単位	400 単位	400 単位
(二) 退所時情報提供加算（1人につき1回程度）	500 単位	500 単位	500 単位
(三) 退所前連携加算（1人につき1回限度）	500 単位	—	—
(三) 入退所前連携加算(Ⅰ)		600 単位	600 単位
(四) 入退所前連携加算(Ⅱ)		400 単位	400 単位
(2) 訪問看護指示加算（1人につき1回限度）	300 単位	300 単位	300 単位
栄養マネジメント加算	14 単位	—	—
栄養ケアマネジメントの未実施（1日 につき）（令和3年4月から3年の経過措置）		△ 14 単位	△ 14 単位
栄養マネジメント強化加算（1日 につき）（LIFE前提）		11 単位	11 単位
低栄養リスク改善加算	300 単位	—	—
経口移行加算	28 単位	28 単位	28 単位
経口維持加算			
(1) 経口維持加算(Ⅰ)（1月につき）	400 単位	400 単位	400 単位
(2) 経口維持加算(Ⅱ)（1月につき）	100 単位	100 単位	100 単位
口腔衛生管理体制加算（口腔機能維持管理体制加算から名称変更）	30 単位	—	—

給付費項目	令和元年 10月1日改定	令和3年 4月1日改定	令和4年 10月1日改定
口腔衛生管理加算(口腔機能維持管理加算から名称変更) (歯科衛生士による月2回以上の口腔ケア実施時)	90 単位	—	—
(1) 口腔衛生管理加算(I)		90 単位	90 単位
(2) 口腔衛生管理加算(II) (LIFE 上乗せ要件)		110 単位	110 単位
療養食加算(1食)	6 単位	6 単位	6 単位
在宅復帰・在宅療養支援機能加算 (療養型老健)	10 単位	10 単位	10 単位
かかりつけ医連携薬剤調整加算	125 単位	—	—
(1) かかりつけ医連携薬剤調整加算(I) (1人につき1回)		100 単位	100 単位
(2) かかりつけ医連携薬剤調整加算(II) (1人につき1回) (LIFE 上乗せ要件)		240 単位	240 単位
(3) かかりつけ医連携薬剤調整加算(III) (1人につき1回) (LIFE 上乗せ要件)		100 単位	100 単位
緊急時施設療養費			
(1) 緊急時治療管理 (1日)1月1回3日限度	518 単位	518 単位	518 単位
(2) 特定治療	(点数× 10 円)	(点数× 10 円)	(点数× 10 円)
(1) 所定疾患施設療養費(I) (1月につき1回7日 を限度)	239 単位	239 単位	239 単位
(2) 所定疾患施設療養費(II) (令和3年4月から1月につき1回10日を限度)	480 単位	480 単位	480 単位
認知症専門ケア加算			
(1) 認知症専門ケア加算(I)	3 単位	3 単位	3 単位
(2) 認知症専門ケア加算(II)	4 単位	4 単位	4 単位
認知症行動・心理症状緊急対応加算 (入所日から7日限度)	200 単位	200 単位	200 単位
認知症情報提供加算 (認知症疾患医療センター等への紹介)	350 単位	350 単位	350 単位
地域連携診療計画情報提供加算 (入所者1人につき1回限度)	300 単位	300 単位	300 単位
リハビリテーションマネジメント計画書情報加算 (LIFE前提)		33 単位	33 単位
(3) 褥瘡マネジメント加算(III) (令和4年3月31日まで)	10 単位	10 単位	10 単位
(1) 褥瘡マネジメント加算(I) (1月に1回) (LIFE 前提)		3 単位	3 単位
(2) 褥瘡マネジメント加算(II) (1月に1回) (LIFE 前提)		13 単位	13 単位
(4) 排せつ支援加算(IV) (令和4年3月31日まで)	100 単位	100 単位	100 単位
(1) 排せつ支援加算(I) (LIFE前提)		10 単位	10 単位
(2) 排せつ支援加算(II) (LIFE前提)		15 単位	15 単位
(3) 排せつ支援加算(II) (LIFE前提)		20 単位	20 単位
自立支援促進加算 (1月につき) (LIFE 前提)		300 単位	300 単位
(1) 科学的介護推進体制加算(I) (1月につき) (LIFE 前提)		40 単位	40 単位
(2) 科学的介護推進体制加算(II) (1月につき) (LIFE 前提)		60 単位	60 単位
安全対策体制加算 (入所者1人につき1回)		20 単位	20 単位
サービス提供体制強化加算			
(1) サービス提供体制強化加算(I) イ 介護職員のうち介護福祉士60%以上	18 単位	—	—
(2) サービス提供体制強化加算(I) ロ 介護職員のうち介護福祉士50%以上	12 単位	—	—
(3) サービス提供体制強化加算(II) 看介護職員総数のうち常勤75%以上	6 単位	—	—
(4) サービス提供体制強化加算(III) 職員総数のうち勤続3年以上が30%以上	6 単位	—	—
(1) サービス提供体制強化加算(I) 介護職員のうち介護福祉士80%以上		22 単位	22 単位
(2) サービス提供体制強化加算(II) 介護職員のうち介護福祉士60%以上		18 単位	18 単位
(3) サービス提供体制強化加算(III) 介護職員のうち介護福祉士50%以上		6 単位	6 単位
介護職員処遇改善加算			
(1) 介護職員処遇改善加算(I) キャリアパス要件I、キャリアパス要件II、キャリアパス要件III、職場環境等要件の全てを満たす場合※	所定単位×$\dfrac{39}{1000}$	所定単位×$\dfrac{39}{1000}$	所定単位×$\dfrac{39}{1000}$
(2) 介護職員処遇改善加算(II) キャリアパス要件I、キャリアパス要件II、職場環境等要件の全てを満たす場合※	所定単位×$\dfrac{29}{1000}$	所定単位×$\dfrac{29}{1000}$	所定単位×$\dfrac{29}{1000}$
(3) 介護職員処遇改善加算(III) キャリアパス要件I又はキャリアパス要件IIのどちらかを満たす場合に加え、職場環境等要件を満たす場合※	所定単位×$\dfrac{16}{1000}$	所定単位×$\dfrac{16}{1000}$	所定単位×$\dfrac{16}{1000}$
(4) 介護職員処遇改善加算(IV) キャリアパス要件I、キャリアパス要件II、職場環境等要件のいずれかの要件を満たす場合※ (令和4年3月31日まで)	(II)×$\dfrac{90}{1000}$	(II)×$\dfrac{90}{1000}$	—
(5) 介護職員処遇改善加算(V) キャリアパス要件I、キャリアパス要件II、職場環境等要件のいずれの要件も満たせない場合※ (和4年3月31日まで)	(II)×$\dfrac{80}{1000}$	(II)×$\dfrac{80}{1000}$	—
介護職員等特定処遇改善加算			
(1) 介護職員等特定処遇改善加算(I)	所定単位×$\dfrac{21}{1000}$	所定単位×$\dfrac{21}{1000}$	所定単位×$\dfrac{21}{1000}$
(2) 介護職員等特定処遇改善加算(II)	所定単位×$\dfrac{17}{1000}$	所定単位×$\dfrac{17}{1000}$	所定単位×$\dfrac{17}{1000}$

給付費項目	令和元年 10月1日改定	令和3年 4月1日改定	令和4年 10月1日改定
介護職員等ベースアップ等支援加算			所定単位×$\dfrac{8}{1000}$
特別療養費	(点数×10円)	(点数×10円)	(点数×10円)
感染対策指導管理（1日）	6 単位	6 単位	6 単位
褥瘡対策指導管理（1日）	6 単位	6 単位	6 単位
初期入所診療管理（入所中1回、又は2回）	250 単位	250 単位	250 単位
重度療養管理（1日）	120 単位	120 単位	120 単位
特定施設管理（1日）	250 単位	250 単位	250 単位
重症皮膚潰瘍管理指導（1日）	18 単位	18 単位	18 単位
薬剤管理指導（月4回限度、週1回につき）	350 単位	350 単位	350 単位
医学情報提供	250 単位	250 単位	250 単位
リハビリテーション指導管理加算（1日）	10 単位	10 単位	10 単位
言語聴覚療法（1日3回限度、1回につき）	180 単位	180 単位	180 単位
摂食機能療法（1月4回限度、1回につき）	185 単位	185 単位	185 単位
精神科作業療法（1日）	220 単位	220 単位	220 単位
認知症老人入所精神療法（1週間）	330 単位	330 単位	330 単位

※介護職員処遇改善加算の算定について

　介護職員処遇改善加算申請のために必要な「キャリアパス要件」「職場環境等要件(旧定量的要件)」は、次のとおりです。

▶キャリアパス要件：Ⅰ、Ⅱ、Ⅲの3種類の要件があります。

　Ⅰ 職位・職責・職務内容に応じた任用要件と賃金体系の整備をすること(就業規則等の明確な書面での整備・全ての介護職員への周知を含む)。

　Ⅱ 資質向上のための計画を策定して、研修の実施又は研修の機会を確保すること。

　Ⅲ 経験若しくは資格等に応じて昇給する仕組み又は一定の基準に基づき定期に昇給を判定する仕組みを設けること。

▶職場環境等要件：職員の離職防止・定着促進を図る観点から、以下の取組がより促進されるように見直しを行うこと。

・職員の新規採用や定着促進に資する取組

・職員のキャリアアップに資する取組

・両立支援・多様な働き方の推進に資する取組

・腰痛を含む業務に関する心身の不調に対応する取組

・生産性の向上につながる取組

・仕事へのやりがい・働きがいの醸成や職場のコミュニケーションの円滑化等、職員の勤務継続に資する取組

※職場環境等要件に基づく取組の実施について、過去ではなく、当該年度における取組の実施を求める。

※特定処遇改善加算の取得要件

・現行の介護職員処遇改善加算(Ⅰ)から(Ⅲ)までを取得していること。

・介護職員処遇改善加算の職場環境等要件に関し、複数の取組を行っていること。

・介護職員処遇改善加算に基づく取組について、ホームページへの掲載等を通じて見える化を行っていること。

・平均の賃金改善額の配分ルールについて、「その他の職種」は「その他の介護職員」の「2分の1を上回らないこと」とするルールは維持した上で、「経験・技能のある介護職員」は「その他の介護職員」の「2倍以上とすること」とするルールについて、「より高くすること」とする。

※介護職員等ベースアップ等支援加算の算定要件

・処遇改善加算(Ⅰ)～(Ⅲ)のいずれかを取得していること。

・賃上げ効果の継続に資するよう、加算額の3分の2は介護職員等のベースアップ等 [※] に使用することを要件とする。

　([※])「基本給」又は「決まって毎月支払われる手当」の引上げ

Ⅱ 通所リハビリテーション

給付費項目	令和元年 10月1日改定	令和3年 4月1日改定	令和4年 10月1日改定
イ 通常規模型通所リハビリテーション費 　※前年度1月あたり平均延べ人員数750人以内			
(1)所要時間1時間以上2時間未満の場合			
要介護1	331 単位	366 単位	366 単位
要介護2	360 単位	395 単位	395 単位
要介護3	390 単位	426 単位	426 単位
要介護4	419 単位	455 単位	455 単位
要介護5	450 単位	487 単位	487 単位
(2)所要時間2時間以上3時間未満の場合			
要介護1	345 単位	380 単位	380 単位
要介護2	400 単位	436 単位	436 単位
要介護3	457 単位	494 単位	494 単位
要介護4	513 単位	551 単位	551 単位
要介護5	569 単位	608 単位	608 単位
(3)所要時間3時間以上4時間未満の場合			
要介護1	446 単位	483 単位	483 単位
要介護2	523 単位	561 単位	561 単位
要介護3	599 単位	638 単位	638 単位
要介護4	697 単位	738 単位	738 単位
要介護5	793 単位	836 単位	836 単位

給付費項目	令和元年 10月1日改定	令和3年 4月1日改定	令和4年 10月1日改定
(4)所要時間4時間以上5時間未満の場合			
要介護1	511 単位	549 単位	549 単位
要介護2	598 単位	637 単位	637 単位
要介護3	684 単位	725 単位	725 単位
要介護4	795 単位	838 単位	838 単位
要介護5	905 単位	950 単位	950 単位
(5)所要時間5時間以上6時間未満の場合			
要介護1	579 単位	618 単位	618 単位
要介護2	692 単位	733 単位	733 単位
要介護3	803 単位	846 単位	846 単位
要介護4	935 単位	980 単位	980 単位
要介護5	1,065 単位	1,112 単位	1,112 単位
(6)所要時間6時間以上7時間未満の場合			
要介護1	670 単位	710 単位	710 単位
要介護2	801 単位	844 単位	844 単位
要介護3	929 単位	974 単位	974 単位
要介護4	1,081 単位	1,129 単位	1,129 単位
要介護5	1,231 単位	1,281 単位	1,281 単位
(7)所要時間7時間以上8時間未満の場合			
要介護1	716 単位	757 単位	757 単位
要介護2	853 単位	897 単位	897 単位
要介護3	993 単位	1,039 単位	1,039 単位
要介護4	1,157 単位	1,206 単位	1,206 単位
要介護5	1,317 単位	1,369 単位	1,369 単位
□　大規模型通所リハビリテーション費(Ⅰ) ※前年度1月あたり平均延べ人員数900人以内			
(1)所要時間1時間以上2時間未満の場合			
要介護1	325 単位	361 単位	361 単位
要介護2	356 単位	392 単位	392 単位
要介護3	384 単位	421 単位	421 単位
要介護4	413 単位	450 単位	450 単位
要介護5	443 単位	481 単位	481 単位
(2)所要時間2時間以上3時間未満の場合			
要介護1	339 単位	375 単位	375 単位
要介護2	394 単位	431 単位	431 単位
要介護3	450 単位	488 単位	488 単位
要介護4	505 単位	544 単位	544 単位
要介護5	561 単位	601 単位	601 単位
(3)所要時間3時間以上4時間未満の場合			
要介護1	439 単位	477 単位	477 単位
要介護2	515 単位	554 単位	554 単位
要介護3	590 単位	630 単位	630 単位
要介護4	685 単位	727 単位	727 単位
要介護5	781 単位	824 単位	824 単位
(4)所要時間4時間以上5時間未満の場合			
要介護1	501 単位	540 単位	540 単位
要介護2	586 単位	626 単位	626 単位
要介護3	670 単位	711 単位	711 単位
要介護4	778 単位	821 単位	821 単位
要介護5	887 単位	932 単位	932 単位
(5)所要時間5時間以上6時間未満の場合			
要介護1	559 単位	599 単位	599 単位
要介護2	668 単位	709 単位	709 単位
要介護3	776 単位	819 単位	819 単位
要介護4	904 単位	950 単位	950 単位
要介護5	1,029 単位	1,077 単位	1,077 単位
(6)所要時間6時間以上7時間未満の場合			
要介護1	653 単位	694 単位	694 単位
要介護2	781 単位	824 単位	824 単位
要介護3	907 単位	953 単位	953 単位
要介護4	1,054 単位	1,102 単位	1,102 単位
要介護5	1,201 単位	1,252 単位	1,252 単位
(7)所要時間7時間以上8時間未満の場合			
要介護1	692 単位	734 単位	734 単位

給付費項目	令和元年 10月1日改定	令和3年 4月1日改定	令和4年 10月1日改定
要介護2	824 単位	868 単位	868 単位
要介護3	960 単位	1,006 単位	1,006 単位
要介護4	1,117 単位	1,166 単位	1,166 単位
要介護5	1,273 単位	1,325 単位	1,325 単位
ハ　大規模型通所リハビリテーション費(Ⅱ) ※前年度1月あたり平均延べ人員数900人超			
(1)所要時間1時間以上2時間未満の場合			
要介護1	318 単位	353 単位	353 単位
要介護2	348 単位	384 単位	384 単位
要介護3	375 単位	411 単位	411 単位
要介護4	404 単位	441 単位	441 単位
要介護5	432 単位	469 単位	469 単位
(2)所要時間2時間以上3時間未満の場合			
要介護1	332 単位	368 単位	368 単位
要介護2	386 単位	423 単位	423 単位
要介護3	439 単位	477 単位	477 単位
要介護4	493 単位	531 単位	531 単位
要介護5	547 単位	586 単位	586 単位
(3)所要時間3時間以上4時間未満の場合			
要介護1	428 単位	465 単位	465 単位
要介護2	503 単位	542 単位	542 単位
要介護3	576 単位	616 単位	616 単位
要介護4	669 単位	710 単位	710 単位
要介護5	763 単位	806 単位	806 単位
(4)所要時間4時間以上5時間未満の場合			
要介護1	482 単位	520 単位	520 単位
要介護2	566 単位	606 単位	606 単位
要介護3	648 単位	689 単位	689 単位
要介護4	753 単位	796 単位	796 単位
要介護5	857 単位	902 単位	902 単位
(5)所要時間5時間以上6時間未満の場合			
要介護1	540 単位	579 単位	579 単位
要介護2	646 単位	687 単位	687 単位
要介護3	750 単位	793 単位	793 単位
要介護4	874 単位	919 単位	919 単位
要介護5	996 単位	1,043 単位	1,043 単位
(6)所要時間6時間以上7時間未満の場合			
要介護1	692 単位	670 単位	670 単位
要介護2	754 単位	797 単位	797 単位
要介護3	874 単位	919 単位	919 単位
要介護4	1,019 単位	1,066 単位	1,066 単位
要介護5	1,161 単位	1,211 単位	1,211 単位
(7)所要時間7時間以上8時間未満の場合			
要介護1	667 単位	708 単位	708 単位
要介護2	797 単位	841 単位	841 単位
要介護3	927 単位	973 単位	973 単位
要介護4	1,080 単位	1,129 単位	1,129 単位
要介護5	1,231 単位	1,282 単位	1,282 単位
理学療法士等体制強化加算（1日）(1時間以上2時間未満の場合で、リハ職員を専従・常勤で2名以上配置している場合)		30 単位	30 単位
時間延長サービス体制加算（6時間以上8時間未満の指定通所リハビリテーションの前後に連続して行った日常生活上の世話を行う場合）			
8時間以上9時間未満	50 単位	50 単位	50 単位
9時間以上10時間未満	100 単位	100 単位	100 単位
10時間以上11時間未満	150 単位	150 単位	150 単位
11時間以上12時間未満	200 単位	200 単位	200 単位
12時間以上13時間未満	250 単位	250 単位	250 単位
13時間以上14時間未満	300 単位	300 単位	300 単位
リハビリテーション提供体制加算			
3時間以上4時間未満	12 単位	12 単位	12 単位
4時間以上5時間未満	16 単位	16 単位	16 単位
5時間以上6時間未満	20 単位	20 単位	20 単位
6時間以上7時間未満	24 単位	24 単位	24 単位
7時間以上	28 単位	28 単位	28 単位

給付費項目	令和元年 10月1日改定	令和3年 4月1日改定	令和4年 10月1日改定
中山間地域等に居住する者へのサービス提供加算	$\dfrac{5}{100}$	$\dfrac{5}{100}$	$\dfrac{5}{100}$
入浴介助加算			
(3) 入浴介助加算 (1日)	50 単位	―	―
入浴介助加算(I) (1日)		40 単位	40 単位
入浴介助加算(Ⅱ) (1日)		60 単位	60 単位
リハビリテーションマネジメント加算(I)	330 単位	―	
リハビリテーションマネジメント加算(Ⅱ)			
開始日から6月以内 (1月につき)	850 単位	―	
開始日から6月超 (1月につき)	530 単位	―	
リハビリテーションマネジメント加算(Ⅲ)			
開始日から6月以内 (1月につき)	1,120 単位	―	
開始日から6月超 (1月につき)	800 単位	―	
リハビリテーションマネジメント加算(A) イ			
同意日の属する月から6月以内 (1月につき)		560 単位	560 単位
同意日の属する月から6月超 (1月につき)		240 単位	240 単位
リハビリテーションマネジメント加算(A) ロ			
同意日の属する月から6月以内 (1月につき)		593 単位	593 単位
同意日の属する月から6月超 (1月につき)		273 単位	273 単位
リハビリテーションマネジメント加算(B) イ			
同意日の属する月から6月以内 (1月につき)		830 単位	830 単位
同意日の属する月から6月超 (1月につき)		510 単位	510 単位
リハビリテーションマネジメント加算(B) ロ			
同意日の属する月から6月以内 (1月につき)		863 単位	863 単位
同意日の属する月から6月超 (1月につき)		543 単位	543 単位
リハビリテーションマネジメント加算(M)			
開始日から6月以内 (1月につき) (3月に1回を限度)	1,220 単位	―	―
開始日から6月超 (1月につき) (3月に1回を限度)	990 単位	―	―
短気集中個別リハビリテーション実施加算	110 単位	110 単位	110 単位
認知症短期集中リハビリテーション実施加算(I) (1日につき (週2日を限度))	240 単位	240 単位	240 単位
認知症短期集中リハビリテーション実施加算(Ⅱ) (1月につき (4回以上実施すること))	1,920 単位	1,920 単位	1,920 単位
生活行為向上リハビリテーション実施加算			
開始日から6月以内 (1月につき)	2,000 単位	1,250 単位	1,250 単位
開始日から6月超 (1月につき)	1,000 単位	―	―
若年性認知症利用者受入加算 (1日)	60 単位	60 単位	60 単位
栄養アセスメント加算 (1月につき)		50 単位	50 単位
栄養改善加算 (低栄養改善サービスについて3月以内、1回につき (月2回を限度))	150 単位	200 単位	200 単位
栄養スクリーニング加算	5 単位	―	―
口腔機能向上加算 (原則3月以内、1回につき (月2回を限度))	150 単位	―	―
口腔・栄養スクリーニング加算(I)		20 単位	20 単位
口腔・栄養スクリーニング加算(Ⅱ)		5 単位	5 単位
口腔機能向上加算(I)		150 単位	150 単位
口腔機能向上加算(Ⅱ)		160 単位	160 単位
重度療養管理加算 (1月につき) ※2時間以上の場合、要介護4・5で頻回の喀痰吸引等を要する者	100 単位	100 単位	100 単位
中重度者ケア体制加算	20 単位	20 単位	20 単位
科学的介護推進体制加算		40 単位	40 単位
送迎減算	△ 47 単位	△ 47 単位	△ 47 単位
社会参加支援加算 (1月につき)	12 単位	―	
移行支援加算 (1月につき)		12 単位	12 単位
サービス提供体制強化加算			
(1) サービス提供体制強化加算(I) イ (1回) 介護職員のうち介護福祉士50%以上	18 単位	―	―
(2) サービス提供体制強化加算(I) ロ (1回) 介護職員のうち介護福祉士40%以上	12 単位	―	―
(3) サービス提供体制強化加算(Ⅱ) (1回) 職員総数のうち勤続3年以上が30%以上	6 単位	―	―
(1) サービス提供体制強化加算(I) 介護職員のうち介護福祉士80%以上		22 単位	22 単位
(2) サービス提供体制強化加算(Ⅱ) 介護職員のうち介護福祉士60%以上		18 単位	18 単位
(3) サービス提供体制強化加算(Ⅲ) 介護職員のうち介護福祉士50%以上		6 単位	6 単位
介護職員処遇改善加算　※所定単位数の総額に対する加算			
(1) 介護職員処遇改善加算(I) 　　キャリアパス要件Ⅰ、キャリアパス要件Ⅱ、キャリアパス要件Ⅲ、職場環境等要件の全てを満たす場合※	所定単位×$\dfrac{47}{1000}$	所定単位×$\dfrac{47}{1000}$	所定単位×$\dfrac{47}{1000}$

給付費項目	令和元年 10月1日改定	令和3年 4月1日改定	令和4年 10月1日改定
(2)介護職員処遇改善加算(Ⅱ) キャリアパス要件Ⅰ、キャリアパス要件Ⅱ、職場環境等要件の全てを満たす場合※	所定単位×$\frac{34}{1000}$	所定単位×$\frac{34}{1000}$	所定単位×$\frac{34}{1000}$
(3)介護職員処遇改善加算(Ⅲ) キャリアパス要件Ⅰ又はキャリアパス要件Ⅱのどちらかを満たす場合に加え、職場環境等要件を満たす場合※	所定単位×$\frac{19}{1000}$	所定単位×$\frac{19}{1000}$	所定単位×$\frac{19}{1000}$
(4)介護職員処遇改善加算(Ⅳ) キャリアパス要件Ⅰ、キャリアパス要件Ⅱ、職場環境等要件のいずれかの要件を満たす場合※	(Ⅲ)×$\frac{90}{100}$	(Ⅲ)×$\frac{90}{100}$	—
(5)介護職員処遇改善加算(Ⅴ) キャリアパス要件Ⅰ、キャリアパス要件Ⅱ、職場環境等要件のいずれの要件も満たせない場合※	(Ⅲ)×$\frac{80}{100}$	(Ⅲ)×$\frac{80}{100}$	—
介護職員等特定処遇改善加算			
(1)介護職員等特定処遇改善加算(Ⅰ)		所定単位×$\frac{20}{1000}$	所定単位×$\frac{20}{1000}$
(2)介護職員等特定処遇改善加算(Ⅱ)		所定単位×$\frac{17}{1000}$	所定単位×$\frac{17}{1000}$
介護職員等ベースアップ等支援加算			所定単位×$\frac{10}{1000}$

※介護職員処遇改善加算の算定について
　介護職員処遇改善加算申請のために必要な「キャリアパス要件」「職場環境等要件(旧定量的要件)」は、次のとおりです。
▶キャリアパス要件：Ⅰ、Ⅱ、Ⅲの3種類の要件があります。
　Ⅰ 職位・職責・職務内容に応じた任用要件と賃金体系の整備をすること。
　Ⅱ 資質向上のための計画を策定して、研修の実施又は研修の機会を確保すること。
　Ⅲ 経験若しくは資格等に応じて昇給する仕組み又は一定の基準に基づき定期に昇給を判定する仕組みを設けること。
▶職場環境等要件：
　賃金改善以外の処遇改善を実施し、これまでの処遇改善の取組について明確な書面での整備と福祉・介護職員への周知が必要です。
　(例) 資質の向上 - 研修の受講と人事考課との連動など 職場環境・処遇の改善・子育てとの両立を目指す人のための育児休業制度などの充実、事業所内保育施設の整備など
※特定処遇改善加算の取得要件
・現行の介護職員処遇改善加算(Ⅰ)から(Ⅲ)までを取得していること。
・介護職員処遇改善加算の職場環境等要件に関し、複数の取組を行っていること。
・介護職員処遇改善加算に基づく取組について、ホームページへの掲載等を通じて見える化を行っていること。
※介護職員等ベースアップ等支援加算の算定要件
・処遇改善加算(Ⅰ)〜(Ⅲ)のいずれかを取得していること。
・賃上げ効果の継続に資するよう、加算額の3分の2は介護職員等のベースアップ等(※)に使用することを要件とする。
　(※)「基本給」又は「決まって毎月支払われる手当」の引上げ

第4章 介護保険制度関係年表

年号	内閣 (厚生大臣／厚生労働大臣)	主な出来事（時代背景）	
1946年 昭和21年	幣原喜重郎 → 吉田茂(第1次) (芦田)→(河合)→(吉田)	・日本国憲法公布（11月3日→翌年5月施行） ・旧生活保護法施行（引揚者等貧困者対策） ・労働関係調整法	
1947年 昭和22年	片山哲 (片山)	・日本国憲法施行（5月3日） ・新保健所法・失業保険法・食品衛生法・職業安定法・児童福祉法・労働基準法 (第1次ベビーブーム)	
1948年 昭和23年	片山哲 → 芦田均 → 吉田茂(第2次) (一松)→(竹田)→(吉田)→ (林)	・医療法・医師法・身体障害者福祉法（戦傷者対策） ・イギリスで、国民保健法、国民医療サービス、国民扶助法の三法同時施行、「福祉国家」の原型確立	
1950年 昭和25年	吉田茂(第3次) (黒川)→ (橋本)→ (吉武)→(山縣)	・5月4日 新生活保護法公布（貧困者全般、生存権保障）・精神衛生法 (朝鮮戦争（特需ブーム）)	
1954年 昭和29年	吉田茂(第5次)→ 鳩山一郎(第1次) (草葉)→ (鶴見)→(川崎)→ (小林)	・5月19日 厚生年金保険法（新）公布 (S30年代 神武景気〜岩戸景気)	
1956年 昭和31年	鳩山一郎(第3次)→石橋湛山 (小林)→(石橋)→(神田)		
1958年 昭和33年	岸信介(第1・2次) (堀木)(橋本)	・12月27日 国民健康保険法公布（国民皆保険）	
1959年 昭和34年	岸信介(第2次) (坂田)→(渡邉)→(中山)	・4月16日 国民年金法公布（国民皆年金） ・デンマークで「障害者福祉法」（ノーマライゼイションが制度に含まれる） (S35年 所得倍増計画)	
1961年 昭和36年	池田勇人(第2次) (古井)→(灘尾)	・国民皆保険体制（国保、政管、組合、共済） ・児童扶養手当法	
1963年 昭和38年	池田勇人(第2・3次) (西村)→(小林)	(S39年 東京オリンピック) (いざなぎ景気)	
1969年 昭和44年	佐藤榮作(第2次) (神田)→(鈴木)→(坊)→(園田)→ (斎藤)→(内田)	(S45年 高齢化率7％超える) (S46年 ドルショック) (S46年 第2次ベビーブーム)	
1972年 昭和47年	佐藤榮作(第3次)→ 田中角榮 (第1・2次) (齋藤)→ (塩見)→(斎藤)	(札幌オリンピック)	
1973年 昭和48年	田中角榮(第2次) (斎藤)	・健康保険法改正 (オイルショック)	
1974年 昭和49年	田中角榮(第2次)→ 三木武夫 (福永)→(田中)	・雇用保険法	
1975年 昭和50年	三木武夫 (田中)→(早川)	(国際婦人年)	
1976年 昭和51年	三木武夫→福田赳夫 (渡辺)		
1977年 昭和52年	福田赳夫 (小沢)	(雇用保険法改正（雇用安定事業創設）)	
1978年 昭和53年	福田赳夫→大平正芳(第1次) (小沢)→(橋本)	(国民健康づくり対策)	
1979年 昭和54年	大平正芳 (第1・第2次) (橋本)	(国際児童年)	
1980年 昭和55年	大平正芳 (第3次)→鈴木善幸 (橋本)→ (野呂)→(斉藤)		
1981年 昭和56年	鈴木善幸 (園田)→(村山)	(国際障害者年) (日米貿易摩擦)	
1982年 昭和57年	鈴木善幸→中曽根康弘(第1次) (森下)→(林)	・障害者対策に関する長期計画	
1983年 昭和58年	中曽根康弘(第1・2次) (林)→(渡部)	・対がん10カ年総合戦略	
1984年 昭和59年	中曽根康弘(第2次) (渡部)→(増岡)		
1985年 昭和60年	中曽根康弘(第2次) (増岡)→ (今井)	・国民年金法改正（基礎年金導入）、医療法改正法公布（医療計画の策定） (バブル景気)	
1986年 昭和61年	中曽根康弘(第2・3次) (今井)→(斎藤)	・労働者派遣法 ・男女雇用機会均等法 ・国民年金法改正（基礎年金）	

介護・高齢者対策関係の出来事	全老健の出来事
• 7月11日　老人福祉法公布	
• 12月　　　東京都、70歳以上の老人医療費無料化を実施	
• 6月23日　老人福祉法改正	
• 1月1日　改正老人福祉法施行（70歳以上の高齢者を対象に老人医療費無料） 　　　　　福祉元年	
• 10月1日　薬事法改正 • 10月1日　医薬品副作用被害救済基金法成立	
• 8月17日　老人保健法公布（翌年2月1日施行、老人医療費の無料制廃止） • 9月10日　厚生省公衆衛生局に老人保健部設置 • 10月1日　厚生省、国民医療費適正化総合対策本部設置	
• 2月1日　老人保健法施行	
• 1月8日　昭和58年厚生行政基礎調査発表、65歳以上の独居老人が100万人を超える • 8月14日　健康保険法等改正公布（被用者本人1割負担、退職者医療制度創設等） • 10月　　　退職者医療制度の創設	
• 1月24日　社会保障制度審議会、病院と特別養護老人ホームとの中間施設整備を提言 • 4月24日　厚生省、「中間施設に関する懇談会」を設置 • 7月18日　老人保険審議会、老人保険制度の見直しに関する中間意見（中間施設の必要性、加 　　　　　入者按分率100％等） • 8月2日　「要介護老人対策の基本的考え方といわゆる中間施設のあり方について」中間報告 • 9月14日　厚生省、高齢者対策企画推進本部を設置	
• 1月10日　厚生省、老人保健法改正大綱を決定（老人保健施設の創設等） • 6月6日　政府、「長寿社会対策大綱」発表 • 12月22日　老人保健法改正法公布（老人保健施設の創設）	

年号	内閣 (厚生大臣／厚生労働大臣)	主な出来事（時代背景）	介護・高齢者対策関係の出来事	
1987年 昭和62年	中曽根康弘(第3次)→竹下登 (斎藤)→(藤本)	・「長寿福祉社会を実現するための施策の基本的考え方と目標について（福祉ビジョン）」	・1月14日　厚生省、国民医療総合対策本部設置 ・2月16日　厚生省、モデル老人保健施設7カ所を指定 ・5月26日　社会福祉士及び介護福祉士法公布 ・6月26日　国民医療総合対策本部が中間報告	
1988年 昭和63年	竹下登 (藤本)→(小泉)	・12月30日　消費税法公布（翌年4月1日実施） ・国民健康保険法改正 （税制改革）	・2月29日　中医協、老人保健施設の入所者基本施設療養費を1月210,660円と答申 ・4月1日　老人保健施設の本格実施 ・7月1日　厚生大臣官房に老人保健福祉部を新設（保健医療局老人保健部と社会局老人福祉課を統合）	
1989年 昭和64年 平成元年	竹下登→宇野宗佑→海部俊樹 (第1次) (小泉)→(戸井田)	・4月1日　消費税3%	・12月21日　厚生・自治・大蔵3大臣合意「高齢者保険福祉推進十か年戦略（ゴールドプラン）」の平成2年度スタート決定（平成11年度までに老人保健施設28万床整備を計画） ○老人保健施設218カ所	
1990年 平成2年	海部俊樹(第1・2次) (戸井田)→(津島)	（イラク・クウェート侵攻） （統一ドイツ誕生） （合計特殊出生率が1.57）	・4月1日　診療報酬改定（老人保健施設の基本施設療養費226,770円（7.6%引上）、特例許可老人病院に入院医療管理料導入 ・6月　福祉8法改正（在宅福祉サービスを市町村事務に） ○老人保健施設393カ所	
1991年 平成3年	海部俊樹(第2次)→宮澤喜一 (下条)→(山下)	（湾岸戦争） （ソ連崩壊）	・老人保健法改正（老人訪問看護制度創設） ・7月3日　老人保健審議会「老人保健施設の在り方について」意見答申	
1992年 平成4年	宮澤喜一 (丹羽)	・スウェーデンで「エーデル改革」 ・看護師等人材確保法	・4月　老人保健施設療養費の改定（痴呆専門棟加算新設） ・6月　医療法改正（療養型病床群の創設）	
1993年 平成5年	宮澤喜一→細川護熙 (丹羽)→(大内)	・福祉用具法 ・精神保健法改正（グループホームの法定化） ・パートタイム労働法	・地方老人保健福祉計画を全市町村、都道府県で策定 ・「寝たきり老人ゼロ作戦」推進	
1994年 平成6年	細川護熙→羽田孜→村山富市 (大内)→(井出)	・地域保健法 ・健康保険法改正（入院時の食事療養に係る給付見直し・付添看護解消） ・がん克服新10カ年戦略 （高齢化率14%超える）	・在宅介護支援センター法定化 ・3月28日　「21世紀福祉ビジョン～少子・高齢化社会にむけて」（社会保障の財源負担のルール化 年金5：医療4：福祉1→年金5：医療3：福祉2へ） ・4月　老人保健施設療養費の改定 ・4月　厚生省「高齢者介護対策本部」設置 ・6月29日　健康保険法等改正（入院時の食事療養に係る給付の見直し・付添看護の解消） ・9月8日　社会保障制度審議会・社会保障将来像委員会第2次報告（将来的には財源を社会保険料に依存した介護保障制度を設ける） ・12月13日　高齢者介護自立支援システム研究会報告（選択型と社会保険方式の介護保険制度提言） ・12月18日　大蔵・厚生・自治3大臣合意「新ゴールドプラン」 ・12月25日　「地方分権の推進に関する大綱方針」閣議決定	
1995年 平成7年	村山富市 (森井)	・5月15日　地方分権推進法成立 （阪神・淡路大震災） （地下鉄サリン事件）	・2月　老人保健福祉審議会で介護制度について審議 ・7月4日　社会保障制度審議会勧告（新たな公的介護保険の導入提言） ・7月26日　老人保健福祉審議会「中間報告」（介護保険創設提唱） ・7月26日　公的年金制度の一元化に関する懇談会報告書取りまとめ ・11月8日　高齢社会対策基本法公布 ・12月　与党福祉プロジェクトチーム「新たな高齢者等の介護制度創設に向けた議論の整理」（公費を組み入れた社会保険方式）	
1996年 平成8年	村山富市→橋本龍太郎(第1・2次) (菅)→(小泉)	（社会保障構造改革）	・4月　老人保健施設療養費の改定（逓減制の導入） ・4月22日　老人保健福祉審議会「最終報告―新たな介護保険制度の創設について」 ・5月　厚生省「介護保険制度試案」提示 ・6月17日　介護保険創設に関する与党合意事項 ・6月25日　政府与党、国会提出見送りで「介護保険制度の創設に関するワーキングチーム設置」 ・10月7日　老人保健福祉審議会「老人保健制度の見直しについて（中間的な論点の整理）」 ・11月19日　社会保障関係8審議会会長会議報告「社会保障構造改革の報告（中間まとめ）」（国民負担率を50%以下にする場合、医療保険や年金の給付を2割以上抑制すべき） ・11月29日　「介護保険法案及び施行法案」臨時国会上程、継続審議へ ・12月4日　厚生省特別養護老人ホーム汚職事件。岡光序治厚生事務次官逮捕 ・12月4日　厚生省「モデル介護認定審査会運営要綱」「介護認定調査要領」通知→全国60地域・1地域約100件のケースについて要介護認定モデル事業実施	
1997年 平成9年	橋本龍太郎(第2次) (小泉)	（アジア通貨危機） ・4月1日　消費税5%	・国会審議を受け、介護保険制度対策検討委員会を設置 ・5月22日　介護保険法案及び施行法案、衆議院可決→参議院継続審議へ	

・4月1日　モデル老人保健施設事業がスタート
・6月6日　モデル老人保健施設が第1回老人保健施設連絡協議会を開催

・3月25日　第7回老人保健施設連絡協議会
・3月26日　第1回老人保健施設フォーラム「モデル老人保健施設からの報告」、全国老人保健施設研究会設立へ
・6月21日　第2回老人保健施設フォーラム「施設設備の現状と基本的考え方」、全国老人保健施設研究会設立総会
・9月28日　第3回老人保健施設フォーラム「入所者処遇の実際と運営収支」、研究会総会で法人化へ向け活動開始の決議

・6月8日　第4回全国老人保健施設フォーラム「老人保健施設の将来―そのクオリティーの追求」
・9月12日　社団法人全国老人保健施設協会設立準備会設置
・10月1日　法人設立準備会事務局を設置（東京都新宿区百人町2-5-5）
・11月23日　社団法人全国老人保健施設協会設立総会。会長（協会設立許可日～1991年3月31日）及び法人設立代表者として矢内伸夫氏（老人保健施設「伸寿苑」）選任
・12月22日　社団法人全国老人保健施設協会法人設立許可

・1月4日　社団法人全国老人保健施設協会法人設立登記完了
・3月19日　社団法人全国老人保健施設協会第1回総会。設立記念パーティー
・6月30日　第1回全国老人保健施設大会（山梨県）「寝たきりからの解放をめざして」（～7月1日）
・7月　　　機関誌『老健』創刊（季刊・年4回発行）

・3月2日　社団法人全国老人保健施設協会第3回通常総会。第2期役員選出、会長に矢内伸夫氏選任（2期目）
・6月28日　第2回全国老人保健施設大会（広島県）「今問われる……長寿社会の"QOL"」（～29日）

・7月9日　第3回全国老人保健施設大会（北海道）「心豊かな長寿社会をめざして」（～10日）

・3月16日　社団法人全国老人保健施設協会第7回通常総会。第3期役員選出、会長に矢内伸夫氏選任（3期目）
・7月16日　第4回全国老人保健施設大会（宮崎県）「地域に開かれた施設づくりを求めて」（～17日）

・3月25日　社団法人全国老人保健施設協会創立5周年記念事業
・6月28日　厚生省老人保健福祉局老人保健課長に「人員配置基準の見直し等に関する要望書」提出
・7月28日　第5回全国老人保健施設大会（大阪府）「その人らしさを求めて～ボケても幸せやねん」（～29日）
・9月6日　事務所移転（東京都新宿区新宿1-1-7）

・1月　　　機関誌『老健』1月号から隔月発行（年6回発行）へ
・2月28日　社団法人全国老人保健施設協会第3回通常代議員会。第4期役員選出、会長に山口昇氏（御調町老人保健施設「みつぎの苑」）選任
・4月24日　老人保健福祉審議会に意見書「健やかで活力ある高齢社会をめざした新しい介護（ケア）システムの構築にあたって―老人保健施設の立場から―」提出
・7月13日　第6回全国老人保健施設大会（宮城県）「地域における保健・医療・福祉の連携をめざして」（～14日）
・9月11日　団体名英訳（Japan Association of Geriatric Health Services Facilities）と協会ロゴマークを制定
・9月27日　「新しい介護（ケア）システムと老人保健施設のあり方に関する検討会」を設置。新介護システム下での老人保健施設のあり方について検討始まる
・10月　　　三団体ケアプラン策定研究会が発足し「三団体ケアプラン」の検討始まる
☆協会会員数1,000に到達
・12月5日　厚生省老人保健福祉局長あてに「施設療養費改定に関する要望書」提出

・7月25日　第7回全国老人保健施設大会（兵庫県）「心のケア～新しい介護システムをめざして」（～26日）
・12月5日　厚生省老人保健福祉局長あてに「施設療養費改定に関する要望書」提出

・2月27日　社団法人全国老人保健施設協会第7回通常代議員会。第5期役員選出、会長に山口昇氏選任（2期目）
・7月1日　インターネット上にホームページを開設
・7月3日　第8回全国老人保健施設大会（千葉県）「地方文化としての高齢者介護」（～4日）

年号	内閣 (厚生大臣／厚生労働大臣)	主な出来事（時代背景）	介護・高齢者対策関係の出来事	
1997年 平成9年 （続き）			• 5月30日　厚生省、要介護認定モデル事業結果公表「高齢者ケアサービス体制整備検討委員会報告について」 • 6月　　　健康保険法等の一部改正案国会提出、成立（9月施行） • 12月9日　介護保険法成立、平成12年4月からスタート	
1998年 平成10年	橋本龍太郎（第2次）→小渕恵三 （小泉）→（宮下）	（長野オリンピック）	• 4月1日　老人保健施設療養費の改定 • 介護支援専門員に関する省令公布 • 介護保険法施行規則等公布	
1999年 平成11年	小渕恵三 （宮下）	（国際高齢者年）	• 要介護認定審査判定基準省令公布 • 介護保険報酬単価発表 • 10月　　　介護保険・介護認定審査など開始 • 12月19日「ゴールドプラン21」発表	
2000年 平成12年	小渕恵三→森喜朗（第1・2次） （丹羽）→（津島）	（沖縄サミット）	• 3月　　　年金改正法成立（2000年改正） • 4月1日　介護保険制度施行（措置制度から契約へ。市町村が介護保険の保険者に） • 新成年後見制度施行 • 地方分権一括法施行（通達行政の終わり。国と自治体の関係は対等とされる） • 5月　　　社会福祉法成立（社会福祉事業法等の一部を改正する法律）	
2001年 平成13年	森喜朗（第2次）→小泉純一郎（第1次） （坂口）	（1月6日 中央省庁再編・厚生労働省発足） • 骨太方針2001策定（社会保障費を2002年度から2006年度にかけて1.1兆円抑制）	• 1月　　　老人医療費の患者負担で定率1割負担の導入 • 10月1日　第1号介護保険料の全額徴収始まる	
2002年 平成14年	小泉純一郎（第1次） （坂口）	• 健康増進法 （FIFAワールドカップ（日韓共同開催））	• 構造改革特別区制度施行される • 自己評価、第三者評価等サービス評価事業が本格稼動 • 施設整備に関する補助金の算定改定 • 新型特養の推進が本格化（個室、ユニットケア） • 10月　　　老人保健法の改正（対象者を5年かけて75歳に引き上げるとともに、公費負担を5割に上昇）	
2003年 平成15年	小泉純一郎（第1・2次） （坂口）	• 次世代育成支援対策推進法 • 少子化社会対策基本法 （イラク戦争〜 ）	• 4月1日　介護報酬改定 • 小規模多機能施設の推進策示される	
2004年 平成16年	小泉純一郎（第2次） （尾辻）	• 第3次対がん10カ年総合戦略 • 日米社会保障協定 • 日韓社会保障協定 • 少子化社会対策大綱 （新潟県中越地震）		

	全老健の出来事
	・ 7月30日　厚生大臣あてに「介護保険制度に関する要望について」提出 ・ 7月30日　厚生省老人保健福祉局長あてに「介護保険制度に関する要望について」提出 ・10月　　　介護保険に関する研修会開始 ・10月 8日　厚生省健康政策局長あてに「理学療法士及び作業療法士の実習施設に関する要望書」提出 ・11月20日　厚生省老人保健福祉局長あてに「老人保健施設代表者の都道府県医療審議会への委員参画についての要望書」提出 ・12月12日　厚生省老人保健福祉局長あてに「平成10年度診療報酬改定に関しての要望書」提出
	・ 3月19日　厚生省老人保健福祉局長あてに「平成10年度診療報酬改定に関する要望書」提出 ・ 4月23日　厚生省老人保健福祉局老人保健課長あてに「介護保険制度確定等に関しての検討依頼 −その1−」提出 ・ 7月17日　事務所移転 (東京都新宿区四谷4-28-4) ・ 9月 3日　第9回全国老人保健施設大会 (岡山県)「高齢者の尊厳が生み出すまち創り」(〜4日) ・ 9月25日　自由民主党政務調査会 税制調査会あてに「平成11年度税制改正の要望」提出 ・ 9月28日　自由民主党政務調査会社会部会長、自由民主党組織本部長社会福祉環境関係団体委員長宛に「平成11年度予算に関する要望」提出 ・12月 2日　厚生省老人保健福祉局長あてに「介護保険の政省令制定等に関する要望について」提出 ☆協会会員数2,000に到達
	・ 1月　　　機関誌『老健』月刊化 ・ 1月22日　厚生省老人保健福祉局長あてに「社会福祉・医療事業団の老人保健施設への長期運転資金の融資条件緩和等に関する要望について」提出 ・ 2月 5日　社団法人全国老人保健施設協会第11回通常代議員会。第6期役員選出、会長に山口昇氏選任 (3期目) ・ 2月25日　社会福祉・医療事業団理事長あてに「経営安定化資金 (長期運転資金) の新設に関する要望書」提出 ・ 5月13日　厚生省老人保健福祉局長あてに「介護保険制度の介護報酬に関する要望について」提出 ・ 7月23日　厚生省老人保健福祉局長あてに「介護報酬仮単価決定に際しての要望」提出 ・ 8月17日　自由民主党介護保険制度対策本部長あてに「介護保険制度に関する要望について」提出 ・ 9月10日　自由民主党政務調査会社会部会介護保険制度に関する小委員会委員長あてに「介護保険制度に関する要望について」提出 ・ 9月17日　自由民主党政務調査会 税制調査会あてに「平成12年度税制改正の要望」提出 ・10月13日　第10回記念全国老人保健施設長野大会「地域がつくる高齢者ケア〜少子・高齢社会の21世紀に向けて〜」(〜15日) ・10月28日　厚生省老人保健福祉局長あてに「介護報酬に関する要望について」提出 ・11月12日　自由民主党組織本部社会福祉環境関係団体委員会委員長、自由民主党政務調査会社会部会長あてに「平成12年度税制改正及び予算要望」提出 ・11月19日　社団法人全国老人保健施設協会創立10周年記念事業／創立10周年記念厚生大臣表彰/老人保健施設事業労働施設表彰 (7施設)、老人保健施設事業功労者表彰 (13名)、全老健会長表彰 (41名)
	・ 1月24日　厚生省老人保健福祉局長あてに「介護報酬に関する要望について」提出 ・ 1月27日　自由民主党政務調査会社会部会介護保険制度に関する小委員会あてに「介護保険制度に関する意見について」提出 ・ 6月28日　厚生省老人保健福祉局長あてに「介護報酬支払い事務に関する要望について」提出 ・ 9月20日　自由民主党政務調査会 税制調査会あてに「平成13年度税制改正の要望」提出 ・10月 4日　第11回全国介護老人保健施設三重大会「介護保険発足記念 老健施設がつくる明るい未来」(〜6日) ・11月 7日　自由民主党組織本部社会福祉環境関係団体委員会委員長、自由民主党政務調査会社会部会長あてに「平成13年度税制改正及び予算要望」提出
	・ 2月 8日　社団法人全国老人保健施設協会第15回通常代議員会。第7期役員選出、会長に山口昇氏選任 (4期目) ・ 3月27日　「身体拘束ゼロシンポジウム」開催 ・ 8月20日　第12回全国介護老人保健施設東京大会「"21世紀" 老健施設のアイデンティティの確立を求めて」(〜22日) ・11月 6日　厚生労働省老健局計画課長あてに「平成14年度税制改正及び予算要望」提出 ・11月29日　厚生労働省保険局長あてに「平成14年度診療報酬改定に関する要望について」提出
	・ 2月 6日　「平成13年度身体拘束ゼロシンポジウム」開催 ・ 2月13日　社会保障審議会介護給付費分科会に意見書「介護保険の理念と国民の期待に沿える機能を発揮できる介護報酬改定を」を提出 ・ 3月 6日　「平成13年度ユニットケアシンポジウム」開催 ・ 5月24日　厚生労働大臣あてに「医師臨床研修必修化に対する要望書」提出 ・ 6月 7日　社会保障審議会介護給付費分科会に「介護報酬改定 重点項目」提出 (日本医師会、日本看護協会、全老健、介護療養型医療施設連絡協議会、全国老人デイ・ケア連絡協議会) ・ 7月24日　厚生労働省老健局計画課長あてに「平成15年度税制改正及び予算要望」提出 ・10月 2日　第13回全国介護老人保健施設福岡大会「思いやりのある豊かな未来をめざして〜老健施設の明るい介護〜」(〜4日) ・12月12日　厚生労働省老健局長あてに「介護保険制度見直し (報酬改定) 等に関する要望書」提出 ・12月27日　厚生労働省老健局長あてに「介護報酬の単一の単価に係る地域区分並びに特別地域加算及び特例居宅介護サービス等に係る離島地域の見直しに関する要望について」提出
	・ 1月15日　メールマガジン「e-roken」創刊号配信 ・ 1月21日　「高齢者の「安全」を考えるシンポジウム」開催 ・ 2月 1日　介護老人保健施設安全推進月間 (〜28日) ・ 2月 7日　社団法人全国老人保健施設協会第19回通常代議員会。第8期役員選出、会長に漆原彰氏 (介護老人保健施設高齢者ケアセンターゆらぎ) 選任 ・ 2月18日　オープンセミナー「知っておきたい成年後見制度〜守ろう! 高齢者の尊厳〜」開催 ・ 3月19日　「シンポジウム 要介護高齢者の「食」を考える〜人は生涯、「口から食べられるのか〜」開催 ・ 7月30日　厚生労働省老健局計画課長あてに「平成16年度税制改正及び予算要望書」提出 ・ 8月27日　「老健施設21世紀ビジョン ワークショップ」開催 (〜28日) ・10月15日　第14回全国介護老人保健施設大会 in ほっかいどう「いきいき、ながいき〜高齢者の幸せは私たちの未来〜」(〜17日) ・10月25日　機関誌『老健』通刊100号 ・10月27日　社会保障審議会介護給付費分科会長あてに意見書「『介護保険制度の健全な発展をめざし、健やかで活力ある高齢社会の実現のため』―介護老人保健施設の立場から―」提出 ・12月15日　厚生労働省保険局長あてに「平成16年度診療報酬改定に関する要望について」提出
	・『介護白書』創刊 ・ 3月 4日　「介護老人保健施設リハビリテーションシンポジウム」開催 ・ 5月14日　厚生労働省老健局長あてに「介護保険制度見直しに関する要望書」提出 ・ 7月26日　事務所移転 (東京都港区芝2-1-28) ・ 7月28日　厚生労働省老健局計画課長あてに「平成17年度税制改正及び予算要望書」提出 ・ 8月 3日　厚生労働省老健局老人保健課長あてに「平成16年介護事業経営概況調査について (意見)」提出 ・11月10日　第15回全国介護老人保健施設香川大会「ゆっくり生きまあせ 長寿社会 〜あなたと私の未来、豊かな老後、明るい社会〜」(〜12日) ・12月 9日　介護保険制度と介護老人保健施設のこれからを考える全国集会 ・12月 9日　厚生労働省老健局長あてに「施設サービス利用者の負担増に関する要望書」提出 ☆協会会員数3,000に到達

年号	内閣 (厚生大臣／厚生労働大臣)	主な出来事（時代背景）	介護・高齢者対策関係の出来事	
2005年 平成17年	小泉純一郎（第2・3次） （尾辻）→（川崎）	・食育基本法	・4月1日　個人情報保護法全面施行 ・6月22日　第162回通常国会にて改正介護保険法成立（平成17年6月29日公布） ・6月　改正介護保険法成立（予防重視と地域包括支援センター）（2006年4月施行） ・10月1日　「介護保険法等の一部を改正する法律」（平成17年10月1日施行分）施行（介護保険3施設で、食費・居住費の自己負担化） ・11月　障害者自立支援法成立（2006年4月一部施行、10月本格施行） ・高齢者虐待防止・介護者支援法成立（2006年4月施行） ・12月　与党の医療制度改革案まとまる	
2006年 平成18年	小泉純一郎（第3次）→安倍晋三 （川崎）→（柳澤）	・石綿による健康被害の救済に関する法律 ・改正高年齢者雇用安定法の施行 ・公益通報者保護法	・1月　介護報酬改定案・診療報酬改定案提示 ・4月1日　介護報酬改定、ならびに「介護保険法等の一部を改正する法律」（平成18年4月1日施行分）全面施行（新予防給付の創設、地域密着型サービスの創設、ケアマネジメントの見直しがスタート） ・6月　高齢者の医療の確保に関する法律制定（後期高齢者医療制度の創設） ・7月1日　経過型介護療養型医療施設が誕生。療養病床再編始まる ・9月9日　日比経済連携協定（平成20年度からフィリピン人の看護・介護職日本受入れ事業スタート）	
2007年 平成19年	安倍晋三→福田康夫 （柳澤）→（舛添）	・厚生年金保険の保険給付及び国民年金の給付に係る時効の特例等に関する法律 （年金記録問題）	・6月6日　株式会社コムスンに指導監査指針改正後初の大型処分 ・8月21日　日尼経済連携協定（平成20年度からインドネシア人看護・介護職日本受入れ事業スタート） ・11月　改正介護福祉士法	
2008年 平成20年	福田康夫→麻生太郎 （舛添）	・改正パートタイム労働法 （岩手宮城内陸地震） （北海道洞爺湖サミット） （リーマンショック）	・4月　後期高齢者医療制度スタート ・5月　介護保険法及び老人福祉法の一部を改正する法律公布（介護サービス事業者の不正事業の再発防止、法令遵守等の業務管理体制整備の義務づけ、事業者の本部等に対する立入検査権の創設など） ・5月1日　介護療養型老人保健施設に係る介護報酬改定 ・5月28日　介護従事者等の人材確保のための介護従事者等の処遇改善に関する法律公布 ・10月30日　政府・与党において「介護従事者の処遇改善のための緊急特別対策」として平成21年度介護報酬改定率を3.0％とすることが決定	
2009年 平成21年	麻生太郎→鳩山由紀夫 （舛添）→（長妻）	（新型インフルエンザ流行・6月WHOがフェーズ6を宣言） ・8月30日　衆議院議員選挙―政権交代 ・9月16日　鳩山政権誕生 ・10月　介護職員処遇改善交付金	・4月1日　介護報酬改定 ・5月1日　介護保険法及び老人福祉法の一部を改正する法律施行 ・6月1日　改正薬事法施行	

全老健の出来事
・1月　「介護老人保健施設の理念と役割」の改定・公表
・2月17日　社団法人全国老人保健施設協会第23回通常代議員会。第9期役員選出、会長に漆原彰氏選任（2期目）
・3月3日　「個人情報保護法セミナー」開催
・3月4日　「介護老人保健施設の会計・税務・財務に関する研修会」開催（〜11日）
・3月13日　「介護予防シンポジウム〜予防重点型システム転換のための新予防給付シンポジウム〜」開催
・3月17日　「介護老人保健施設リハビリテーションシンポジウム」開催
・7月8日　厚生労働省老健局長あてに「改正介護保険法施行にあたっての要望書」提出
・7月29日　厚生労働省老健局計画課長あてに「平成18年度税制改正及び予算要望書」提出
・8月17日　厚生労働省老健局長あてに「介護報酬改定に関する要望」提出
・8月29日　厚生労働省保険局長あてに「診療報酬改定に関する要望」提出
・8月30日　第16回全国介護老人保健施設神奈川大会「みんなで創る 高齢社会」（〜9月1日）
・9月20日　「改正介護保険制度における介護老人保健施設の栄養ケア・マネジメントセミナー」開催
・10月31日　厚生労働省老健局老人保健課長あてに「介護報酬改定に関する要望書の補足資料の提出について」提出
・11月2日　厚生労働省保険局医療課長あてに「診療報酬改定に関する要望書の補足資料の提出について」提出
・11月4日　「協会ロゴマーク」商標登録（登録第490536号）
・11月16日　「介護報酬に関する緊急シンポジウム 介護現場からの実状発信」開催
・11月17日　厚生労働省老健局長あてに「平成18年介護報酬改定に関する要望書」提出
・11月17日　厚生労働省老健局長あてに「ユニット型介護老人保健施設に関する要望について」提出
・11月24日　厚生労働省医政局長あてに「緊急融資制度の創設に関する要望書」提出
・11月25日　独立行政法人福祉医療機構理事長あてに「緊急融資制度の創設に関する要望書」提出
・11月25日　社会保障審議会介護給付費分科会会長あてに「平成18年介護報酬改定に関する意見書」提出
・12月15日　厚生労働大臣に「介護報酬改定にかかる要望書」提出
・12月22日　「老健」標準文字商標登録（登録第4917025号）
・3月13日　「介護予防シンポジウム〜予防重視型システム転換のための新予防給付シンポジウム〜」開催
・3月24日　「介護老人保健施設認知症ケア研修会（医師対象）」開催〜認知症短期集中リハビリテーション実施加算算定要件〜
・4月27日　平成18年4月介護報酬改定「リハビリテーション研修会」開催
・8月24日　厚生労働省老健局計画課長あてに「平成19年度税制改正及び予算要望書」提出
・9月23日　「老健施設21世紀ビジョン ワークショップ」開催（〜24日）
・10月26日　厚生労働省老健局長あてに「『介護サービス情報の公表』制度に関する申し入れ書」提出
・11月8日　第17回全国介護老人保健施設熊本大会「新たな包括的地域ケアをめざして〜在宅ケアの拠点とリハビリテーション〜」（〜10日）
・2月9日　厚生労働省老健局振興課長あてに「『介護サービス情報の公表』制度に関する申し入れ書について」提出
・2月16日　社団法人全国老人保健施設協会第27回通常代議員会。平成18年度第1回臨時総会。第10期役員選出、会長に川合秀治氏（介護老人保健施設竜間之郷）選任
・3月5・7日　「認知症高齢者とその家族を支えるシンポジウム」開催（西日本会場・東日本会場）
・3月18日　シンポジウム「老人保健施設におけるリハビリテーション―養成校教育の現状と老人保健施設における新人教育のあり方―」開催
・6月　「介護老人保健施設をめぐる基本的課題と対応の方向性」に関する意見〔パブリックコメント〕募集実施
・6月6日　「介護老人保健施設安全推進セミナー」開催
・7月31日　厚生労働省老健局計画課長あてに「平成20年度税制改正及び予算要望書」提出
・8月1日　社会保障審議会介護給付費分科会会長あてに「療養病床の転換に伴う申し入れ書」提出
・9月11日　「平成19年度介護老人保健施設の会計・税務・財務に関する研修会」（九州会場）開催（9/12西日本会場、9/13東日本会場）
・10月10日　第18回全国介護老人保健施設愛知大会（名古屋市）「愛と知で高齢社会に貢献しよう！ ―深い愛情・豊かな知識―」（〜12日）
・10月10日　第1回「社団法人全国老人保健施設協会医療研究会」開催
・10月25日　メールマガジン e-roken 100号配信
・11月28日　「介護老人保健施設リスクマネジャー資格認定制度」スタート
・12月21日　各支部長あてに「『介護職員の生活を守る署名』について」発出
・1月10日　厚生労働省老健局長あてに「老健施設の医療に関する要望書 ―平成20年度診療報酬改定に向けて―」提出
・3月4日　厚生労働大臣、財務大臣あてに「介護職員に『普通の生活』を保障できる給与体系が可能になるような介護報酬改定の陳情書」を「介護職員の生活を守る署名」166万人分の署名と併せて提出
・3月18日　公開シンポジウム「改正介護福祉士法は日本を救うか？ 今、介護職が要支援―」開催
・5月27日　厚生労働省老健局計画課長あてに「介護老人保健施設事業功労者厚生労働大臣表彰に関する要望書」提出
・6月5日　「介護職員の生活を守る緊急集会〜いまこそ、私たちの声を国会に、そして官庁に!!〜」開催（東京・日比谷公園大音楽堂）
・7月11日　第1回（平成20年度）介護老人保健施設リスクマネジャー資格認定試験実施
・8月8日　厚生労働省老健局長あてに「平成21年度予算要望書」提出
・8月20日　厚生労働省老健局計画課長あてに「平成21年度税制改正要望書」提出
・8月27日　第19回全国介護老人保健施設大会 京都（京都市）「京から明日へ、はんなり介護〜 一人ひとりにいのちの輝きを〜」（〜29日）
・8月27日　第2回「社団法人全国老人保健施設協会医療研究会」開催
・9月　介護老人保健施設リスクマネジャー第1期認定
・11月14日　社会保障審議会介護給付費分科会会長あてに「次期介護報酬改定率ならびに本分科会のあり方等に関する緊急要望」を提出（日本医師会、全老健、日本慢性期医療協会）
・11月18日　社会保障審議会介護給付費分科会会長あてに「平成21年度介護報酬改定に向けての要望事項 〜利用者のニーズに応じて、老健施設がその機能を十分に発揮できるようにするための制度設計〜」を提出（全老健、日本理学療法士協会、日本作業療法士協会、日本言語聴覚士協会）
・12月10日　社会保障審議会介護給付費分科会会長あてに「平成21年度介護報酬改定に向けての追加要望事項」を提出（全老健、日本栄養士会、全国福祉栄養士協議会、日本摂食・嚥下リハビリテーション学会）
・12月24日　社会保障審議会介護給付費分科会会長あてに「平成21年度介護報酬改定へ向けての意見書―持続可能な介護保険制度の構築へ向けて―」を提出
・2月19日　社団法人全国老人保健施設協会第31回通常代議員会。平成20年度第1回臨時総会。第11期役員選出、会長に川合秀治氏選任（2期目）
・2月20日　「平成21年度介護報酬改定説明会」〔東日本会場〕開催（2/24〔西日本会場〕）
・3月　「高齢者ケア懇話会」報告書 老健施設を「高齢者の生活を最期まで支援する」地域の拠点に
・3月　アイデアと工夫で介護のよろこびを作文コンクール作品集
・4月13日　「平成21年度介護報酬改定『リハビリテーション研修会』」開催
・4月21日　「平成21年度介護報酬改定セミナー」開催
・7月22日　第20回全国介護老人保健施設大会 新潟（新潟市）「老健が創る新文明 〜トキめく長寿社会をめざして〜」（〜24日）
・7月22日　第3回「社団法人全国老人保健施設協会医療研究会」開催
・8月31日　厚生労働省老健局老人保健課長あてに「平成21年度介護従事者処遇状況調査について（意見と要望）」を提出
・10月9日　社団法人全国老人保健施設協会創立20周年記念事業

年号	内閣 (厚生大臣／厚生労働大臣)	主な出来事（時代背景）	介護・高齢者対策関係の出来事	
2009年 平成21年 （続き）				
2010年 平成22年	鳩山由紀夫→菅直人 （長妻）→（細川）	・7月11日　参議院議員選挙－ねじ 　れ国会	・3月　　　「地域包括ケア研究会」報告書	
2011年 平成23年	菅直人→野田佳彦 （細川）→（小宮山）	（東日本大震災） （福島第一原発事故） ・6月　　　東日本大震災復興基本法 （FIFA女子ワールドカップドイツ大 会でなでしこジャパンが優勝）	・6月15日　第177回通常国会にて「介護サービスの基盤強化 　　　　　のための介護保険法等の一部を改正する法律」成 　　　　　立（平成23年6月22日公布）	
2012年 平成24年	野田佳彦→安倍晋三（第2次） （小宮山）→（三井）→（田村）	・復興庁発足 ・改正児童手当法 （東京スカイツリー開業） ・消費税増税法案衆議院可決 （尖閣諸島国有化） ・12月16日 衆議院議員選挙－政権交代	・3月29日　介護福祉士試験 　　　　　EPA候補者は36人が合格 ・4月1日　介護報酬改定。老健施設の基本サービス費に 　　　　　「在宅強化型」が新設 ・8月10日　消費増税関連8法案成立 ・9月7日　高齢社会対策大綱閣議決定	
2013年 平成25年	安倍晋三（第2次） （田村）	・TPP交渉参加 ・5月24日　マイナンバー法成立 （富士山が世界文化遺産） ・7月21日　参議院議員選挙 （2020年東京オリンピック決定） ・12月　　　特定秘密の保護に関す 　　　　　る法律 ・12月11日　G8認知症サミット （ロンドン）	・8月6日　社会保障制度改革国民会議報告書提出 ・12月5日　「持続可能な社会保障制度の確立を図るための改 　　　　　革の推進に関する法律」成立	
2014年 平成26年	安倍晋三（第2次・第3次） （田村）→（塩崎）	・4月1日　消費税率8% （富岡製糸場が世界文化遺産） ・7月1日　集団的自衛権の行使を 　　　　　認める憲法解釈の変更 　　　　　を閣議決定	・4月1日　介護報酬改定。消費税率8%への引上げに対応 ・4月1日　診療報酬改定。老健施設に関連する項目の評価 　　　　　等が行われた ・4月1日　生活保護法改正	

全老健の出来事
・10月20日　厚生労働省老健局高齢者支援課長あてに「平成22年度税制改正要望書」を提出
・10月20日　厚生労働省政務三役(大臣、副大臣、政務官)ならびに厚生労働省老健局長あてに、「介護職員処遇改善交付金に関する要望書」、「インフルエンザ対策における緊急要望書」を提出
・10月29日　民主党幹事長あてに「平成22年度税制改正要望書」、「介護職員処遇改善交付金に関する要望書」、「インフルエンザ対策における緊急要望書」を提出
・11月29日　「平成21年度通所リハビリテーション研修会」開催
・1月14日　経済産業大臣、民主党幹事長あてに「緊急保証制度の指定業種見直しに関する要望」を提出
・3月10日　民主党幹事長あてに「介護保険財源確保のための要望書」を提出
・3月11日　厚生労働大臣あてに「介護保険財源確保のための要望書」を提出
・3月15日　「公益社団法人 法人移行のための『定款改正素案及び定款施行規程改正素案』に関する意見〔パブリックコメント〕募集」実施
・3月19日　「『新全老健版ケアマネジメント方式 〜R4システム〜』に関する意見〔パブリックコメント〕募集」実施
・6月2日　「地域における医療と介護の連携セミナー 〜認知症へのサポート!!〜〔東京会場〕」(全老健、全国公私病院連盟共催)(10/25大阪会場)
・8月23日　民主党幹事長あてに「平成23年度税制改正要望書」を提出
・8月27日　厚生労働省老健局高齢者支援課長あてに「平成23年度税制改正要望書」を提出
・8月30日　厚生労働大臣あてに「平成23年度税制改正要望書」を提出
・9月10日　「新全老健版ケアマネジメント方式〜R4システム〜」商標登録(登録第5351806号)
・10月28日　社会保障審議会介護保険部会部会長あてに「介護保険財源の確保とサービス提供体制の再構築へ向けた意見書」、「介護老人保健施設の医療に関する意見書」を提出
・11月10日　第21回全国介護老人保健施設大会 岡山(岡山市)「『老人力と老健力』高齢社会の中のパートナーシップ〈人と人、力と力、無限の可能性を信じて〉」(〜12日)
・11月10日　第4回「〔社団法人全国老人保健施設協会医療研究会」開催
・2月17日　社団法人全国老人保健施設協会第35回通常代議員会。第12期役員選出、会長に山田和彦氏選任(介護老人保健施設リバーサイド御薬園)
・3月12日　東日本大震災災害対策本部を設置
・3月16日　民主党幹事長あてに「『東北地方太平洋沖地震』被災施設に対する緊急支援物資の供給についての緊急要望」、「『東北地方太平洋沖地震』被災地への支援活動に関する緊急要望」、「『東京電力㈱福島第一原子力発電所事故』に係る情報開示及び避難指示命令等に関する緊急申入れ書」を提出
・3月17日　民主党幹事長あてに「『東京電力㈱福島第一原子力発電所事故』に係る情報開示及び避難指示命令等に関する再度の緊急申入れ書」を提出
・3月18日　民主党幹事長あてに「『東北地方太平洋沖地震』に係る介護老人保健施設の事業継続に関する緊急申し入れ書」を提出
・3月18日　民主党幹事長あてに「『東北地方太平洋沖地震』による被災施設に対する医薬品類の供給と人工透析患者の受け入れ等に関する提言」を提出
・3月18日　日本製薬工業協会会長あてに「東日本大震災による被害施設に対する医薬品類の円滑な供給について(お願い)」を提出
・3月24日　民主党幹事長あてに「『東北地方太平洋沖地震』義援金の振込手続き緩和に関する緊急申入書」を提出
・3月25日　民主党幹事長あてに「『東北地方太平洋沖地震』被災地への医薬品等の供給に関わる留意点について」を提出
・4月22日　厚生労働大臣他あてに「『東日本大震災』に係る要望書」を提出
・6月27日　厚生労働大臣他あてに「東日本大震災に係る医療施設等への災害復旧補助金対象範囲の拡大及び医療施設・社会福祉施設等災害復旧補助金の国庫補助率の再度の引き上げ等に関する要望」を提出
・7月27日　第22回全国介護老人保健施設大会 岩手 ※3月11日発生の東日本大震災の影響により中止
・8月1日　公益社団法人登記完了
・9月8日　厚生労働大臣あてに四病院団体協議会との連名で「東日本大震災に係る被災地の医療施設等への再建支援に関する要望」を提出
・9月15日　厚生労働大臣あてに「東日本大震災に係る被災地の介護老人保健施設への再建支援に関する要望」を提出
・9月20日　民主党厚生労働部門会議、厚生労働省老健局高齢者支援課あてに「平成24年度税制改正要望書」を提出
・10月20日　厚生労働省老健局長、社会保障審議会介護給付費分科会会長あてに「平成24年介護報酬・診療報酬同時改定に向けた要望」を提出
・10月25日　東日本大震災復興支援シンポジウム「被災地からのメッセージ『その時、今、そしてこれから…』〜老健施設は、命・地域をどう守るべきか〜」を開催
・2月　2025年のあるべき「介護老人保健施設」の姿「老人保健施設の総合的な将来の在り方検討懇話会」中間報告
・2月25日　機関誌『老健』通巻200号
・3月15日　東京電力株式会社取締役社長宛に関係団体として参加している被災者健康支援連絡協議会より「東京電力株式会社の電気料金値下げに関する要望」を提出
・6月29日　公益社団法人全国老人保健施設協会第1回定時社員総会。第2期役員選出、会長に木川田典彌氏選任(介護老人保健施設気仙苑)
・7月2日　民主党陳情要請対応本部本部長あてに「2013年度概算要求に向けての要望」を提出
・7月10日　自由民主党組織運動本部団体総局長あてに「平成25年度予算概算要求に関する要望」を提出
・7月26日　高齢者福祉・介護施設を考える議員連盟会長あてに「介護人材等確保に関する要望」を提出
・8月24日　民主党厚生労働部門会議座長あてに「平成25年度概算要求に向けての要望」、「平成25年度税制改正要望書」を提出
・8月24日　厚生労働省老健局長あてに「平成25年度概算要求に向けての要望」を提出
・8月24日　厚生労働省老健局高齢者支援課長あてに「平成25年度税制改正要望書」を提出
・8月29日　復興大臣ならびに厚生労働大臣あてに構成団体として参加している被災者健康支援連絡協議会より「東日本大震災被災者支援に関する平成25年度政府予算及び税制改正に向けての要望」を提出
・10月3日　第23回全国介護老人保健施設大会 美ら沖縄(那覇市)「命どぅ宝 〜老健が担う地域包括ケア〜」(〜5日)
・10月3日　第6回「公益社団法人全国老人保健施設協会医療研究会」開催
・11月15日　メールマガジン e-roken 200号配信
・1月15日　「老健施設2025ビジョンワークショップ」開催(〜16日)
・2月26日　「JCAT集合研修」開催
・3月11日　厚生労働大臣より感謝状授与(東日本大震災の発生に伴う支援活動)
・4月24日　「第1回介護職員等の処遇改善を実現するための協議」開催　参加団体:全老健、全国老人福祉施設協議会、日本認知症グループホーム協会、日本慢性期医療協会
・7月8日　平成20年度リスクマネジャー資格取得者を対象に初の更新試験を実施(〜9月24日)
・7月24日　第24回全国介護老人保健施設大会 石川 in 金沢(金沢市)「うつくしき川は流れたり そのほとりに我は住みぬ —住み慣れた地域で、その人らしくー」(〜26日)
・7月24日　第7回「公益社団法人全国老人保健施設協会医療研究会」開催
・8月　「介護従事者の人材確保と処遇改善のための財源確保についての要望書」を提出(〜9月)
・8月23日　厚生労働省老健局長あてに「平成26年度概算要求に向けての要望書」を提出
・9月　4カ所の老人保健施設協会との共催研修会を開催(〜2014(平成26)年2月)(福岡、東京、埼玉、大阪)
・9月24日　厚生労働省老健局老人保健課長あてに「平成26年度税制改正要望書」を提出
・11月26日　厚生労働大臣あてに「平成26年度予算に関する要望書」を提出
・3月29日　第1回老人保健施設管理医師研修会 第Ⅰ期開催(〜30日)(主催:日本老年医学会、協力:国立長寿医療研究センター、運営協力:全老健)
・6月27日　公益社団法人全国老人保健施設協会第3回定時社員総会。第3期役員選出、会長に東憲太郎氏選任(介護老人保健施設いこいの森)
・8月8日　全老健FAXニュース vol.1配信
・9月27日　第1回老人保健施設管理医師研修会 第Ⅱ期開催(〜28日)(主催:日本老年医学会、協力:国立長寿医療研究センター、運営協力:全老健)

年号	内閣 (厚生大臣／厚生労働大臣)	主な出来事（時代背景）	介護・高齢者対策関係の出来事	
2014年 平成26年 (続き)		・7月 「子どもの貧困率」 16.3％厚生労働省公表 (平成26年8月豪雨による広島市土砂災害) (デング熱の国内感染約70年ぶりに確認) (エボラ出血熱でWHOが緊急事態宣言) (御嶽山噴火) (ノーベル物理学賞 赤﨑勇・天野浩・中村修二の3氏) ・12月14日 衆議院議員総選挙	・6月18日 「地域における医療及び介護の総合的な確保を推進するための関係法律の整備等に関する法律」成立 ・8月1日 日本人男性の平均寿命が初の80歳超え ・11月 認知症サミット日本後継イベント	
2015年 平成27年	安倍晋三(第3次・第1次改造) (塩崎)	(北陸新幹線開業) (日本年金機構個人情報流出問題) ・6月17日 改正公職選挙法成立 (選挙権年齢18歳以上) (「明治日本の産業革命遺産 製鉄・鉄鋼・造船・炭鉱産業」世界文化遺産登録) (平成27年9月関東・東北豪雨) ・9月19日 安全保障関係法成立 (ノーベル生理学・医学賞 大村智氏、物理学賞 梶田隆章氏)	・1月 「認知症施策推進総合戦略〜認知症高齢者等にやさしい地域づくりに向けて〜(新オレンジプラン)」公表 ・2月 介護福祉士国家試験受験義務化を先送り ・4月1日 介護報酬改定 ・6月12日 東京圏高齢化危機回避戦略(日本創世会議が発表) ・6月24日 介護人材需要見込み 2025年に253万人 (厚生労働省全国推計を公表) ・8月 介護保険の自己負担引上げ	
2016年 平成28年	安倍晋三 (第3次・第1次改造・第2次改造) (塩崎)	・1月 マイナンバー制度スタート ・2月4日 TPP協定署名 (北海道新幹線 新青森駅ー新函館北斗駅間開業) ・3月27日 新党民進党結党大会 (電力完全自由化) (平成28年熊本地震) (伊勢志摩サミット) (オバマ米国大統領広島平和記念公園訪問) ・6月2日 消費税率10％引上げを2019年10月に再延期 ・6月2日 「ニッポン一億総活躍プラン」閣議決定 (英国EU離脱国民投票) ・7月10日 参議院議員選挙 (国立西洋美術館が世界文化遺産) (ノーベル生理学・医学賞賞 大隅良典氏)	・4月1日 診療報酬改定 ・6月3日 認知症JR事故最高裁判決(家族の責任なし) ・6月29日 65歳以上の割合ー人口の26.7％で過去最高 (2015年国勢調査速報値 総務省発表) ・11月 「外国人の技能実習の適正な実施及び技能実習生の保護に関する法律」 「出入国管理及び難民認定法の一部を改正する法律」成立(外国人の在留資格に「介護」を新設)	
2017年 平成29年	安倍晋三(第3次・第2次改造・第3次改造・第4次) (塩崎)→(加藤)	・6月9日 天皇の退位等に関する皇室典範特例法成立 (平成29年7月九州北部豪雨) ・6月15日 組織的犯罪の処罰及び犯罪収益の規制等に関する法律(共謀罪法)成立 (「神宿る島」宗像・沖ノ島と 関連遺産群が世界文化遺産) ・10月22日 衆議院議員選挙	・1月5日 「高齢者の定義と区分に関する提言」を日本老年学会・日本老年医学会が公表) (75歳以上を高齢者と定義) ・4月1日 介護報酬改定 ・4月10日 2065年の日本の人口が8,808万人になるとした将来推計人口が公表 (国立社会保障・人口問題研究所) ・5月26日 地域包括ケアシステムの強化のための介護保険法等の一部を改正する法律成立 (新たな介護保険施設として介護医療院を創設) ・8月 2015年の社会保障給付費が114兆8,596億円で過去最高を更新 (国立社会保障・人口問題研究所公表)	
2018年 平成30年	安倍晋三(第4次・第1次改造) (加藤)→(根本)	・6月12日 米朝首脳会談 ・6月29日 働き方改革を推進するための関係法律の整備に関する法律成立 (「長崎と天草地方の潜伏キリシタン関連遺産」が世界文化遺産) (平成30年7月豪雨) ・9月 北海道胆振東部地震 (ノーベル医学生理学賞 本庶佑氏)	・4月1日 介護報酬改定 ・4月1日 診療報酬改定 ・7月20日 2017年の日本人の平均寿命は女性が87.26歳、男性が81.09歳でいずれも過去最高を更新 ・8月1日 医療・介護の自己負担引上げ ・12月8日 「出入国管理及び難民認定法及び法務省設置法の一部を改正する法律」成立 ・12月11日 「第1回介護現場革新会議」開催 ・12月25日 「認知症施策推進関係閣僚会議」初会合	
2019年 平成31年 令和元年	安倍晋三(第4次・第1次改造・第2次改造) (根本)→(加藤) 安倍晋三 (第4次再改造) (加藤)	・5月1日 元号改正 ・6月20日 G20サミット大阪で開催 (仁徳陵が世界文化遺産) ・7月21日 参議院議員選挙 ・9月 ラグビーW杯開幕 ・10月1日 消費税10％スタート (軽減税率対象物8％) (ノーベル化学賞 吉野彰氏) (台風第19号、第20号、第21号) ・12月 新型コロナ中国で初の感染確認	・3月11日 「介護分野における生産性向上協議会」開催 ・3月28日 「介護現場革新プラン」公表 ・4月1日 外国人労働者の受入れ拡大スタート ・4月22日 「日本認知症官民協議会」設立 ・6月18日 「認知症施策推進大綱」決定 ・10月1日 介護報酬改定	

166

全老健の出来事

- 10月15日　第25回全国介護老人保健施設大会 岩手(盛岡市)「雨ニモマケズ 風ニモマケズ ～震災を乗り越えて　めざそう　夢のある老健を～」(〜17日)
- 10月15日　第8回「公益社団法人全国老人保健施設協会医療研究会」開催
- 10月31日　厚生労働省老健局老人保健課長あてに「平成27年度税制改正要望書」を提出
- 11月5日　「認知症サミット日本後継イベント」(厚生労働省、独立行政法人 国立長寿医療研究センター、社会福祉法人浴風会 認知症介護研究・研修東京センター主催)に参加
- 11月6日　社会保障審議会介護給付費分科会会長あてに「平成27年度介護報酬改定に向けた要望書」を提出
- 11月7日　「緊急！施設代表者会」を開催
- 12月16日　「署名活動に関する緊急記者会見」を開催
- 12月19日　「合同記者会見」を開催
- 12月24日　「老健施設の利用者へのサービスの質を確保し、介護従事者の処遇改善が可能になるような介護報酬改定の要望書」を「介護従事者の生活と人生を守り、利用者へのサービスの質を確保するための署名」142万筆とあわせて内閣官房副長官、財務大臣、厚生労働大臣、自由民主党総務会長、自由民主党政務調査会長、自由民主党組織運動本部長ほかに提出

- 1月8日　「介護」を育む緊急全国集会(東京・日比谷公会堂 全老健主催)
- 2月1日　事務所移転(東京都港区芝公園2-6-15)
- 7月8日　介護関連団体と連名で教育出版株式会社ならびに実教出版株式会社あてに「教科書における介護労働及び介護従事者に関する記述の是正について(要望)」を提出
- 9月2日　第26回全国介護老人保健施設大会 神奈川 in 横浜(横浜市)「高齢者が輝く未来へ お洒落に！スマートな連携！」(〜4日)
- 9月2日　第9回「公益社団法人全国老人保健施設協会医療研究会」開催
- 9月4日　「老健施設の介護のやりがいと魅力」動画公開
- 9月25日　厚生労働省老健局老人保健課長あてに「平成28年度税制改正要望書」を提出
- 10月1日　平成27年度老人保健施設人材マネジメント塾(福岡)開催(〜2日)
- 11月4日　公明党税制調査会長、厚生労働部会長あてに「平成28年度予算及び税制改正に関する要望書」を提出

- 3月31日　公益社団法人全国老人保健施設協会医療研究会の会員制度を廃止
- 4月14日　平成28年度介護老人保健施設の会計・経理に関する研修会開催
- 4月15日　平成28年熊本地震対策本部を設置
- 6月1日　厚生労働大臣、内閣府特命担当大臣あてに「『平成28年熊本地震』に係る要望書」を提出
- 6月30日　公益社団法人全国老人保健施設協会第5回定時社員総会。第4期役員選出、会長に東憲太郎氏選任(2期目)
- 7月27日　厚生労働省老健局老人保健課長あてに「平成29年度税制改正要望書」を提出
- 9月14日　第27回全国介護老人保健施設大会 大阪(大阪市)「めっちゃ好きやねん老健 ～咲かせよう 医療と介護の大輪の花～」(〜16日)
- 9月14日　第10回「公益社団法人全国老人保健施設協会医療研究会」開催
- 9月30日　厚生労働省老健局長あてに「介護老人保健施設に関する行政上の取扱いについて(要望)」を提出

- 1月10日　安全優良職長厚生労働大臣顕彰に老健施設から初の受賞者
- 1月13日　メールマガジン e-roken 300号配信
- 4月17日　「日越医療人材交流セミナー」をベトナム社会主義共和国で開催(主催：全老健、ハードン病院)
- 7月26日　第28回全国介護老人保健施設大会 愛媛 in 松山(松山市)「坂の上に輝く一朶の白い雲～超高齢社会のニーズに応えられる老健を目指して～」(〜28日)
- 8月1日　厚生労働大臣あての「平成30年度介護報酬・診療報酬同時改定に向けた要望」を提出
- 8月1日　厚生労働省老健局老人保健課長あてに「平成30年度税制改正要望書」を提出
- 8月4日　「診療報酬・介護報酬同時改定に関する記者会見」を開催
- 10月13日　「介護関係団体、職能団体の一致団結による『介護の現場を守るための署名』に関する記者会見」を開催
- 11月15日　「介護の現場を守るための財源確保の要望書」を「介護の現場を守るための署名」約181万筆とあわせて内閣総理大臣、財務大臣、厚生労働大臣に提出
- 11月22日　社会保障審議会介護給付費分科会分科会会長あてに「平成30年度介護報酬・診療報酬同時改定に向けた要望」を提出

- 2月8日　「平成30年度介護報酬改定に関する記者会見」を開催
- 3月29日　一般向け老健施設紹介パンフレット「老健」って、何？」刊行
- 6月29日　公益社団法人全国老人保健施設協会第7回定時社員総会。第5期役員選出、会長に東憲太郎氏選任(3期目)
- 8月22日　自由民主党政務調査会長、会長代理、社会保障制度に関する特命委員会委員長あてに「認知症社会への対応に関する要望書」を提出
- 8月29日　厚生労働省老健局、科学的裏付けに基づく介護に係る検討会座長あてに「介護分野における今後のエビデンスの蓄積に向けて収集すべき情報について」を提出
- 10月5日　「要望書の提出及び老健紹介パンフレットの刊行等についての記者会見」を開催
- 10月17日　第29回全国介護老人保健施設大会 埼玉「彩ろう！豊かな高齢社会を ～老健は地域づくりの担い手です～」(〜19日)
- 11月9日　厚生労働省老健局老人保健課長あてに「2019年度税制改正要望書」を提出

- 1月25日　厚生労働省老健局老人保健課長あてに「訪問リハビリテーションに関する要望書」を提出
- 5月30日　LINE公式アカウント開設
- 8月1日　公益社団法人全国老人保健施設協会創立30周年記念式典・祝賀会を開催
- 10月10日　厚生労働省老健局老人保健課長あてに「令和2年度税制改正要望書」を提出
- 10月22日　即位礼正殿の儀に東憲太郎会長が参列
- 10月31日　饗宴の儀に東憲太郎会長が参列
- 11月15日　厚生労働省老健局長あてに「『介護職員処遇改善加算』及び『介護職員等特定処遇改善加算』の様式の統一化等に向けた要望」を提出
- 11月20日　第30回全国介護老人保健施設記念大会 別府大分「地域と共に紡ぐ令和老健～豊の国から真価・深化・進化～」(〜22日)
- 12月20日　自由民主党政務調査会長、自由民主党政務調査会 社会保障制度調査会 介護委員会委員長あてに「介護福祉士資格の国家試験合格義務化経過措置延長に関する要望書」を提出

年号	内閣 （厚生大臣／厚生労働大臣）	主な出来事（時代背景）	介護・高齢者対策関係の出来事	
2020年 令和2年	安倍晋三(第4次・第2次改造) 安倍晋三→菅義偉 (加藤)→(田村)	・3月24日　東京オリンピック・パラリンピック1年程度の延期決定 （令和2年7月豪雨）	・2月1日　新型コロナウイルス感染症を「指定感染症」に指定 ・2月5日　クルーズ船で新型コロナウイルス感染症集団感染確認 ・4月7日　新型コロナウイルス感染症拡大を受け、緊急事態宣言を7都府県に発令（5月6日まで） ・4月16日　緊急事態宣言を全国に拡大 ・5月4日　緊急事態宣言を5月末まで延長 ・5月25日　緊急事態宣言解除	
2021年 令和3年	菅義偉→岸田文雄(第1次) (田村)→(後藤) 岸田文雄(第2次) (後藤)	・7月23日　東京オリンピック開会式 （「奄美大島、徳之島、沖縄島北部および西表島」が世界自然遺産） （「北海道・北東北の縄文遺跡群」が世界文化遺産） ・8月24日　東京パラリンピック開会式 ・9月　　　デジタル庁発足 （ノーベル物理学賞 眞鍋淑郎氏）	・1月7日　緊急事態宣言を1都3県に発令 ・1月13日　緊急事態宣言を1都2府8県に拡大 ・2月2日　緊急事態宣言を10都府県に発令 ・2月13日　新型インフルエンザ等まん延防止等重点措置を創設 ・2月14日　新型コロナワクチン国内初の正式承認（ファイザー製） 　　　　　新型コロナワクチン先行接種開始（医療従事者約4万人） ・2月26日　緊急事態宣言を1都3県に発令 ・3月21日　1都3県の緊急事態宣言解除 ・4月1日　介護報酬改定 ・4月23日　緊急事態宣言を1都2府1県に発令 ・5月7日　緊急事態宣言を1都2府3県に発令 ・5月14日　緊急事態宣言を1都1道2府5県に発令 ・5月21日　緊急事態宣言を1都1道2府6県に発令 ・5月24日　新型コロナワクチン自衛隊大規模接種センターを設置（東京都・大阪府） ・6月20日　緊急事態宣言を沖縄県を除いて解除 ・7月12日　緊急事態宣言に東京都を追加して1都1県に発令 ・8月2日　緊急事態宣言を東京都、沖縄県に加え、大阪府、埼玉県、千葉県、神奈川県に拡大 ・8月25日　緊急事態宣言を21都道府県に発令（9月12日まで） ・9月28日　緊急事態宣言が9月30日をもって終了 ・11月30日　オミクロン株の感染拡大を受け、外国人の新規入国を原則禁止	
2022年 令和4年	岸田文雄(第2次・第1次改造) (後藤)→(加藤)	・2月24日　ロシアによるウクライナ侵攻 ・7月10日　参議院議員選挙	・8月6日　新型コロナの自宅療養者が過去最多の143万8千人あまりに ・8月19日　新型コロナの感染者が過去最多の26万1,029人に ・9月2日　新型コロナの全数把握見直し4県で運用開始 ・9月17日　新型コロナ水際対策緩和 ・9月15日　前年比人口が82万人減少、高齢者は6万人増加で過去最多 ・9月20日　オミクロン株対応の新型コロナワクチンの接種始まる ・12月5日　「持続可能な社会保障制度の確立を図るための改革の推進に関する法律」成立	
2023年 令和5年	岸田文雄(第2次・第2次改造) (加藤)→(武見)	（トルコ・シリア地震） ・5月19日　G7広島サミット2023（～21日） ・6月22日　LGBT理解増進法が成立 ・8月24日　東電福島第一原発処理水の海洋放出開始 ・10月7日　イスラエルにイスラム組織「ハマス」が大規模攻撃	・1月11日　新型コロナの高齢者施設のクラスターが第7波ピークの水準に ・3月13日　マスク着用が個人の判断に ・5月5日　WHOが新型コロナウイルス感染症「緊急事態宣言」終了を発表 ・5月8日　新型コロナウイルス感染症の感染法上の位置付けが「2類相当」から「5類」に移行 ・6月16日　「共生社会の実現を推進するための認知症基本法」公布 ・9月1日　「内閣感染症危機管理統括庁」発足 ・9月15日　高齢者人口が昨年比で1万人減り、1950年以降で始めて減少。高齢化率は29.1%、働く高齢者は912万人で過去最多 ・9月25日　厚生労働省が、アルツハイマー病の新薬「レカネマブ」の製造販売を承認	

全老健の出来事
・3月26日　自由民主党 社会保障制度調査会 介護委員長あてに「新型コロナウイルス感染症対策に係る要望書について」を提出
・4月　　　機関誌『老健』リニューアル
・4月21日　厚生労働大臣あてに「介護現場における新型コロナウイルス感染者の対応について（要望）」を提出
・5月7日　「『がんばろう 介護！』応援メッセージ」をホームページ、YouTubeにて公開
・6月23日　天皇皇后両陛下、介護関係者と面会。東憲太郎会長等が介護現場における新型コロナウイルス感染症に関する取組等についてご説明。両陛下から「本当によくがんばられたのですね」とねぎらいのお言葉を賜る。
・6月25日　機関誌『老健』通巻300号
・6月26日　公益社団法人全国老人保健施設協会第9回定時社員総会。第6期役員選出、会長に東憲太郎氏選任(4期目)
・10月12日　全老健イメージキャラクター「ROKENくん」商標登録（登録第6308806号）
・10月30日　社会保障審議会介護給付費分科会あてに「令和3年度介護報酬改定に向けた要望」を提出
・11月11日　第31回全国介護老人保健施設大会 宮城 ※新型コロナウイルス感染症の影響により中止
・11月12日　厚生労働省老健局老人保健課長あてに「令和3年度税制改正要望書」を提出 　　　　　　厚生労働省老健局長あてに「withコロナにおける老健施設の事業安定・継続のための要望」を提出
・11月16日　立憲民主党厚生労働部会長あてに「令和3年度税制改正要望書」を提出
・11月18日　内閣総理大臣および厚生労働大臣あてに「ポストコロナの未来を拓く 高齢者福祉・介護業界への支援について（要望）」を提出
・12月1日　地域包括ケアシステム・介護推進議員連盟会長あてに「要望書」を提出 ※ 　　　　　　※地域包括ケアシステム・介護推進団体連絡協議会の一加入団体として賛同
・1月14日　内閣総理大臣あてに「新型コロナウイルス感染症に係るワクチンの接種について（要望）」を提出 　　　　　　厚生労働大臣あてに「新型コロナウイルス感染症に係るワクチン接種について（要望）」を提出
・3月12日　「退院基準を満たす要介護高齢者の受入れ協力施設に関する記者会見」を開催
・3月15日　メールマガジンe-roken 400号配信
・3月26日　「令和3年度介護報酬改定（詳細）説明会」を開催
・5月20日　Facebookに全老健の公式ページを開設
・6月11日　一般社団法人日本老年医学会と合同で「介護施設内での転倒に関するステートメント」を発表
・7月16日　厚生労働省保険局長、年金局長あてに「新型コロナウイルス感染症 クラスター発生施設における社会保険料に係る要望について」を提出
・8月18日　厚生労働大臣あてに「新型コロナウイルス感染症における濃厚接触者となった医療従事者、介護従事者の就労要件について」を提出
・8月30日　厚生労働省老健局老人保健課長あてに「令和4年度税制改正要望書」を提出
・9月7日　厚生労働大臣あてに「新型コロナウイルス感染症に対応する特例的な評価の延長について（要望）」
・9月8日　厚生労働大臣あてに「診療報酬における医療機関等の感染症対策に係る評価、小児外来診療等に係る評価、及び、介護報酬における基本報酬への上乗せ評価、の継続について」を提出
・11月17日　第32回全国介護老人保健施設大会 岐阜 ※新型コロナウイルス感染症の影響により中止
・11月25日　公的価格評価検討委員会座長あてに「公的価格・処遇改善に係る意見書」を提出
・1月27日　ワクチン接種推進担当大臣あてに「新型コロナワクチン追加接種（3回目）推進に関する要望について」を提出
・2月10日　「新型コロナウイルスワクチン追加接種（3回目）推進に関する記者会見」を開催
・5月19日　厚生労働大臣、自由民主党新型コロナウイルス等感染症対策本部 本部長及び座長あてに「高齢者及び高齢者施設等の従事者における新型コロナウイルスワクチンの4回目接種について（要望）」を提出
・6月24日　公益社団法人全国老人保健施設協会第11回定時社員総会。第7期役員選出、会長に東憲太郎氏選任(5期目)
・9月12日　厚生労働省老健局老人保健課長あてに「令和5年度税制改正要望書」を提出
・9月22日　第33回全国介護老人保健施設大会 兵庫「新たな時代をいきぬくために ～今、老健ができること～」(～24日)
・10月21日　厚生労働省老健局長あてに「軽度者への生活援助サービス等に関する在り方について（要望）」を提出
・10月28日　厚生労働省老健局長あてに「居宅介護支援費、介護予防支援費における現行給付の維持継続について（要望）」を提出
・2月7日　厚生労働大臣あてに「新型コロナウイルスの感染症法上の位置付け変更に関する意見（要望）書」を提出
・3月17日　厚生労働大臣あてに「医療機関・介護事業所等における光熱費等の物価高騰に対する支援に関する要望」を提出 　　　　　　※同じ文面の要望書を衆議院厚生労働委員長、自由民主党政務調査会長、自由民主党厚生労働部会長、自由民主党社会保障制度調査会長、自由民主党社会保障制度調査会事務局長、公明党政調会長あてに提出
・4月28日　自由民主党社会保障制度調査会会長あてに「物価・賃金高騰対策に関する要望書」を提出 　　　　　　都道府県知事、市区町村長あてに「物価高騰に対する高齢者福祉・介護施設等への支援について（要望）」を提出
・5月16日　内閣総理大臣あてに「物価・賃金高騰対策に関する要望書」を提出
・5月19日　「老健施設未来ビジョンワークショップの開催について～ともに老健をかたり老健の未来を創りましょう～」開催(～20日)
・5月25日　「医療・介護における物価高騰・賃金上昇への対応を求める合同声明」を発表
・8月29日　厚生労働省老健局老人保健課長あてに「令和6年度税制改正要望書」を提出
・10月5日　厚生労働大臣あてに「食材料費・光熱費等の物価高騰に対する財政支援に関する要望」を提出
・10月6日　自由民主党副総裁あてに「物価高騰対策および介護現場で勤務する職員の処遇改善に関する緊急要望」を提出
・10月19日　内閣総理大臣あてに「物価高騰対策および介護現場で勤務する職員の処遇改善に関する緊急要望」を提出 　　　　　　※同じ文面の要望を自由民主党政務調査会長あてに提出
・11月17日　「介護現場で働く人々の暮らしとやりがいを支える集会～『賃上げ改定』の実現を!!～」を開催 　　　　　　「介護・医療現場における転倒・転落～実情と展望～ 10団体共同声明」を発表
・11月21日　第34回全国介護老人保健施設大会 宮城「地域共生社会の復権と老健～デジタル化時代の絆～」(～22日)

令和5年版 介護白書 —老健施設の立場から—

令和5年12月31日　初版発行

編　集 .... 公益社団法人 全国老人保健施設協会
　　　　　　　　　　〒105-0011 東京都港区芝公園 2-6-15 黒龍芝公園ビル6階
　　　　　　　　　　TEL：03-3432-4165
　　　　　　　　　　URL：https://www.roken.or.jp/
発行者 .... 荘村明彦
発行所 .... 中央法規出版株式会社
　　　　　　　　　　〒110-0016 東京都台東区台東 3-29-1 中央法規ビル
　　　　　　　　　　TEL 03-6387-3196
　　　　　　　　　　https://www.chuohoki.co.jp
印刷・製本 　　　　新津印刷株式会社
本文デザイン・装幀 　ケイ・アイ・エス有限会社
装幀イラスト 　　　小松 聖二

ISBN 978-4-8058-8998-5

定価はカバーに表示してあります。

乱丁本・落丁本はお取り替えいたします。